本书是国家社科基金项目“国内消费升级驱动战略性新兴产业高质量发展研究”(批准号 20BJY001)的最终研究成果。

国家社科基金丛书
GUOJIA SHEKE JIJIN CONGSHU

国内消费升级驱动战略性新兴产业高质量发展研究

Research on High-Quality Development of Strategically Emerging Industries Driven by Domestic Consumption Upgrade

申俊喜　白俊红　著

人民出版社

前　言

党的二十大报告明确指出，从现在起，中国共产党的中心任务就是团结带领全国各族人民全面建成社会主义现代化强国，而高质量发展是全面建设社会主义现代化国家的首要任务，其中关键之一就是推动战略性新兴产业融合集群发展，构建新一代信息技术、人工智能、生物技术、新能源、新材料、高端装备、绿色环保等一批新的增长引擎。新一轮科技革命和产业变革正使当今世界经历百年未有之大变局，一个国家或地区的竞争力更多地表现为战略性新兴产业的竞争力。近年来，国际市场需求疲软，全球经济面临大衰退、大萧条。面对愈发严峻复杂的国际环境，我国战略性新兴产业初期“以市场换技术”“两头在外”的传统发展模式遭遇瓶颈，一方面，供给端国外先进技术获取艰难，另一方面，需求端外部超常购买力也面临终结，这迫切要求我国战略性新兴产业发展的关注点由国外市场转向国内市场。

令人欣慰的是，近年来，我国陆续出台了一系列相关政策来扩大国内消费市场。2018 年，国务院颁布了《关于完善促进消费体制机制，进一步激发居民消费潜力的若干意见》；2020 年，党中央提出加快形成以国内大循环为主体、国内国际双循环相互促进的新发展格局，并在“十四五”规划建议中强调，要坚持扩大内需的战略基点，畅通国内大循环，全面促进消费，形成强大国内市场；党的二十大报告更是强调，推动经济高质量发展，必须把实施扩大内需战略同深化供给侧结构性改革有机结合起来，增强国内大循环内生动力和可靠性，加强财政政策和货币政策协调配合，着力扩大内需，增强消费对经济发展的基础性作用。2021 年，中国社会消费品零售总额突破 44 万亿，最终消费支出对经济增长的贡献率达 65.4%，国内消费成为名副其实的经济增长第一拉动力。不仅如此，我国居民消费结构也在不断升级，从生存型消费逐步转为发展型与享受型消费。国家统计局居民八大类支出中，居住、交通、通信、教育、文化娱乐和医疗保健的支出占比不断上升，这充分说明新时代人们对美好生活的向往更加强烈，人们期盼有更舒适的居住条件、更优美的生活环境、更好的教育、更丰富的精神文化生活、更高水平的医疗卫生服务和更可靠的社会保障，这使得我国战略性新兴产业发展依靠国内市场尤其是国内消费成为可能。

马克思（1857）在《〈政治经济学批判〉导言》中提及，“产品不同于单纯的自然对象，它在消费中才证实自己是产品，才成为产品”。消费对生产具有决定性作用，既能使生产成为现实的生产，也能为生产提供目的、需要和内在对象，进而以消费方式的革新实现生产方式的变革。Krugman（1980）提出“本土市场效应”理论，认为一国拥有的较大国内市场需求能够实现规模生产和高效生产，“对某种产品拥有更多消费者的国家将是该产业的贸易剩余者”。Porter（2002）认为，若一个国家或地区的新兴产业拥有较大市场需求规模，则企业能实现规模经济，降低生产成本，提高国际竞争力。

消费升级助推战略性新兴产业高质量发展主要有两种理论逻辑。一是恩格尔效应。Engel（1860）指出，收入水平提高促使居民减少对需求收入弹性较低产品的消费，转而提高对需求收入弹性较高产品的需求，居民消费向高质量、高创新的产品与服务倾斜，消费趋势逐渐多样化与高端化。生产高需求收入弹性产品的高端行业在经济中的占比不断提高，并且在产业结构中占据主导地位，具体表现为高技术进步率与高产业关联性兼备的战略性新兴产业的发展。二是鲍莫尔效应。Baumol（1967）指出，当技术进步带来某一产业生产率提高时，会吸引高回报率的资本而挤出低回报率的劳动，形成产业结构的高端化。高回报率的资本要素从低端制造业流入新兴产业，战略性新兴产业规模得以扩大。在规模经济的作用下，产业生产率提升，进一步吸引资本要素的流入，实现良性循环，战略性新兴产业结构逐步趋于合理。

在消费升级助推战略性新兴产业高质量发展的过程中，技术创新发挥着重要的中介效应。"需求引致创新"理论（Acemoglu，2003）认为，市场需求是企业技术创新的先决条件，技术创新受到市场需求的制约。一方面，居民对战略性新兴产业产品及服务的消费增加带来市场价格的提高，价格变动传递经济信息给各市场主体，企业为获取更多利润提高技术研发投入的力度，强化技术创新，以满足消费者新的需求；另一方面，消费者更注重质量与创新的苛刻要求加速了相关产品的新旧更替，企业为规避亏损破产风险，在优胜劣汰的生存压力下加快产业技术创新变革。在甘冒风险追逐利润的内在动力和规避风险免于破产的外在压力双重作用下，战略性新兴产业企业展开你追我赶的市场竞争。此外，国内高层次消费需求规模的扩大也会带来外商直接投资的增加，而拥有技术创新优势及生产管理经验的外商直接投资不仅为我国战略性新兴产业发展带来了知识技术的溢出效应，也必然带来竞争效应倒逼国内企业进行技术创新以保市场地位。

经济学经典理论认为，收入是影响消费的决定性因素，促进消费升级首要的就是推进共同富裕，形成合理的收入分配结构。党的二十大报告强调，"中国式现代化是全体人民共同富裕的现代化，共同富裕是中国特色社会主义的本质要求"。完善分配制度，推进收入分配公平是促进共同富裕的题中之义。一方面，要持续提高居民收入水平，尤其是低收入群体的收入水平。坚持按劳分配原则，努力提高居民收入在国民收入分配中的比重，提高劳动报酬在初次分配中的比重；另一方面，要缩小收入差距，扩大中等收入群体，形成橄榄型的收入分配格局。深化再分配制度改革，完善社会保障、转移支付制度，健全税制体系，加强对高收入者的税收调节，发挥以慈善事业为核心的第三次分配作用。优化居民收入分配结构是畅通国内大循环、促进消费升级进而助推战略性新兴产业高质量发展的必要前提。

新型城镇化作为“十四五”规划的重要发展战略,在推动形成国内大循环中具有重要的支撑作用。党的二十大报告指出,“推进以人为核心的新型城镇化,加快农业转移人口市民化。以城市群、都市圈为依托构建大中小城市协调发展格局,推进以县城为重要载体的城镇化建设”。具体而言,新型城镇化要不断实现由依赖城镇规模扩张向注重城镇发展质量提升转变、由依赖要素投入向注重全要素生产率提升转变,切实提升居民生活水平和居住环境质量。目前,我国正处于新型城镇化快速发展时期,这个过程既可以促进人才、资本和产业的区际互动,为战略性新兴产业高质量发展提供有效供给,也可以提高居民的生活质量,促进居民消费需求增长和消费结构不断升级,为战略性新兴产业高质量发展创造规模更大、层次更高的市场需求。在新型城镇化战略的推进下,充分利用国内消费市场的“规模效应”和“质量效应”,激发企业实现规模经济和技术创新,对助推我国战略性新兴产业高质量发展具有重要的理论和现实意义。

消费升级助推战略性新兴产业高质量发展既离不开政府的产业政策支持,更离不开市场的基础资源配置作用。党的二十大报告指出,要“充分发挥市场在资源配置中的决定性作用,更好发挥政府的作用”,推动有效市场和有为政府的更好结合。政府支持是尚处“商业化示范阶段”战略性新兴产业发展的重要手段,主要通过完善财政补贴和税收优惠等政策工具,引导刺激相关新兴消费的产生与扩大,来降低企业研发风险、缩减企业研发成本,激发提升企业研发创新的投资意愿和效率。但从长远角度来看,政府在战略性新兴产业发展过程中应逐步退出,政府的职能主要是健全市场体系,规范市场秩序,打破地区封锁和市场分割,构建公平竞争、统一开放的市场体系,使资源能够在市场竞争机制调节下有效地进行跨行业和跨地区的配置,从而为促进企业技术创新、提高资源配置效率创建良好的体制环境。

习近平总书记在党的二十大报告中说,在当前贸易保护主义上升、世界经济低迷、全球市场萎缩的外部环境下，我们要充分发挥国内超大规模市场优势，逐步形成以国内大循环为主体、国内国际双循环相互促进的新发展格局，大力推动科技创新，加快关键核心技术攻关，打造未来战略性新兴产业发展新优势。

目　　录

第一章　绪　论

第一节　研究背景

党的二十大报告明确指出,从现在起,中国共产党的中心任务就是团结带领全国各族人民全面建成社会主义现代化强国,而高质量发展是全面建设社会主义现代化国家的首要任务,其中关键之一就是推动战略性新兴产业融合集群发展,构建新一代信息技术、人工智能、生物技术、新能源、新材料、高端装备、绿色环保等一批新的增长引擎。新一轮科技革命和产业变革正使当今世界经历百年未有之大变局,一个国家或地区的竞争力更多地表现为战略性新兴产业的竞争力。我国自 2010 年确定战略性新兴产业重点发展方向以来,各种利好政策使战略性新兴产业取得跨越式的实质性发展,新兴产业与新兴技术相互融合,新兴产业与传统产业相互渗透,极大地支撑和引领了我国经济的快速增长。《2023 中国战略性新兴产业发展报告》显示,当前我国战略性新兴产业保持较快增长态势,战略性新兴产业增加值占 GDP 比重为 13.4%。其中,规模以上工业战略性新兴产业增加值比上年增长 16.8%,对经济发展的支撑引领作用不断凸显,成为我国参与国际竞争、抢占经济制高地、实现中华民族伟大复兴梦的重点产业。

我国战略性新兴产业在发展初期,主要采取了“以市场换技术”的出口导向型发展战略,这在当时极大地促进了我国战略性新兴产业的技术提升与规模扩张,但同时也带来了诸多问题:企业自主创新能力偏弱,对关键设备和创新技术的进口依赖使其在激烈的国际竞争中受制于人,缺乏生存与发展的主动权等。

2018年以来,中美贸易摩擦广受社会大众关注。与以往贸易争端不同,新一轮中美贸易摩擦集中体现在对我国高新技术产品领域的压制,且呈现出前所未有的大规模、超强反制力度和显著外溢效应的特点。近年来,国际市场需求疲软,2020年年初暴发的新冠疫情,使全球经济面临大衰退、大萧条。面对愈发严峻复杂的国际环境,我国战略性新兴产业初期“以市场换技术”“两头在外”的传统发展模式遭遇瓶颈,一方面,供给端国外先进技术获取艰难,另一方面,需求端外部超常购买力也面临终结,这使得我国战略性新兴产业发展的关注点由国外市场转向国内市场成为必要。

令人欣慰的是,超大规模的国内消费市场已经成为我国发展战略性新兴产业的竞争优势。据《全球竞争力报告2019》显示,我国竞争力排名第28,但市场规模位居榜首。2021年,中国总人口数达14.1亿人,约占全球总人口数18%。其中,中等收入群体数约5至7亿人,为全球规模最大。可见,中国拥有庞大的消费人口和巨大的消费能量。自新中国成立以来,我国居民人均收入水平逐步提升,消费总额也随之不断提高。从2000年到2021年,最终居民消费支出从4.7万亿元增长至44万亿元,国内消费对经济增长的贡献率也愈来愈高。国家统计局数据显示,2021年,我国最终消费率为54.5%,居民消费支出在最终消费支出的占比为70.7%,最终消费支出对经济增长的贡献率为65.4%,比资本形成总额高51.7%,成为经济增长名副其实的第一驱动力。与此同时,居民消费结构不断升级,从生存型消费逐步转为发展型与享受型消费,恩格尔系数显著下降,人们对美好生活的向往更加强烈,人们期盼有更好的教育、更可靠的社会保障、更高水平的医疗卫生服务、更舒适的居住条件、更优美的生活环境、更丰富的精神文化生活,这些使得我国战略性新兴产业的发展依靠国内市场尤其是国内消费升级成为可能。

面对战略性新兴产业自身发展的问题以及国际市场出现的困境，我国先后出台了一系列政策，力图最大化国内消费市场对战略性新兴产业发展的强劲支撑作用。党的十九大报告指出，中国未来在中高端消费中要培育好新的增长点，推进居民消费升级，“完善促进消费的体制机制，增强消费对经济发展的基础性作用”；2018 年 9 月，国务院颁布了《关于完善促进消费体制机制，进一步激发居民消费潜力的若干意见》；2020 年 7 月，我国更是提出“加快形成以国内大循环为主体、国内国际双循环相互促进的新发展格局”，并在“十四五”规划建议中继续强调，要坚持扩大内需的战略基点，畅通国内大循环，拓展投资空间，全面促进消费，形成强大国内市场，其中，构建国内大循环必然不可忽视本国市场中充满活力的消费升级态势；党的二十大报告中提出，着力扩大内需，增强消费对经济发展的基础性作用和投资对优化供给结构的关键作用。习近平总书记反复强调，“江山就是人民，人民就是江山”，经济发展的目标就是要改善民生，而消费和民生的改善是直接相关的，和满足人民群众对美好生活的需要也是高度吻合的。因此，要把扩大内需，特别是扩大消费作为发展经济的基本点，让消费成为拉动经济增长“三驾马车”的第一驱动力，让经济发展惠及民生福祉。所以，在我国消费持续升级的现实情况下，研究国内消费升级是否能对战略性新兴产业的发展提供积极的促进作用，以及如何让消费升级更好地助推战略性新兴产业高质量发展具有重大的现实研究意义。

第二节　基本概念

一、消费升级

“消费是一切生产的唯一目的，而生产者的利益，只在能促进消费者的利益时，才应当加以注意。这原则是完全自明的，简直用不着证明。”亚当·斯密在《国富论》中的论述表明，消费是社会经济活动的第一目的，生产是为了消费。马克思在《资本论》中提及，“人从出现在地球舞台上的第一天起，每天都要消费，不管在他开始生产以前和在生产期间都是一样的”。消费是社会再生产的起点，是交换和分配的目的，也是再生产过程的终点。生产与消费具有同一性，生产创造消费，消费决定生产。

随着社会经济的发展，居民消费呈现消费升级的一般规律。马克思认为，消费需求由消费需要决定，消费需要依产生根源可分为物质需要、精神需要和社会需要，依需要层次可分为生存需要、享受需要和发展需要。德国统计学家恩格尔指出，在其他条件不变的情况下，随着家庭和个人收入的增加，家庭收支中的食物消费支出占比逐渐减少，这被称为“恩格尔定律”。美国心理学家马斯洛从人类动机角度提出需求层次理论，他认为，人的需求包括生理需求、安全需求、归属与爱的需求、尊重需求和自我实现需求五个层次，由低到高逐级形成并被满足。当居民的低层次消费需求得到满足，居民消费逐步转入更高层次的需求，消费结构也随之改变，同样呈现出消费升级的动态趋势。那么，何为消费升级呢？事实上，学术界对消费升级内涵的讨论尚未达成一致。黄凯南和郝祥如（2021）认为消费升级包括“量”的增多和“质”的提升，即消费水平的提高和消费结构从低级向高级的升级变化。刘震等（2021）认为消费升级包括消费结构的高级化和对消费产品质量要求的提升两层含义。陈洁（2020）则将消费升级的内涵认定为消费总量扩张、消费结构升级、消费意愿提升三个方面。潘锡泉（2019）更是将消费升级内涵进一步拓展，认为是消费结构、消费模式、消费品质、消费环境、消费理念的高级化，是消费者客观上追求更高品质生活的外在需求表现。由此可见，消费升级是一个复杂多维的动态过程，综合以往研究，本书认为，消费升级应包括三方面的具体内容：一是消费水平的提高，表现为居民消费总量上的增长；二是消费品质的提升，表现为居民消费由基础功能性消费转向质量品牌性消费，由高能耗高物耗消费转向绿色环保消费，由线下消费转向线上线下相结合的消费；三是消费结构的升级，表现为居民消费从生存型消费转向发展享受型消费，由实物消费向服务消费转变。

消费升级的测度主要有结构占比类、需求弹性类和综合指标类三种衡量方法。结构占比类方法，如以食品支出占个人消费总支出的传统恩格尔系数，当家庭和个人食物消费支出占比减少时，更高层次的消费支出占比就会相应提高，直接反映出居民生活水平的提高。随着时间推移，恩格尔定律的内容被不断补充，除去食物消费支出占家庭收入比重随收入的增加而下降外，家庭住宅建设与家务经营支出占比大体不变，而衣着、交通、娱乐、医疗、教育等方面的支出占比随收入的增加却在不断增加。与此同时，由于消费领域在不断拓宽，仅包含食物消费支出占比变化的恩格尔系数不再能准确衡量居民生活水平，由此出现了众多新型恩格尔系数，如描述教育、文化、娱乐消费支出占比变化的“新恩格尔系数”，描述医疗、教育、文化、娱乐支出占比变化的“发展系数”等（韩立岩，2007；沈悦等，2021）。价格弹性类方法，较为常见的如 ELES 模型（Stone，1954；Lluch & Williams，1973）和 AIDS 模型（Deaton & Muellbauer，1980），前者可借助边际消费倾向进行衡量，后者则可借助需求价格弹性。综合指标类方法的应用则相对较少，如叶菁菁（2021）运用熵权法构建了包含经济发展、消费内容、消费能力、消费模式和消费环境五个维度的指标体系来评价我国省域的消费升级水平。

消费升级的影响因素，包括收入、政府支出、产业结构、互联网水平等。凯恩斯的“绝对收入假说”认为，由于短时间内财政政策、货币价值、消费心理等因素较为稳定，消费主要取决于收入这一客观因素，消费支出与可支配收入之间具有稳定的线性函数关系，消费支出伴随着可支配收入的增加而增长。杜森贝里的“相对收入假说”则认为，除实际收入影响外，相对收入也会影响消费行为。一方面，消费支出不仅受到当前收入的影响，更会受到前期收入和消费的影响。随着个人或家庭收入的增加，消费水平向高层次转变，形成一定的消费习惯，然而当收入出现下降时，个人或家庭的消费水平并不会发生降级，即存在消费的不可逆性。另一方面,消费不仅受到自身收入和消费习惯的影响,也会受到周围群体的影响。消费者倾向于对同等或更高收入水平的个人或家庭进行学习和攀比,即使自身收入水平与消费需求不相匹配,消费水平也会受到周围群体的影响而被动提高。马克思认为,消费是利用消费资料以满足个人享受和个人需要,受分配制度、生产结构、收入水平、产品价格、居民储蓄、自然条件、历史文化等影响。靳涛和陶新宇(2017)研究中发现,政府支出有利于支撑居民提高自身的消费水平;孙早和许薛璐(2018)证实,高端产业的技术创新能通过产业结构高级化对消费升级产生积极的影响;李旭洋等(2019)则认为,互联网带来的价格效应和市场范围效应能显著地促进居民消费升级。

二、战略性新兴产业高端化发展

“战略性新兴产业”是我国的特有名词,主要指部分有稳定且高质量发展需求和良好持续性经济技术效益,并能带动其他产业兴起的综合性产业,包括“战略性”和“新兴性”两方面特点,体现我国自主创新、重点跨越、支撑发展、引领未来的科技发展战略方针。2010 年 9 月,国务院通过《关于加快培育和发展战略性新兴产业的决定》给战略性新兴产业明确界定,指出“战略性新兴产业,是以重大技术突破和重大发展需求为基础,对经济社会全局和长远发展具有重大引领带动作用,知识技术密集、物质资源消耗少、成长力大、综合效益好的产业”,并将节能环保产业、新一代信息技术产业、生物产业、高端装备制造业、新能源产业、新材料产业、新能源汽车产业列为七大战略性新兴产业。随着各类相关政策文件的出台,我国战略性新兴产业发展被不断拓展深入。2018 年 11 月,国家统计局正式发布《战略性新兴产业分类(2018)》,明确界定战略性新兴产业九大领域,包括新一代信息技术产业、高端装备制造产业、新材料产业、生物产业、新能源汽车产业、新能源产业、节能环保产业、数字创意产业以及相关服务业。

国外与“战略性新兴产业”概念相近的主要有战略产业、新兴产业等。Hirschman(1958)最早提出战略产业的概念,认为发展中国家应重点扶持后向关联度较高的产业以带动全局经济的发展。Rostow(1960)开创性地提出主导产业的概念,认为主导产业部门的扩散效应能有效带动其他产业优化发展,为一国经济提供持续的增长动力。Hirschman(1991)进一步发展了Rostow的主导产业观点,认为战略产业与主导产业等同,存在较强的投入产出关联度。新兴产业概念则伴随新一轮科技革命产生,Freeman & Perez(1988)认为新兴产业与主导产业间依技术经济要素相互更替。Kesting et al.(2010)认为新兴产业指完全新生或因行业发展环境改变而出现显著新增长的产业。

由此可见,战略性新兴产业的狭义观点主要指对中国未来经济发展存在战略意义且代表新兴科学技术突破方向的综合性产业,而战略性新兴产业的广义观点可以扩展至全球范围,同样体现其对各国未来经济发展的战略性意义和代表科学技术发展方向的新兴产业。本书主要依据国家统计局《战略性新兴产业分类(2018)》对我国战略性新兴产业进行九大产业的具体界定,内容如图1-1。

当前学术界对产业高端化的内涵尚未形成统一且权威的界定。通常,新兴产业的高端化发展可以从两个层面来进行理解。宏观层面,产业高端化意味着产业从相对低水平向创新驱动、投资高效、布局合理、低碳环保的产业链高端攀升;微观层面,产业高端化意味着企业主体拥有技术创新优势,生产资料配置有效,从低附加值的生产环节向高附加值、高效益、低耗能的环节攀升(徐雅婷,2020)。刘志彪(2012)曾基于“链”的视角构建战略性新兴产业高端化发展的分析框架,研究中同时包括了产业链、创新链、价值链、服务链及生态链五个方面。刘英基(2013)认为提升产业内生性比较优势实现全球价值链攀升是产业高端化的核心目标。屠文娟和王雅敏(2013)研究高技术产业时认为产业高端化是从相对低端向高端逐步攀升的动态过程。袁永和邱丹逸(2019)认为体现为价值链升级的产业高端化,本质在于产业创新能力的提

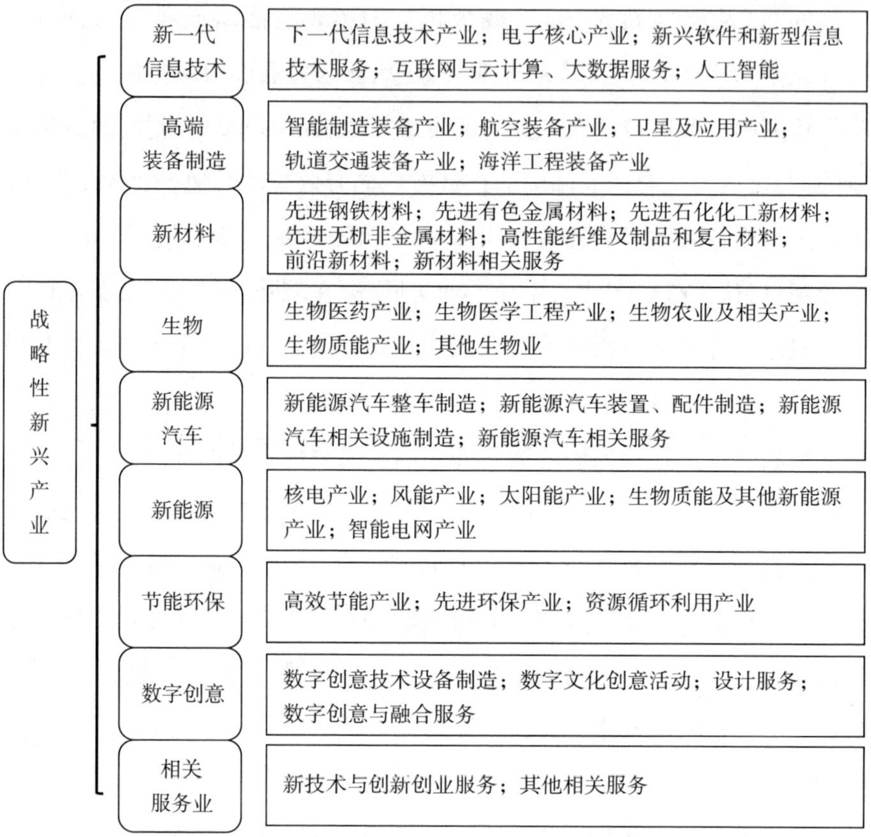

图 1-1　战略性新兴产业九大领域的主要内容

升。黄斌和鲁旭(2014)研究中也表示,理解产业高端化存在推动产业链向高端攀升和推动高端产业发展两个角度,而推动高端产业发展无法忽视产业内企业主体的发展。申俊喜和杨若霞(2018)从微观经济主体视角探讨了战略性新兴产业高端化,认为产业高端化是产业运行效率的提升过程,由资源配置和技术创新两个维度构成。孙江超(2019)和苏鑫等(2019)认为产业高端化意味着产业从低技术、低附加值的相对低端向高技术、高附加值的高端生产环节的攀升过程。胡吉亚(2021)则认为产业高端化主要体现在生产效率的集约和竞争能力的提高,进而使用 TFP 和创新能力作为产业高端化的衡量指标展开研究。

综上所述,产业高端化的内涵在现实中非常丰富,学术界关于宏观层面的探讨主要倾向于产业价值链的升级,微观层面的探讨则倾向于产业内生产效率的提升。本书既考察了战略性新兴产业在全球价值链中位置的提升,也考察了战略性新兴产业内企业生产效率的提高,但主要是从微观层面理解战略性新兴产业的高端化发展,认为产业内企业主体因技术创新优势实现生产效率的提高和生产环节的攀升是产业高端化的主要体现,即将战略性新兴产业高端化发展看作是因技术进步引起的各要素资源利用效率的提升。

第三节 研究综述

从国务院《关于加快培育和发展战略性新兴产业的决定》中关于战略性新兴产业的定义可以看出,战略性新兴产业发展的主要驱动力在技术创新与市场需求两个方面:技术创新从供给端提升产业质量,市场需求则从需求端影响战略性新兴产业发展。目前,国内外关于助推战略性新兴产业发展的相关学术研究同样主要从供给和需求两个方面入手。供给角度多立足于产业技术创新影响因素,集中研究政府补贴(Carboni,2011;武咸云、陈艳、杨卫华,2016)、企业 R&D 投入(Cameron,2005)、FDI 与 OFDI(孙玉涛、李苗苗,2013)、金融支持(熊正德、林雪,2011;Kolympiris,2011)、协同创新(Veronica & Thomas,2007;李煜华,2012)等对战略性新兴产业高质量发展的影响;本书根据研究需要侧重从需求端入手,从分析市场需求对战略性新兴产业发展的影响进而深入到分析消费及消费升级对战略性新兴产业发展的影响,并进一步聚焦国内消费升级与产业创新间的协同关系来进行梳理评述。

一、市场与战略性新兴产业发展

本部分依次从市场需求与产业发展、本土市场与国际市场以及领先市场培育三方面对相关文献进行递进式梳理，以把握战略性新兴产业需求端市场培育的研究轨迹。

1. 市场需求与产业发展

市场需求在自我产生和被满足的循环累积过程中为产业主体创造市场利益，激发产业主体活力，带动新兴产业的兴起、发展和演进。一方面，市场需求为产业发展提供分工条件。Allyn Young（1928）对 Adam Smith 劳动分工理论重新挖掘拓展，认为规模报酬递增的实现得益于产业间劳动分工与专业化水平的提升，劳动分工受市场规模的限制，市场规模又取决于购买力，即供给端的生产能力，这表明与产业分工相互关联、相互促进的市场需求能够孕育出新兴产业。另一方面，市场需求为产业发展构筑比较竞争优势。若一个国家或地区的新兴产业拥有较大的市场需求规模，则企业能实现规模经济，降低生产成本，提高自身竞争力（Michael E.Porter，2002）。

现实生活中，市场需求在新兴产业企业初期进入与后期发展中发挥了无可替代的作用也被学者们证实。Roberto Fontana & Franco Malerba（2010）对比来自半导体产业需求方的新企业与来自半导体产业本身及其他类型的新进入者，发现具有需求方背景的新企业存活时间更长，据此将市场需求看作是进入一个产业和新企业成功的主要驱动力。Sarah Lubik，Sirirat Lim & Ken Platts（2013）则以 25 家英国新兴产业的初创企业为例，研究了企业动态经营中的市场拉动和技术推动倾向，发现市场需求导向是许多企业创立的基础，而以技术为基础的初创企业在后续发展中也会因各种条件转向需求拉动。

学术界对市场需求与产业发展的研究侧重在产业技术创新，普遍认可市场需求是产业技术创新的重要驱动力（Franco Malerba，2007）。较早的研究主要是 20 世纪 50—60 年代的“需求拉动假说”。Jacob Schmookler（1966）通过对美国四个不同行业创新的实证研究，发现投资活动先于专利活动，投资变动受市场需求变动引导和制约，据此认为市场需求拉动先于技术创新拉动。此后，一些学者也对此观点进行了检验和拓展。Sumner Myers & Donald G. Marquis（1969）对选定行业，包括美国的铁路和铁路供应商、计算机制造商和供应商以及住房供应商的567个技术创新成功案例进行了研究，发现作为驱动技术创新的因素，需求认知比技术认知更为常见。而国内对战略性新兴产业相关的研究中，谭洪波和郑江淮等人（2012）利用理论梳理和经验案例也说明了市场需求可以通过技术创新拉动战略性新兴产业的发展。

市场需求与技术创新相互联系。陈锦其和徐明华（2013）认为满足市场需求是产业技术创新的初始动力和最终目的，技术创新的方向受市场需求引导，反过来技术创新也能产生市场需求，满足社会生产生活中的高层次需求或潜在需求。这与余剑（2015）的观点不谋而合，其认为科学推动下的技术进步和企业创新能够创造新的市场需求，市场需求反过来通过利益补偿机制激励企业技术创新，市场需求与技术创新之间存在良性互动。这种关系使战略性新兴产业的培育和发展离不开两者的动态匹配与协同驱动，而协同驱动的发展规律在我国战略性新兴产业部门的不同发展阶段中普遍存在（赵玉林、王春珠，2017）。技术滞后于市场容易引起山寨模式的涌现，新兴产业因缺少核心技术处于价值链低端，发展不可持续；而市场滞后于技术则容易带来死亡之谷陷阱，新兴产业因创新研究与市场需求间存在断层，无法将技术产业化，资金难以维持（陈锦其、徐明华，2013）。

随着分析视角的深入，部分学者在市场需求与战略性新兴产业发展上的研究逐步转入用户层面，变得微观化。郭鸿雁（2013）曾在移动互联网产业中运用灰色关联分析法展开研究，发现微观用户是该产业发展的主导。且市场需求可进一步分为作为购买力的市场需求和作为产业创新者的用户两个方面，而用户创新能推动企业不断创新，如黄阳华和吕铁（2013）从用户创新角度分析了市场需求与产业创新之间的关系，发现随着新兴技术如3D打印技术的发展，用户作为产业创新者的作用更为突出。

2. 本土市场与国际市场

市场需求可以分为国内市场需求与国外市场需求。在战略性新兴产业发展初期,我国主要采取"以市场换技术"的出口导向型发展战略,极大地促进了我国战略性新兴产业的技术提升与规模扩大。然而,2008 年金融危机后,国际市场疲软,各国相继出台多项贸易保护政策,加上 2020 年全球经济受新冠疫情冲击面临大萧条,我国战略性新兴产业如何发展的研究重点随之转回国内本土市场。

本土市场对产业发展影响的研究早在 20 世纪 80 年代便有所涉及。Paul Krugman(1980)提出"本土市场效应"(Home Market Effect),认为一国拥有的较大国内市场需求能够实现规模生产和高效生产,"对某种产品拥有更多消费者的国家将是该产业的贸易剩余者"。而后 Donald R. Davis & David E. Weinstein(1999)通过对日本 19 个制造业部门的研究实证了本土市场规模的扩大引起部门规模报酬递增并带来比较竞争优势。张帆和潘佐红(2006)则在前两者的理论基础上推出一个经验检验模型运用于中国 1997 年 31 个省区市的产业面板数据,验证了我国本土市场效应的存在性,并发现本土市场效应在区域生产贸易中起决定性作用。此外,本土市场规模的扩大还能激发企业市场竞争行为,降低市场价格进而提高企业生产率(Marc J.Melitz & Gianmarco I.P.Ottaviano,2008)。以上研究虽然大多建立在对传统产业的分析基础之上,但由此也可得出本土市场对新兴产业的发展存在较大的促进作用,一国若拥有强大的母国市场,可相应催生国家产业竞争力(Michael E.Porter,2002)。

中国作为一个大国,拥有庞大的人口基数和潜在市场,不仅劳动力资源充足,而且投资需求和消费需求旺盛,本土市场优势明显(蔡娇,2014)。众多学者的研究表明,本土市场优势是我国战略性新兴产业发展的不竭动力,也是我国经济持续快速增长的重要支撑,具体表现在本土市场需求催生新兴产业竞争优势、母国市场效应促使基础制造业转型升级、本土市场规模与市场潜力施压产业创新等方面(郝凤霞,2011)。

为此,我国在现阶段培育发展战略性新兴产业的研究中常常将占有优势的本土市场需求同发展初期所追求的国际市场需求相比较。熊勇清和李鑫等人(2015)基于"现实环境"和"实际贡献"建立了一个国内外需求分析评价框架。他们认为,我国战略性新兴产业发展面临的两大市场压力无外乎国内市场"背离"产业规律和现实国情,以及国际市场受价值链和政治遏制"阻击"。以光伏产业为例,美国、欧洲等发起的"双反"制裁严重打击了该产业在海外的市场需求,同时,因过度依赖国际市场的发展导向,国内市场培育严重滞后,致使光伏产业发展面临困境。进一步地,通过格兰杰因果检验和脉冲响应函数分析发现,国内市场对战略性新兴产业发展具有一定滞后期的拉动作用,而国际市场虽然影响敏感但存在很高的不确定性与风险性,因而战略性新兴产业的长期发展方向应以国内市场需求为主。申俊喜和叶春梅(2020)在国内外市场规模研究中也表示,国内市场同国际市场相比,对战略性新兴产业全要素生产率的促进作用更为明显和全面。

任保全、刘志彪和任优生(2016)通过分位数模型研究出口和本土市场规模对战略性新兴产业上市公司发展的影响时发现,本土市场需求对技术创新的驱动力大于出口,且驱动力随技术创新强度的提升呈相反变动趋势,本土市场需求的驱动效应随之递减,出口的驱动效应随之递增。同时任保全、刘志彪和王亮亮(2016)通过对 Malmquist 指数法求解的战略性新兴产业全要素生产率回归还发现,出口并未显著促进了产业生产率的增长,反而抑制了战略性新兴产业技术进步,而本土市场需求能够推动产业技术进步率和纯技术效率,从而促进战略性新兴产业生产率的提升。可见,不论是熊勇清等人从市场贡献率角度切入,还是申俊喜等人从市场规模角度切入,抑或任保全等人对比本土市场需求与出口在产业技术上的促进效应,关于本土市场与国际市场的比较选择均认为目前培育本土市场需求至关重要,这能为我国战略性新兴产业更好地发挥重大战略引导作用提供有力支撑。

3. 领先市场培育

学术界关于战略性新兴产业发展的研究也有从本土市场培育驱动转到领先市场培育上的观点。领先市场是指率先在本区域内成功采用某种创新技术并通过国际扩散获得产业领先地位的国家或地区(Marian Beise,2004)。支持领先市场培育的学者们认为创新强度高的产业尤其是战略性新兴产业不能单方面满足本土市场需求而忽视国际市场,必须通过技术与市场的有效互动,加快本土技术创新的全球扩散以提升产业竞争力(吴家喜,2011)。比如徐梦周和吕铁(2013)认为,战略性新兴产业在其发展过程中不仅要形成技术的本土市场优势,更要将该优势扩散到其他国家和地区,树立建设培育领先市场的战略意识。此后,徐梦周和吕铁两人(2019)又从支撑机制和实践策略对数字经济领先市场的建构展开了讨论,认为应更好地顺应需求变化,注重本土需求、数据平台、领先用户及异质场景等方面的机制运用。总而言之,领先市场培育驱动的观点同样需要本国市场作其支撑。

二、消费与战略性新兴产业发展

正如经济学家马歇尔所言"一切需要的最终调节者是消费者的需要",市场需求首先是消费需求。本部分侧重国内居民消费,依次从消费需求与产业演进、消费升级与产业升级以及消费升级与产业创新三方面对相关文献进行递进式梳理,以理解消费升级态势驱动我国战略性新兴产业发展的效应和机制。

1. 消费需求与产业演进

消费是经济增长的重要源泉,是人类从事一切经济活动的目的与归宿。学术界在消费方面的研究从来没有停止过,自早期重商主义、古典经济学家们主张积累资本抑制消费,到凯恩斯等认为危机爆发的根源在于有效需求不足并主张扩大消费,再到供需均衡理论,学术界目前普遍认可消费需求是推动经济增长的重要因素,其与社会生产密不可分(尹世杰,2004;黄隽、李翼凯,2018;Andreas Pyka & Esben Sloth Andersen,2013)。马克思在《〈政治经济学批判〉导言》中有关生产消费关系的论述认为,两者具有直接同一性,且互为中介、互为手段、相互依存、相互生产、相互创造,消费对生产具有决定性作用,既能使生产成为现实的生产,也能为生产提供目的、需要和内在对象,进而依消费方式的革新实现生产方式的变革,这为消费推动产业演进提供了坚实的理论基础。

中国拥有庞大的投资需求与消费市场,这是其独有的大国市场优势。在比较投资和消费对经济发展的促进作用时,肖建华和王敏(2006)认为投资需求是最终消费需求的引致需求,而最终消费需求能为产业升级提供持续动力,决定了产业结构升级的方向与速度,进而带动经济发展。与此同时,产业发展反过来提升消费需求的规模和水平。牛建高、张建和曹敏(2011)依据 1978—2009 年的时间序列数据分析中国城镇居民消费水平与第三产业发展的关系,发现两者间存在着长期的良性互动,且城镇居民消费水平对第三产业的长期影响更显著,影响时限更长。

一般而言,产业结构升级主要体现在战略性新兴产业的演进,消费需求的促进作用在该产业中同样存在。陈雅欣(2014)利用演化经济学的动态研究方法,从变异阶段、选择阶段和正反馈阶段三方面发现本土市场对战略性新兴产业发展至关重要的作用归根到底是消费的作用。她指出,本土市场规模本来就是高层次需求的温床,挑剔的本土消费者能引导产业向技术型和集约型转变,有利于战略性新兴产业的发展。因此,对我国来说,应充分依靠国内庞大的消费需求市场发展战略性新兴产业,注重培养高质量的消费者需求。

2. 消费升级与产业升级

消费升级通常被侧重理解为消费结构升级，是在消费水平和质量提高的基础上，各类消费支出在消费总支出中的结构优化，由低层次向高层次逐渐转变的过程。依据马斯洛需求层次理论，随着当前我国人均可支配收入的增加，中产阶层人数的扩大，消费者的消费趋势逐渐多样化与高端化，进而对高级产品、新兴产品的需求日渐旺盛，与之相应的高端产业占比逐步提高。可见，消费结构升级必然对应产业结构升级，其促进作用在众多学者的研究中被证实。

消费升级一方面因减少了某些产品的消费而逐步淘汰相应过剩产业，另一方面因增加了某些产品的消费而不断刺激相关新兴产业，对各产业具有差异化影响，即存在产业结构效应。石奇、尹敬东和吕磷（2009）依托 2000 年和 2006 年投入产出表中 17 个产业部门数据，研究了我国消费结构变化对产业结构变化的影响，发现消费升级对中国产业结构的影响力可以解释 29.64% 的变化。而后刘慧和王海南（2015）在比较中美消费结构升级特征差异后利用投入产出乘数模型证实了我国消费升级的结构影响效应。他们发现，居民最终消费拉动各产业发展，且因拉动效应存在差异而促使我国产业结构实现优化升级。

杨天宇、陈明玉（2018）认为，消费升级带动产业升级存在恩格尔效应和鲍莫尔效应两种理论逻辑：一是随着人均收入水平的提高，高需求收入弹性的产业比重上升，产业结构走向高端化；二是随着人均收入水平提高，适应市场需求的发明创造出现而引发技术进步，高资本回报率和高生产率的产业比重上升，产业结构同样走向高端化。两人利用国内 2000—2016 年的省级面板数据区分不同收入阶层居民消费升级对产业升级的带动作用，发现消费升级确实带动了产业迈向中高端，但由于我国中等收入以下阶层人口数量较大，消费升级带动作用比较有限。

在新一轮科技革命与产业变革背景下，战略性新兴产业对于一国而言早已成为产业结构升级的重点产业以及领先世界经济的中高端关键产业，故而消费升级引领产业升级现实表现为战略性新兴产业的发展。袁小慧和范金等人（2015）运用一般均衡模型论证分析得到居民发展型和享受型消费模式升级有效推动了我国产业转型升级，且这种促进作用在新兴产业中的具体产业上有显著表现，其中对互联网信息传输业的促进效应相比其它新兴产业而言最为明显。但是，目前直接聚焦研究消费升级助力战略性新兴产业发展升级的文献较少，亟待学者们展开研究进行补充。

除消费升级对产业升级具有整体引领作用外，产业升级也是消费升级的基础，两者之间存在良性互动。消费升级能够通过增加高需求收入弹性产品的消费占比和引导优化产业要素配置引领产业升级，反过来，产业升级也能够通过提高居民收入和创造新兴需求从总量扩张和结构优化上促进消费升级（陈洁，2020）。

这种互动机制受不同技术进步方式影响。龙少波、丁露和余康（2020）从中国式技术变迁视角切入，探究消费与产业“双升级”互动时发现，引进式技术进步方式通过快速供给效应、消费偏好转移效应、收入分配资本偏向效应以及技术同质化效应对消费与产业“双升级”互动机制产生影响，而原发式技术进步方式通过有效供给效应、消费偏好转变效应、收入分配劳动偏向效应以及技术异质化效应对消费与产业“双升级”互动机制产生影响。由于收入分配资本偏向效应与技术同质化效应的负向影响存在，引进式技术进步方式在前期对互动机制的推动作用逐渐被制约和削弱，产业产能过剩，产品供给结构与消费需求结构不相匹配，使得引进式技术进步在后期不利于消费升级与产业升级的良性互动。因此，他们认为现阶段原发式技术进步能为消费和产业“双升级”的良性互动提供动力转化，匹配协调我国国内供需结构，这比引进式技术进步更为重要。

3. 消费升级与产业创新

中国当前重点发展的战略性新兴产业是具有高技术进步率与高产业关联性的产业，技术创新在产业升级中占据主导地位，是战略性新兴产业发展的根本动力（孙晓华、王林，2014）。一个国家或地区若急于追求产业升级而在缺乏核心技术下发展高技术产业，则容易造成价值链的低端锁定（陈锦其、徐明华，2013），这在一定程度上表明战略性新兴产业发展中技术创新尤为重要。而企业为了寻求发展进行的技术创新活动无法脱离消费独自存在。正如马克思在《〈政治经济学批判〉导言》中提及，“产品不同于单纯的自然对象，它在消费中才证实自己是产品，才成为产品”。产业创新技术便如同产品，离开消费就无法实现自身价值，也就不能成为现实技术。因此，有关产业技术创新的学术研究忽视不了消费，有关消费推动产业发展的研究也不能离开技术创新。

焦帅涛和孙秋碧（2020）通过多种空间计量模型证实了消费升级和技术创新对本地经济增长具有正向影响。那么，当两者均能促进经济增长时，消费升级作为消费需求所呈现出的动态变化趋向，对推动战略性新兴产业发展中的技术创新是否有显著影响？这种影响又通过何种渠道实现？关于这些问题，虽然学术界的探讨较少，但仍能从一些学者的研究中窥知一二。

企业在生产时要考虑市场中消费者的需求变化来进行技术革新（Pierre Berthon & James Mac Hulbert & Leyland Pitt，2005）。一方面，消费需求的升级变化可通过市场竞争机制让企业获知产品消费的新旧更替信息，在优胜劣汰的生存压力下加快产业技术创新变革（袁小慧、范金等，2015）；另一方面，消费升级也可通过市场价格机制向生产者传递市场信号，让企业及时准确获取消费者对高质量产品的需求变化，在获取利润的动机驱使下提高供给端技术研发投入力度，从而拉动企业不断进行技术创新，满足消费升级后消费者产品与服务的新需要(Josef Zweimuller & Johann K.Brunner,2005;刘冰,2007)。对应战略性新兴产业而言,居民对该产业的产品消费随着居民消费结构的升级而增多,产品价格在此基础上不断提高,使得该产业生产部门在依据市场价格信号和市场竞争信号进行经济活动时,大概率聚焦科技研发与产品创新,加大投资扩大生产,随着各资源从低级传统产业转移至战略性新兴产业,战略性新兴产业得以进一步发展。由此可见,消费升级能够通过市场作用自发激励产业技术创新,从而推动战略性新兴产业发展。

此外,收入平等前提下技术创新带来的技术进步能刺激消费总量增长和消费结构优化(Josef Zweimuller,2000),消费升级和产业技术创新之间同样存在互动关系。金晓彤和黄蕊(2017)认为这种互动是彼此促进且互为因果的关联关系,消费总量增长间接提升企业生产和创新效率,消费结构优化完美甄别企业生产技术优劣,反之,源自生产环节的技术进步通过经济资源再配置促使消费升级,源自商品层面的技术进步通过棘轮效应和示范效应的此消彼长促使消费升级,并且认为我国供给侧改革的政策有效实现了消费升级的技术进步效应和技术进步的消费升级效应。以产业创新在流通领域的现实表现为例,周珺(2017)研究发现消费升级下居民消费观念的改变推动流通创新,而流通创新引导居民形成新型消费模式从而带动消费升级。

三、研究结论与不足

通过对以往文献的梳理,可以得出如下结论:第一,市场需求能通过驱动产业技术创新显著地促进战略性新兴产业的高质量发展,且市场需求与产业技术创新之间存在良性互动;第二,比较国内市场与国际市场,战略性新兴产业发展的市场选择具有阶段性特征,初期以国际市场为导向寻求先进技术和销售市场以迅速扩大产业发展规模,现阶段则应以国内市场为导向培养原发技术和本土需求以支撑提升新兴产业发展质量;第三,本土市场需求对战略性新兴产业发展的促进作用归根到底是消费需求的拉动,居民消费表现出的结构升级态势能显著驱动我国产业结构升级,对应驱动战略性新兴产业的发展;第四,消费升级对战略性新兴产业的驱动效应主要表现在消费升级对该产业发展所需技术创新的驱动,居民消费结构的优化升级能够通过市场作用自发激励引导相关产业的研发行为,从而形成产业核心技术优势。

然而,纵观现有文献可以发现,学术界虽然从需求端探讨我国战略性新兴产业发展的研究逐渐变多,但在此基础上深入聚焦消费和消费升级对战略性新兴产业发展驱动作用的论述非常缺乏。所涉内容大多简单提及本国消费的重要性而欠缺具体的量化分析,或是研究中只见庞大的消费规模而忽略我国不断转变的消费质量,又或是粗略证实消费升级与产业升级之间关系而未针对战略性新兴产业相关领域进行深入探讨。“国内大循环”战略背景下,居民消费升级表现出来的丰富内涵能够对我国战略性新兴产业发展产生何种影响?这种影响通过哪些渠道来实现?实现过程中受到何种因素限制?理论推断与实践表现是否存在偏差?政府又在消费升级影响战略性新兴产业发展的过程中起着何种作用?这些问题均可成为本书研究的思考方向。

第四节　思路框架

本书紧紧围绕居民消费升级对我国战略性新兴产业高质量发展的驱动效应及其影响因素展开研究,主要包括四个部分。

一是问题的提出(第一章)。基于我国战略性新兴产业发展面临以美国为代表的发达国家奉行单边贸易保护主义,逆全球化趋势加剧,国际市场需求疲软的严峻复杂的国际环境,以及超大规模的国内消费市场已经成为名副其实的经济增长第一拉动力,居民消费结构不断升级,从生存型消费逐步转为发展型与享受型消费的现实背景,通过对国内外已有研究成果进行梳理回顾,重点了解从需求角度分析战略性新兴产业发展的研究轨迹与不足,从而明确本课题研究消费升级驱动战略性新兴产业发展的现实意义与研究视角。

二是驱动效应分析。首先基于产业高端化的内涵从总体上分析了消费升级助推战略性新兴产业高质量发展的效应,其中,微观层面考察了消费升级驱动战略性新兴产业内企业生产效率的提高(第二章),宏观层面考察了消费升级驱动战略性新兴产业在全球价值链中位置的提升(第三章)。然后基于消费升级的内涵主要从微观角度分项考察了绿色消费、服务消费、数字消费对战略性新兴产业高质量发展的影响效应(第四至六章)。

三是影响因素分析。基于经济学的经典理论,立足我国经济发展的阶段性特征,结合国家重大发展战略,分析探讨了收入分配、新型城镇化、市场一体化、政府补贴、高铁基础设施建设等对消费升级助推战略性新兴产业高质量发展的影响(第七至十一章)。

四是研究结论与对策建议。在借鉴国内外研究成果的基础上,依据实证分析结论,从宏观政府、中观地区行业、微观企业三个层面提出有效可行的、能充分发挥消费升级驱动我国战略性新兴产业进一步发展的政策建议(第十二章)。

本书总体上遵循从理论到现实,由现象到本质的研究路线,坚持理论阐述和实证分析相统一是本书主要的研究方法,除第一章和最后一章外,所有章节的安排都是按照先理论后实证的模式展开,每一章在实证分析后都会针对结论进行进一步理论分析,从而使得实证分析更加有理有据。研究框架如图 1-2。

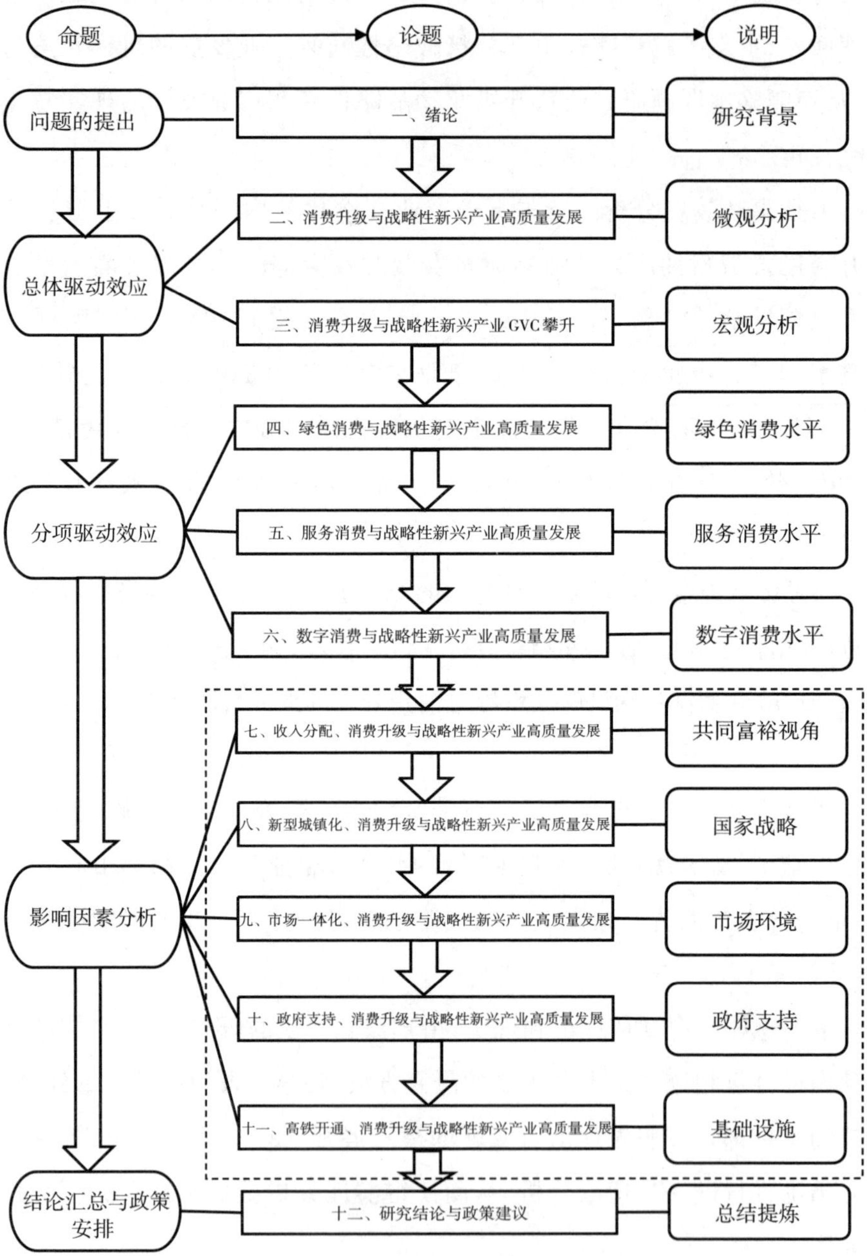
命题
论题
说明
问题的提出
一、绪论
研究背景
二、消费升级与战略性新兴产业高质量发展
微观分析
总体驱动效应
三、消费升级与战略性新兴产业GVC攀升
宏观分析
四、绿色消费与战略性新兴产业高质量发展
绿色消费水平
分项驱动效应
五、服务消费与战略性新兴产业高质量发展
服务消费水平
六、数字消费与战略性新兴产业高质量发展
数字消费水平
七、收入分配、消费升级与战略性新兴产业高质量发展
共同富裕视角
八、新型城镇化、消费升级与战略性新兴产业高质量发展
国家战略
影响因素分析
九、市场一体化、消费升级与战略性新兴产业高质量发展
市场环境
十、政府支持、消费升级与战略性新兴产业高质量发展
政府支持
十一、高铁开通、消费升级与战略性新兴产业高质量发展
基础设施
结论汇总与政策安排
十二、研究结论与政策建议
总结提炼

图 1-2　本书研究框架

第二章　消费升级与战略性新兴产业高质量发展

第一节　相关文献与理论分析

一、文献梳理

战略性新兴产业以重大技术突破和重大发展需求为基础，发展受技术创新与市场需求共同影响。近年来相关研究多从供给角度切入，集中于产业政策、财税支持、金融约束、R&D 投入、协同创新等对战略性新兴产业发展的影响效应。孙阳阳和丁玉莲（2021）认为产业政策冲击对我国战略性新兴产业的发展具有促进作用，战略性新兴产业政策可通过缓解企业融资约束正向激励企业 *TFP* 的提升。陈文俊等（2020）则认为产业政策对战略性新兴产业发展具有抑制作用，他们发现战略性新兴产业政策显著抑制了生物医药企业的创新绩效，不利于生物医药产业发展。陈洋林等（2018）认为税收优惠正向激励战略性新兴产业的创新投入。闫俊周等（2020）通过实证中发现，政府补贴有利于提升战略性新兴产业企业创新效率，而金融支持不利于提升创新效率。张宏彦和王磊（2016）考察股票市场和中国银行业发展对产业发展的影响，认为金融发展能缓解阻碍战略性新兴产业发展的融资约束。申俊喜和杨若霞

(2017)分析长三角地区战略性新兴产业发展时认为,政府补贴和企业自身的劳动力、固定资产、股权结构和企业成长性均对该产业上市公司 *TFP* 存在影响。申俊喜(2012)基于战略性新兴产业发展的产学研合作组织模式,认为提高战略性新兴产业核心竞争力,要增强企业自主创新的动力和能力,依产业不同发展阶段的特征,明确产学研合作的目标定位和发展重点。尽管不同视角下研究的问题有所不同,但学者们对战略性新兴产业发展存有普遍认知,即核心技术创新是影响产业发展的主要驱动力(孙江超,2019)。

随着逆全球化趋势及贸易保护主义的出现,更多学者开始关注战略性新兴产业发展的需求端影响,基本观点大致可以分为三个方面。一是市场需求对新兴产业进入和发展的影响。市场需求在自我产生和被满足的循环累积过程中为产业主体创造市场利益,激发产业主体活力,带动新兴产业的兴起、发展和演进。较早的研究源自 20 世纪五六十年代的"需求拉动假说",此后学者们对此进行了补充,认为市场需求拉动先于技术创新拉动(Schmookler,1966),市场需求导向是许多企业的创立基础(Lubik,2013)。二是市场需求对产业技术创新的影响。"需求引致创新"理论认为,市场需求规模扩大带来了生产要素投入的增加,企业受利润最大化驱使进行研发创新(Acemoglu,2003)。"本土市场效应"理论认为,市场规模扩大既能引起部门规模报酬递增带来比较竞争优势(Davis & Weinstein,1999),也能激发市场竞争行为提高企业生产率(Melitz & Ottaviano,2008)。而在我国战略性新兴产业发展路径的研究中,黄先海等(2019)发现大国市场能通过较大的市场扩张效应促进该产业的研发创新。三是国内国际市场对产业全要素生产率的影响。任保全等(2016)在对比本土市场需求与出口在产业技术上的促进作用后认为本土市场需求能推动产业技术进步率和纯技术效率,从而促进战略性新兴产业生产率的提升。申俊喜等(2020)也从市场规模角度切入对国内外市场进行比较,发现本土市场比之国际市场对战略性新兴产业全要素生产率的促进作用更为明显全面。

本土市场规模对战略性新兴产业发展至关重要的作用归根结底在于消费，挑剔的本土消费者能够引导产业向技术型和集约型转变，有利于战略性新兴产业发展（陈雅欣，2014）。但较为遗憾，已有从需求角度进行的研究，大多停留在市场需求层面，实证分析中缺少对消费质量的定量描述，且在消费升级影响战略性新兴产业发展方面也缺少具体的路径探讨。因此，本章基于微观分析从总体上探究了消费升级对战略性新兴产业全要素生产率的影响效应，以及技术创新投入在此影响效应中的作用机理，从而对现有研究进行了有益的补充与完善。

二、理论分析

1. 消费升级对战略性新兴产业发展的影响

马克思在《〈政治经济学批判〉导言》中有关生产、消费关系的论述认为，消费和生产具有直接同一性，且互为中介、互为手段、相互依存、相互生产、相互创造。消费对生产具有决定性作用，既能使生产成为现实的生产，也能为生产提供目的、需要和内在对象，进而依消费方式的革新实现生产方式的变革，这为消费升级影响产业发展提供了理论基础。

一方面，不论是消费规模扩大、消费品质提高，还是消费结构优化，居民消费升级总是伴随着居民收入水平的持续提升。恩格尔定律表明，商品的需求量占比随着经济增长发生变化，收入水平提升使居民减少对需求收入弹性较低产品的消费，转而提高对需求收入弹性较高产品的需求。由此，居民消费向高质量、高创新的产品与服务倾斜，消费趋势逐渐多样化与高端化，不仅对此类产品与服务的消费需求日渐旺盛，对此类产品与服务的消费质量也有了全新的追求。部分低端产品因高端产品的消费需求增加而被挤出，在一定程度上抑制或淘汰了不适应消费者需求的过剩产业而推动新兴产业进行替代。从而，生产高需求收入弹性产品的高端行业在经济中的占比不断提高，并且在产业结构中占据主导地位,具体表现为高技术进步率与高产业关联性兼备的战略性新兴产业的发展。

另一方面,消费升级能够调整资源流向,优化社会要素配置,扩大高端产业规模。根据鲍莫尔效应,技术进步较快的产业部门拥有较高的生产效率和资本回报率,产品相对价格低于技术进步较慢的产业部门,而相对价格差异引起资本流入技术进步较快的产业部门,并使劳动力向技术进步较慢的产业部门转移,资源在各部门间不断配置与流动。由此,为适应居民对高质量、高创新产品与服务的消费需求,相关产业积极提供消费者所需的发明创造带动产业技术进步,进而使社会资源向高技术进步率的战略性新兴产业偏移,生产要素配置得到优化,产业得以进一步发展。由此本章提出:

假设1:居民消费升级对战略性新兴产业高端化发展具有显著正向影响。

2. 技术创新的中介作用

战略性新兴产业发展的根本动力在于技术创新,技术创新能够带来行业差异使战略性新兴产业获取持久的竞争优势,而企业为了寻求发展进行的技术创新活动无法脱离消费独立存在。依据金晓彤等(2017)的观点,消费规模扩大间接提升了企业生产和创新效率,消费结构优化完美甄别了企业生产技术的优劣,可见,消费需求的变化是企业研发新技术新产品的直接动因。本章认为,战略性新兴产业企业依据消费升级导向进行技术创新的具体表现主要在投资引致效应和市场竞争效应两个方面,如图2-1。

(1)投资引致效应。由于不同产业间存在替代弹性差异,低级传统产业与战略性新兴产业的技术进步差异明显,居民消费升级引发资本等生产要素从低端传统产业转移至战略性新兴产业形成集聚,产业规模随投资规模不断扩大，规模经济的实现最终带来企业利润率的上升，从而激励企业进行技术创新活动。

（2）市场竞争效应。一方面，居民对战略性新兴产业产品及服务的消费增加带来市场价格的提高，价格变动传递经济信息给各市场主体进行市场竞争，企业为获取更多利润提高技术研发投入力度，不断开展技术创新，以满足消费者的新需要（Zweimuller & Brunner，2005）。另一方面，消费者更注重质量与创新的苛刻要求加速了相关产品的新旧更替，企业为规避亏损破产风险，在优胜劣汰的生存压力下加快产业技术创新变革。在甘冒风险追逐利润的内在动力和规避风险免于破产的外在压力两者作用下，战略性新兴产业企业展开你追我赶的市场竞争。此外，高层次需求规模扩大带来外商直接投资，而拥有技术创新优势及生产管理经验的外商直接投资不仅为我国战略性新兴产业发展带来知识技术的溢出效应，也带来了竞争效应倒逼企业进行技术创新以保市场地位。由此本章提出：

假设2：居民消费升级通过提高技术创新投入促进战略性新兴产业高端化发展。

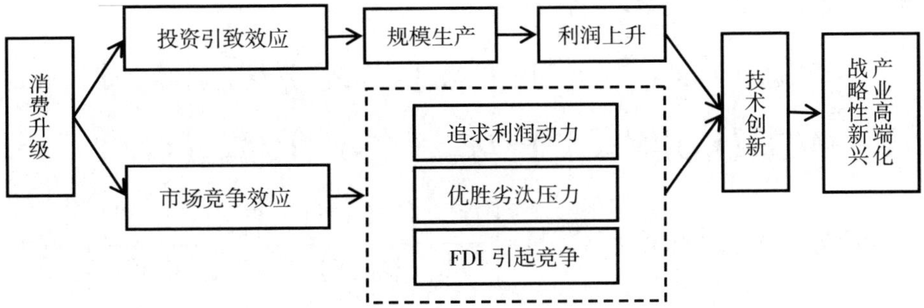

图2-1　消费升级影响战略性新兴产业发展的理论机制

第二节　变量测算、模型设定与数据说明

一、变量测算

1. 被解释变量：战略性新兴产业发展 Industry 的测算

我国战略性新兴产业呈“轻技术创新，重规模扩张”的低端化发展趋势（任保全等，2014），其对国家经济发展的引领作用主要依托发展规模，而发展效率需进一步重视。因此，本章选择 DEA-Malmquist 指数法测算战略性新兴产业全要素生产率，并进一步分解为技术进步率、纯技术效率和规模效率三部分。与索罗余值法、前沿生产函数分析方法（SFA）比较而言，DEA-Malmquist 法无需设定具体的生产函数形式，有效避免了函数形式设定错误带来的偏差，完善的理论基础也与战略性新兴产业的实际发展情况更适合。

假定 t 期某企业 i 的 N 种要素投入 $x_i^t \in R_+^N$ 经由生产技术 T_i^t 转化为 M 种产出 $y_i^t \in R_+^M$。$D_{output}^t(x_i^\tau, y_i^\tau)$ 为 t 期技术条件下该经济体产出距离函数。基于产出的全要素生产率指数即可表示为：

$$M_{output}^t\left(x_i^t, y_i^t; x_i^{t+1}, y_i^{t+1}\right) = D_{output}^t\left(x_i^{t+1}, y_i^{t+1}\right) \big/ D_{output}^t\left(x_i^t, y_i^t\right) \quad (1)$$

$$M_{output}^{t+1}\left(x_i^t, y_i^t; x_i^{t+1}, y_i^{t+1}\right) = D_{output}^{t+1}\left(x_i^{t+1}, y_i^{t+1}\right) \big/ D_{output}^{t+1}\left(x_i^t, y_i^t\right) \quad (2)$$

$$TFPch_{it} = M_{output}\left(x_i^t, y_i^t; x_i^{t+1}, y_i^{t+1}\right) = \left[\frac{D_{output}^t\left(x_i^{t+1}, y_i^{t+1}\right)}{D_{output}^t\left(x_i^t, y_i^t\right)} * \frac{D_{output}^{t+1}\left(x_i^{t+1}, y_i^{t+1}\right)}{D_{output}^{t+1}\left(x_i^t, y_i^t\right)}\right]^{1/2} \quad (3)$$

将上式进行分解，得到：

$$\begin{aligned} TFPch_{it} &= \frac{D_{output}^{t+1}\left(x_i^{t+1}, y_i^{t+1}\right)}{D_{output}^t\left(x_i^t, y_i^t\right)} \left[\frac{D_{output}^t\left(x_i^{t+1}, y_i^{t+1}\right)}{D_{output}^{t+1}\left(x_i^{t+1}, y_i^{t+1}\right)} * \frac{D_{output}^t\left(x_i^t, y_i^t\right)}{D_{output}^{t+1}\left(x_i^t, y_i^t\right)}\right]^{1/2} \\ &= TECHch_{it} * EFFch_{it} \end{aligned} \quad (4)$$

其中 $TECHch_{it}$ 为技术进步率，指从 t 期到 t+1 期这段时间内技术进步对全要素生产率的影响。$EFFch_{it}$ 为技术效率，指从 t 期到 t+1 期这段时间内对生产前沿的追赶程度。如果 $TFPch_{it}$ 小于 1，公司全要素生产率呈下降趋势；大于 1 则呈上升趋势。取消规模报酬不变假设，可进一步将 $EFFch_{it}$ 分解为规模变化效率和纯技术变化效率。

$$\begin{aligned} EFFch_{it} &= \frac{D_{output}^{t+1}\left(x_i^{t+1}, y_i^{t+1} \middle| C\right)}{D_{output}^{t}\left(x_i^{t}, y_i^{t} \middle| C\right)} \\ &= \left[\frac{D_{output}^{t+1}\left(x_i^{t+1}, y_i^{t+1} \middle| C\right) \Big/ D_{output}^{t+1}\left(x_i^{t+1}, y_i^{t+1} \middle| V\right)}{D_{output}^{t}\left(x_i^{t}, y_i^{t} \middle| C\right) \Big/ D_{output}^{t}\left(x_i^{t}, y_i^{t} \middle| V\right)} * \frac{D_{output}^{t+1}\left(x_i^{t+1}, y_i^{t+1} \middle| V\right)}{D_{output}^{t}\left(x_i^{t}, y_i^{t} \middle| V\right)}\right]^{1/2} \\ &= PEch_{it} * SEch_{it} \end{aligned} \quad (5)$$

其中 $SEch_{it}$ 为规模效率，指 t 期到 t+1 期规模对全要素生产率的影响。$PEch_{it}$ 为纯技术效率，指 t 期到 t+1 期剔除规模因素后技术效率对全要素生产率的影响。因而：

$$TFPch_{it} = M_{output}\left(x_i^t, y_i^t; x_i^{t+1}, y_i^{t+1}\right) = TECHch_{it} * SEch_{it} * PEch_{it} \quad (6)$$

产出指标参照任保全（2014）的处理，选择反映企业生产效益的主营业务收入及反映企业经营效益的净利润，本章因为所选数据库战略性新兴产业上市公司财报公开数据中其他业务收入多数为 0，故而近似选择营业总收入代替主营业务收入。投入指标选择常用的代表劳动力要素投入的企业从业人员数及代表资本要素投入的年末固定资产净额。以上指标数据来自 CSMAR 数据库，初选样本为更新发布的中国战略新兴产业综合指数中所披露的 1477 家上市公司，在剔除样本期间未公开披露年度报告、投入产出变量存在缺失及固定资产净额变动过大的公司后，最终剩余 629 家。

使用 DEAP2.1 软件对所选上市公司进行全要素生产率变化率的测度与分解。结合表 2-1 和图 2-2 的结果显示，平均全要素生产率的增长率为 4.8%，其中技术进步率贡献 7.4%，纯技术效率贡献-4.9%，规模效率贡献

2.7%。全要素生产率变化率在此期间先增后减，在2017年增长最快，变化率达13.9%，全要素生产率的累计变化率逐步上升，可见，中国战略性新兴产业发展态势总体向好。此外，依据分解指标结果，技术效率和纯技术效率为年均负增长，技术进步率和规模效率为年均正增长，战略性新兴产业整体全要素生产率的增长主要依赖技术进步率。技术效率的平均变化值则为负，且分解后正向提升的规模效率降低了技术效率的负向变化幅度。这说明我国战略性新兴产业在产品研发、工艺改进和科技含量高的生产设备中的技术水平、资源配置的利用效率以及企业管理水平均有待进一步提升，存在“轻技术创新、重规模扩张”的粗放化发展趋势。

表2-1　2013—2019年中国战略性新兴产业全要素生产率及其分解

年份	*effch*	*techch*	*pech*	*sech*	*tfpch*
2013	1.325	0.745	1.170	1.132	0.987
2014	0.824	1.232	0.842	0.978	1.015
2015	0.968	1.048	0.808	1.198	1.014
2016	0.799	1.369	1.129	0.708	1.094
2017	1.099	1.036	0.880	1.249	1.139
2018	0.913	1.161	1.039	0.878	1.060
2019	0.998	1.039	0.854	1.169	1.037
平均值	0.976	1.074	0.951	1.027	1.048

注：根据DEAP2.1软件得出。

分产业测算结果如表2-2。九大战略性新兴产业中全要素生产率增长最快的是数字创意产业，年均增长20%；增长最慢的是新能源汽车产业，年均增长为负。对于技术进步率，数字创意产业年均增长最快为14.3%，新能源汽车产业最慢为-7.3%。对于技术效率，新能源汽车产业年均增长最快为6.3%，相关服务业最慢为-5.8%；对于规模效率，数字创意产业年均增长最快

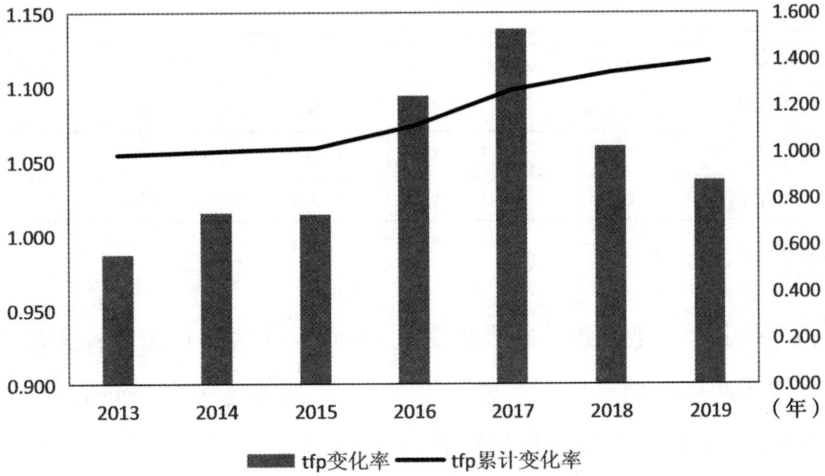

图 2-2 2013—2019 年中国战略性新兴产业全要素生产率及累计变化率

为 4.3%，相关服务业最慢为-3.5%；对于纯技术效率，新能源产业年均增长最快为 4.4%，新一代信息技术产业最慢为-7.4%。由此可见：分产业层面，九大战略性新兴产业中生物产业和数字创意产业全要素生产率变化率及其分解均高于 1，发展态势最好；新能源产业和节能环保产业规模效率均低于 1，企业规模效益水平并未较好体现；其余五大产业则在体现技术创新水平与要素利用程度的分解指标技术效率、纯技术效率上存在下降趋势；大体符合整体层面估计的“轻技术创新、重规模扩张”的粗放化发展趋势。

表 2-2 2013—2019 年九大产业平均全要素生产率及其分解

产业	*effch*	*techch*	*pech*	*sech*	*tfpch*
新一代信息技术	0.943	1.141	0.926	1.019	1.076
高端装备制造	1.041	0.982	1.038	1.003	1.022
新材料	0.992	1.019	0.989	1.003	1.011
生物	1.007	1.023	1.006	1.001	1.030
新能源汽车	1.063	0.927	1.028	1.034	0.985
新能源	1.025	1.021	1.044	0.982	1.046

续表

产业	*effch*	*techch*	*pech*	*sech*	*tfpch*
节能环保	0.980	1.058	1.001	0.979	1.037
数字创意	1.051	1.143	1.007	1.043	1.200
相关服务	0.942	1.111	0.976	0.965	1.047

注:根据 DEAP2.1 软件得出。

战略性新兴产业上市公司发展变量 Industry 作为本章被解释变量,实证中代入以上测算的全要素生产率变化率 tfpch、技术进步率 techch、技术效率 effch、纯技术效率 pech 以及规模效率 sech。

2. 核心解释变量:消费升级 Conup 的测算

消费升级一般理解为消费结构升级,常使用食品支出占个人消费支出总额比重的恩格尔系数,或基于此提出的一系列新型恩格尔系数度量。考虑到本章研究对象为战略性新兴产业,与其对应的消费需求无法由传统恩格尔系数体现,直接将居民八大类支出中的后几类归为高层次消费的界定也不够严谨,因此,本章借鉴黄隽等(2018)的方法,采用扩展线性支出模型(ELES)求解居民八大类支出(食品烟酒、衣着、居住、生活用品及服务、交通通信、教育文化娱乐、医疗保健、其他用品及服务)所对应的需求收入弹性,进而确定基础消费支出项目和高层次消费支出项目,在此基础上,用高层次消费支出和服务型消费支出占比度量消费升级。

假定某时期内,居民对各商品服务的需求包括基本需求与超额需求,由收入和价格决定。收入水平与基本需求无关,边际消费倾向关联于收入和超额需求的分配,由此可设定 ELES 模型基本表达式:

$$p_i q_i = p_i r_i + \beta_i \left(I - \sum_{j=1}^{n} p_i r_i \right), i = 1, 2, 3, \ldots, n \tag{7}$$

其中，p_i 为第 i 类商品或服务的对应价格；q_i 为第 i 类商品或服务的对应市场总需求；居民总支出由基本需求和超额需求加总得到，r_i 为第 i 类商品或服务的对应基本需求，β_i 为超额需求的边际消费倾向，I 为居民可支配收入。因此：

$$p_i q_i = \left(p_i r_i - \beta_i \sum_{j=1}^{n} p_i r_i \right) + \beta_i I, i = 1,2,3,\ldots,n \tag{8}$$

将上式改写为计量模型：$c_i = \alpha_i + \beta_i I + \varepsilon_i$ ，其中 c_i 表示第 i 类商品或服务总支出，I 表示居民可支配收入，α_i 和 β_i 是待估计参数，ε_i 是模型随机扰动项。由此需求收入弹性为：

$$EM_i = \frac{\partial q_i / q_i}{\partial I / I} = \beta_i \frac{I}{p_i q_i} = \beta_i \frac{I}{c_i} \tag{9}$$

当需求收入弹性 EM_i 大于 1 时，该消费支出项目界定为高层次消费支出。依表 2-3 及表 2-4 结果显示，居民八大类支出中居住、交通通信、教育文化娱乐和医疗保健四项的需求收入弹性均大于 1，为高层次商品服务，其中，医疗保健的平均需求收入弹性最大，为 1. 4432，可见，近年来居民对于医疗健康类消费支出的重视。本章在此基础上将居住、交通通信、教育文化娱乐和医疗保健四项支出的占比作为消费升级的度量。

表 2-3　ELES 模型参数估计结果

项目	α_i	β_i	F	R^2
食品烟酒	1444. 167	0. 1510942	492. 13	0. 9899
衣着	615. 1464	0. 0239461	199. 09	0. 9755
居住	-247. 1642	0. 1708231	413. 01	0. 9880
生活用品	97. 21603	0. 0392151	818. 37	0. 9939
交通通信	-113. 2241	0. 0989951	276. 64	0. 9822
教育文化娱乐	-227. 6672	0. 0885968	1062. 6	0. 9953

续表

项目	α_i	β_i	F	R^2
医疗保健	-566.207	0.079378	910.87	0.9945
其他用品及服务	40.80845	0.015609	1331.35	0.9963

注：根据 stata15 软件得出。

表 2-4　2013—2019 年居民各项消费需求收入弹性

年份	食品烟酒	衣着	居住	生活用品	交通通信	教育文化娱乐	医疗保健	其他用品及服务
2013	0.6704	0.4269	1.0432	0.8903	1.1141	1.1607	1.5935	0.8802
2014	0.6781	0.4393	1.0764	0.8889	1.0680	1.1633	1.5322	0.8793
2015	0.6894	0.4519	1.0974	0.9054	1.0420	1.1294	1.4973	0.8810
2016	0.6987	0.4743	1.0862	0.8950	1.0087	1.1019	1.4462	0.9151
2017	0.7303	0.5026	1.0804	0.9089	1.0290	1.1031	1.4207	0.9070
2018	0.7574	0.5244	1.0377	0.9053	1.0445	1.1237	1.3296	0.9227
2019	0.7632	0.5500	1.0386	0.9408	1.0630	1.0835	1.2826	0.9155
平均值	0.7125	0.4813	1.0657	0.9050	1.0528	1.1236	1.4432	0.9001

如图 2-3，我国高层次商品和服务支出占比呈现不断上升趋势，2013 年为 52.46%，2019 年上升到 57.20%。可见我国居民消费水平不断提升，在消费结构方面拥有消费升级优势。

3. 控制变量

一是政府补贴 sub，可缓解企业融资约束，激励企业投入研发，进而提升全要素生产率，但同时，政府补贴也可能带来企业寻租行为而对全要素生产率起反向抑制作用。考虑到同额政府补贴对不同规模企业的影响不同，本章参照申俊喜等（2017）的处理，取上市公司披露在财务报表附注中的补贴费用与营业总收入之比来表示。二是资产负债率 alr 和资产利润率 profit，两者能反映上市公司的融资情况，直接影响其经营活动和生产绩效。杨源源（2018）在

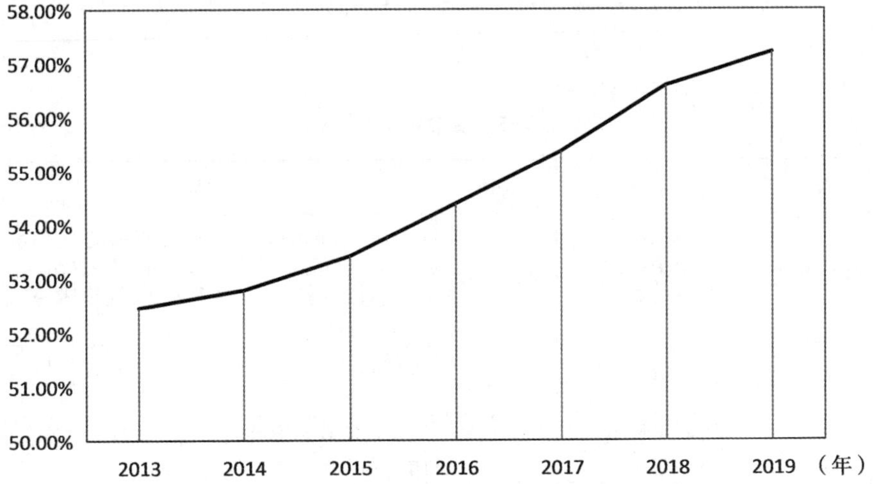

图 2-3　2013—2019 年中国高层次消费商品和服务支出占比

实证中发现融资约束对战略性新兴产业高端化发展具有显著影响。因此，本章参照闫志俊等（2017）的处理，取上市公司总负债与总资产之比表示资产负债率，取总利润与总资产之比表示资产盈利率。三是资本密集度 capint，是企业维持生产活动、提升生产能力的重要物质基础的体现，取固定资产与总资产之比来表示。四是企业规模 scale，取企业员工数来表示，并取自然对数以减轻数据波动性。

二、模型设定

本章重点考察居民消费升级对我国战略性新兴产业全要素生产率变化率及其分解指标的影响，因而具体实证设计可由以下计量方程表示：

$$Industry_{it} = \alpha + \beta Conup_{it} + \gamma Controls_{it} + \lambda_i + \eta_t + \varepsilon_{it} \qquad (10)$$

其中，i 和 t 分别表示上市公司 i 和第 t 年；α 为常数项，β 和 γ 为相应变量估计系数；被解释变量 Industry 为战略性新兴产业发展，包括 tfpch、techch、effch、pech、sech；核心解释变量 Conup 为居民消费升级；Controls 包括一系列影响战略性新兴产业全要素生产率的控制变量：sub、alr、profit、capint、scale；λ

和 η 分别是个体和时间的固定效应，ε 为随机干扰项。各变量定义及说明见表 2-5。

表 2-5　变量符号及说明

类型	名称	符号	说明
被解释变量	全要素生产率及其分解	*Industry*	用 DEA-Malmquist 指数法测算的全要素生产率变化率 *tfpch*、技术进步率 *techch*、技术效率 *effch*、技术纯效率 *pech*、规模效率 *sech* 表示
核心解释变量	消费升级	*Conup*	用通过 ELES 法测算的高层次消费与居民总消费之比表示
控制变量	政府补贴	*sub*	用企业所获政府补贴与营业总收入之比表示
	资产负债率	*alr*	用总负债与总资产之比表示
	资产盈利率	*profit*	用总利润与总资产之比表示
	资本密集度	*capint*	用固定资产与总资产之比表示
	企业规模	*scale*	用企业员工数表示，并取对数

三、数据来源与样本选择

由于 2013 年起国家统计局关于居民家庭基本情况、生活状况、收入支出等统计口径存在更改，本章将基础样本区间定为 2013—2019 年。因 DEA-Malmquist 指数法测算的全要素生产率变化率及其分解是相邻两期之间的变化率，使用 2012—2019 年的投入产出数据以得到 2013—2019 年的计算结果。初选样本为 2020 年更新发布的中国战略新兴产业综合指数中披露的 1477 家上市公司。但考虑到：第一，被解释变量 Industry 测算中未公开披露年度报告、投入产出变量存在缺失值以及资产变动过大的样本公司；第二，控制变量中存在数据缺失值，如部分公司未公布政府补贴数据且无法通过移动平均法求解替代值等状况。对样本进行筛选后，最终剩余 611 家战略性新兴产业上市公司，7 年共 4277 个观测样本。实证基于 DEA-Malmquist 指数法，采用 DEAP2.1 软件度量全要素生产率变化率 tfpch 及其分解，并以此作为被解释变量探讨其与消费升级 conup 之间的关系。本章消费升级相关原始数据来源于各年份统计年鉴，上市公司相关数据来源于 CSMAR 数据库及 wind 数据库所公布的上市公司年度报告，各变量的描述性统计如表 2-6 所示。

表 2-6 各变量的描述性统计

变量	Obs	Mean	Std.Dev.	Min	Max
tfpch	4277	1. 1119	0. 5946	0. 0340	18. 0880
techch	4277	1. 1140	0. 2928	0. 2000	5. 3780
effch	4277	1. 0715	0. 7664	0. 0280	22. 3330
pech	4277	1. 0456	0. 6498	0. 1050	14. 7900
sech	4277	1. 0916	0. 5275	0. 0990	22. 3330
conup	4277	0. 5460	0. 0173	0. 5246	0. 5720
sub	4277	0. 0171	0. 0233	1. 43e-06	0. 4269
alr	4277	0. 3871	0. 1815	0. 0156	0. 9293
profit	4277	0. 0434	0. 0697	-0. 9124	0. 4529
capint	4277	0. 1939	0. 1283	0. 0005	0. 8460
scale	4277	7. 8094	1. 1279	3. 5835	12. 4440

第三节 实证结果与分析

一、消费升级对战略性新兴产业的影响

1. 产业整体分析

Hausman 检验表明本章使用固定效应模型更可靠。然而，消费升级与战略性新兴产业全要素生产率之间存在双向因果关系，消费升级能通过增加高需求收入弹性产品的消费占比和引导优化产业要素配置引领产业发展，反过来，产业发展亦能通过提高居民收入和创造新兴需求从总量扩张和结构优化上促进消费升级（陈洁，2020）。考虑到严重内生性会影响估计的无偏和一致，使实证分析结果不可靠，本章进行固定效应模型回归的同时再利用消费升

级的工具变量得到新的估计结果。

由于为消费升级变量找到严格外生的工具变量极为困难且文献参考受限,本章采用消费升级的滞后期构建 IV 并通过检验。表 2-7、2-8 给出固定效应模型和两阶段最小二乘法基于 tfpch、techch、effch、pech 以及 sech 的全行业估计结果。所有模型均在 1%的水平上统计显著,拟合效果良好。比较两种估计结果,2SLS 回归下主要解释变量估计系数与显著性水平存在明显变化,说明消费升级与战略性新兴产业全要素生产率之间确实存在较严重的内生性问题,因此,本章以 2SLS 模型回归结果为基准进行分析。

表 2-7　消费升级对战略性新兴产业全要素生产率影响的整体分析:FE

变量	*tfpch* (1)	*techch* (2)	*effch* (3)	*pech* (4)	*sech* (5)
conup	3.76125*** (5.11)	1.53773*** (4.81)	0.36187 (0.38)	-1.21766* (-1.76)	1.36608** (2.19)
sub	-1.79217*** (-2.78)	-0.30419 (-0.97)	-2.33051** (-2.29)	-0.50867 (-0.78)	-1.83077** (-2.21)
alr	0.81553*** (5.16)	-0.0048913 (-0.06)	1.09603*** (4.60)	0.73241*** (5.33)	0.25546 (1.18)
profit	2.48698*** (7.51)	0.15804 (1.62)	2.43186*** (6.36)	1.60284*** (4.74)	0.89105*** (4.92)
capint	-1.14684*** (-3.57)	-0.24578** (-2.20)	-0.47641 (-1.22)	-0.90364*** (-3.91)	0.38443 (1.49)
scale	-0.41788*** (-4.60)	-0.00562 (-0.13)	-0.55884*** (-4.03)	-0.26359*** (-6.66)	-0.197622 (-1.53)
常数	2.15099*** (4.09)	0.36621 (1.46)	4.84048*** (6.05)	3.59976*** (8.61)	1.70816*** (2.71)
Time	Yes	Yes	Yes	Yes	Yes
Industry	Yes	Yes	Yes	Yes	Yes
N	4277	4277	4277	4277	4277
调整后的 R^2	0.0252	0.0080	0.0152	0.0003	0.0231
F	13.75***	12.86***	12.35***	12.42***	6.20***

注:根据 stata15 软件得出;括号内是对应的 t 统计值,***、**、* 分别表示回归系数在 1%、5%、10%水平上统计显著;下同。

表 2-8　消费升级对战略性新兴产业 *tfp* 影响的整体分析：2SLS

变量	*tfpch* (1)	*techch* (2)	*effch* (3)	*pech* (4)	*sech* (5)
conup	3.9880*** (5.59)	2.2684*** (6.01)	-0.2251 (-0.24)	-1.3820* (-1.85)	1.4670** (2.37)
sub	-1.7880*** (-2.77)	-0.2907 (-0.84)	-2.3414** (-2.00)	-0.5117 (-0.76)	-1.8289* (-1.71)
alr	0.8121*** (4.88)	-0.0160 (-0.19)	1.1049*** (4.32)	0.7349*** (5.42)	0.2539 (1.11)
profit	2.4969*** (6.73)	0.1899* (1.83)	2.4062*** (6.14)	1.5957*** (4.76)	0.8955*** (4.75)
capint	-1.1294*** (-3.66)	-0.1895 (-1.44)	-0.5216 (-1.30)	-0.9163*** (-3.77)	0.3922 (1.24)
scale	-0.4218*** (-5.09)	-0.0183 (-0.44)	-0.5487*** (-4.23)	-0.2608*** (-6.95)	-0.1994 (-1.63)
N	4277	4277	4277	4277	4277
R^2	0.1048	0.0107	0.0803	0.0401	0.0234
F	13.30***	11.33***	12.09***	14.13***	4.86***

结果显示，消费升级与战略性新兴产业纯技术效率的回归系数为-1.3820，与全要素生产率变化率、技术进步率以及规模效率的回归系数均为正并通过显著性检验，分别为3.9880、2.2684和1.4670，但技术效率的回归系数未通过显著性检验。这表明，消费升级显著促进了战略性新兴产业上市公司的技术进步率，并对企业 *tfp* 的提升具有正向影响，假设1通过检验。对技术效率进一步分解可知，消费升级对规模效率有显著正影响，但对纯技术效率的影响为负，原因可能是战略性新兴产业上市公司出于消费升级的考量过度注重规模扩张，盲目投资和重复建设导致要素资源的利用和配置效率不足，一定程度上削弱了消费升级对产业高端化发展的促进作用。

控制变量的结果显示，政府补贴显著抑制了战略性新兴产业 *tfp* 变化率的提升，可能是政府补贴导致行业内信息不对称，企业过度扩张产能而资源配置低效。资产负债率和全要素生产率变化率、技术效率和纯技术效率的回归系数为正,可知企业外部融资促进了该产业 *tfp* 的提升。资产利润率的各回归系数均为正,可知企业较高的盈利能力有助于 *tfp* 提升。资本密集度和全要素生产率变化率、纯技术效率的回归系数为负,与其他分解指标的回归系数不显著,可知随着资本密集度的上升,企业固定资产投入在技术层面的正向提升并未得到很好体现。企业规模的各回归系数均为负,一方面,可能以员工人数度量的企业规模并未很好体现人才投入质量,另一方面,可能战略性新兴产业上市公司内部组织管理水平与企业现有规模脱节。

2. 细分行业分析

由于研究涉及的上市公司在部分细分行业的样本数量相对较少,在分析行业异质性时仅选取新一代信息技术产业、高端装备制造业、新材料产业及生物产业进行估计,FE 与 2SLS 估计结果如表 2-9 和表 2-10 所示。比较两种估计结果,主要解释变量估计系数符号和显著性水平基本一致,但为了得到稳健的研究结论,本部分仍选择考虑内生性问题的 2SLS 模型回归结果进行分析。

表 2-9 消费升级对战略性新兴产业 *tfp* 影响的行业分析:FE

变量	*tfpch*			
	新一代信息技术	高端装备制造	新材料	生物
conup	0.7128 (0.46)	3.5303*** (4.53)	3.7044*** (3.65)	7.8538*** (3.22)
sub	-2.6079*** (-3.73)	-0.6446 (-0.77)	0.6559 (0.29)	-5.8877** (-2.34)
alr	0.5986*** (2.69)	0.6151*** (4.30)	0.6108 (1.56)	1.5114*** (2.98)
profit	1.8871*** (3.03)	1.8346*** (8.23)	2.7738*** (3.79)	3.8599*** (3.53)
capint	-2.6877*** (-3.15)	-0.7696** (-2.53)	-0.0585 (-0.24)	-0.6796 (-1.43)

续表

变量	*tfpch*			
	新一代信息技术	高端装备制造	新材料	生物
scale	−0.3102*** (−2.67)	−0.2962*** (−4.10)	−0.2483*** (−2.62)	−1.1139*** (−2.68)
常数	3.3762*** (3.70)	1.2673*** (2.91)	0.6453 (1.05)	4.9979** (2.02)
Time	Yes	Yes	Yes	Yes
Industry	Yes	Yes	Yes	Yes
N	1400	1232	686	623
调整后的 R^2	0.0233	0.0195	0.0584	0.0400
F	6.30***	19.56***	6.10***	3.23***

表 2-10　消费升级对战略性新兴产业 *tfp* 影响的行业分析:2SLS

变量	*tfpch*			
	新一代信息技术	高端装备制造	新材料	生物
conup	0.8197 (0.53)	3.7878*** (4.89)	4.0416*** (3.99)	7.8791*** (3.60)
sub	−2.6011*** (−3.61)	−0.6443 (−0.84)	0.7066 (0.33)	−5.8896 (−1.58)
alr	0.5949** (2.24)	0.6084*** (4.34)	0.6047* (1.69)	1.5121*** (3.07)
profit	1.8918*** (2.63)	1.8514*** (7.78)	2.7717*** (3.46)	3.8611*** (3.73)
capint	−2.6765*** (−3.06)	−0.7531*** (−2.58)	−0.0404 (−0.15)	−0.6780 (−1.41)
scale	−0.3117*** (−2.93)	−0.3016*** (−4.45)	−0.2539*** (−3.11)	−1.1144*** (−3.01)
N	1400	1232	686	623
R^2	0.0699	0.1298	0.1388	0.2985
F	5.67***	15.84***	4.49***	3.93***

消费升级对四个细分行业的 *tfp* 变化率均有积极影响,这与产业整体的估计结果一致,但行业间存在差别。具体来看,消费升级对新一代信息技术产业、高端装备制造产业、新材料产业和生物产业 *tfp* 的影响系数分别为

0. 8197、3. 7878、4. 0416 和 7. 8791，其中，对高端装备制造产业的驱动效应显著性最强，其次是新材料产业和生物产业。可见，随着居民收入水平提升，国内消费者的智能化高端化需求迅速释放，为迎合居民在交通居住以及医疗健康等发展享受型消费项目上所衍生出的各类新型设备需求，高端装备制造行业不断更改革新传统生产制造方式而得以快速发展。

但值得注意的是，不论是 FE 模型估计结果还是 2SLS 模型估计结果，消费升级对新一代信息技术产业的影响均不显著，可能原因是，新一代信息技术产业内容丰富，与传统产业融合密切，其所对应的消费升级多为信息消费需求层次的提升，因此，在具体分析该产业时，本章所选择的指标一定程度上不够精准衡量信息消费需求层级，从而难以在估计结果上更好地体现消费升级的积极影响。

3. 区域异质性分析

为分析战略性新兴产业上市公司在区域分布上的差异，本部分区分企业所属省份，参照国家统计局目前划分的经济地带按东部、中部、西部以及东北地区进行分类实证。FE 模型和 2SLS 模型的估计结果如表 2-11 和表 2-12 所示。

表 2-11　消费升级对战略性新兴产业 *tfp* 影响的区域分析：FE

变量	*tfpch*			
	东部地区	中部地区	西部地区	东北地区
conup	3.6693*** (4.09)	2.1381* (1.66)	6.0071** (2.43)	2.5536 (1.15)
sub	−1.3121* (−1.76)	−2.3560*** (−3.41)	−2.0085 (0.57)	−2.7330 (−1.08)
alr	0.7518*** (5.15)	0.7122*** (4.35)	1.1843 (1.51)	0.8790 (1.47)
profit	2.3941*** (6.01)	1.6954*** (6.15)	4.8748** (2.61)	2.6247*** (2.92)

续表

变量	tfpch			
	东部地区	中部地区	西部地区	东北地区
capint	−1.2930*** (−3.36)	−0.9960** (−2.05)	−0.0510 (−0.04)	−0.9179 (−0.86)
scale	−0.4022*** (−4.86)	−0.2018** (−2.06)	−0.9297* (−1.94)	−0.1440 (−0.63)
常数	2.1169*** (4.47)	1.4284** (2.17)	4.5845 (1.41)	0.5598 (0.26)
时间效应	控制	控制	控制	控制
个体效应	控制	控制	控制	控制
N	2975	679	462	161
调整后的 R^2	0.0917	0.0918	0.2418	0.1480
F	10.54***	11.36***	3.37***	4.52***

表 2-12　消费升级对战略性新兴产业 *tfp* 影响的区域分析:2SLS

变量	tfpch			
	东部地区	中部地区	西部地区	东北地区
conup	3.8756*** (4.38)	2.3920* (1.83)	6.1516*** (2.94)	3.3431 (1.60)
sub	−1.3090* (−1.83)	−2.3435*** (−3.47)	−2.0155 (−0.52)	−2.6691 (−1.17)
alr	0.7486*** (4.36)	0.7067*** (3.65)	1.1840 (1.55)	0.8466 (1.34)
profit	2.4046*** (5.224)	1.7024*** (5.21)	4.8786** (2.39)	2.6739*** (3.27)
capint	−1.2797*** (−3.23)	−0.9712** (−2.02)	−0.0391 (−0.04)	−0.7869 (−0.82)
scale	−0.4063*** (−5.25)	−0.2057** (−2.23)	−0.9311** (−2.24)	−0.1420 (−0.65)
N	2975	679	462	161
R^2	0.0917	0.0918	0.2418	0.1471
F	10.03***	7.93***	2.26**	3.21***

FE 回归结果显示,东部、中部和西部地区消费升级显著促进了战略性新兴产业 *tfp*,其中东部地区显著性更强,而东北地区结果不显著。考虑到内生性问题后,2SLS 回归结果同样显示东部、中部和西部地区消费升级能显著促进战略性新兴产业 *tfp*,而东北地区不显著。这说明消费升级对战略性新兴产业 *tfp* 的促进作用在经济发达的东部地区更为显著,原因在于东部地区居民对高质量、高创新的产品与服务的消费需求旺盛,对战略性新兴产业发展具有更强的激励,同时东部地区相对健全的市场体系使生产活动与消费需求之间的信息传递更加高效,东部地区相对完善的基础设施则通过改善投资环境和降低生产成本进一步支撑战略性新兴产业企业的经营发展,从而更有利于发挥消费升级对战略性新兴产业 *tfp* 的驱动效应。

二、技术创新投入的中介效应

技术创新与技术进步是经济增长的原动力(Schumpeter,1942),企业创新行为影响全要素生产率。战略性新兴产业作为具有高技术进步率和高产业关联性的产业,高效的企业研发会提高企业创新能力从而改善全要素生产率。本章依据理论部分的探讨,引入技术创新,并借鉴李普亮等(2018)对中介效应的检验方法构建以下模型:

$$TFPch_{it} = \alpha_0 + \alpha_1 Conup_{it} + \alpha_2 sub_{it} + \alpha_3 alr_{it} + \alpha_4 profit_{it} + \alpha_5 cap\text{int}_{it} + \alpha_6 scale_{it} + \lambda_i + \eta_t + \varepsilon_{it} \quad (11)$$

$$Inv_{it} = \beta_0 + \beta_1 Conup_{it} + \beta_2 profit_{it} + \beta_3 hhi_{it} + \beta_4 sub_{it} + \beta_5 scale_{it} + \beta_6 age_{it} + \lambda_i + \eta_t + \varepsilon_{it} \quad (12)$$

$$TFPch_{it} = \gamma_0 + \gamma_1 Conup_{it} + \gamma_2 Inv_{it} + \gamma_3 sub_{it} + \gamma_4 alr_{it} + \gamma_5 profit_{it} + \gamma_6 cap\text{int}_{it} + \gamma_7 scale_{it} + \lambda_i + \eta_t + \varepsilon_{it} \quad (13)$$

其中,方程(11)为基准回归模型,α_1 检验消费升级对全要素生产率变化率的总效应。方程(12)中 β_1 为消费升级对创新投入的效应。方程(13)中 γ_1 为控制创新投入影响后,消费升级对全要素生产率变化率的效应,γ_2 为控制消费升级影响后，创新投入对全要素生产率变化率的效应。战略性新兴产业上市公司的创新投入 Inv，参照吕晓军（2016）的做法用研发投入与总资产之比来表示。profit 表征投资引致效应下利润水平的变化。hhi 表征市场竞争效应下产业竞争的强弱程度，并参考王俊等（2021）的做法将所求 HHI 指数值乘以-1。企业年龄 age 用年份-企业成立时间+1 表示。其余控制变量则与前文相同。

如果消费升级本身可以影响公司全要素生产率变化率，同时消费升级也可以影响创新投入的变化，那么在控制创新投入变量后，消费升级对战略性新兴产业上市公司的影响有所减小，就可以认为创新投入是一个合理的中介变量。此时，中介效应为 β_1 和 γ_2 的乘积，创新投入在解释消费升级对战略性新兴产业全要素生产率作用中所占比重为 $(\beta_1 \gamma_2)/\alpha_1$。为确保实证结果的可信，本章同时进行单方程固定效应回归和 2SLS 回归，结果如表 2-13 所示，所有模型均在 1%的水平上统计显著，拟合效果良好。比较两种估计结果，2SLS 回归下核心解释变量估计系数符号和显著性水平与固定效应模型估计结果基本相近。

表 2-13　技术创新投入中介效应的估计结果

变量	*tfpch*		*inv*		*tfpch*	
	FE	2SLS	FE	2SLS	FE	2SLS
conup	3.7613*** (5.11)	3.9880*** (5.59)	0.4231*** (7.68)	1.0230*** (4.26)	3.5713*** (4.95)	3.8126*** (5.40)
inv					2.5153** (2.09)	2.4502** (2.17)
sub	-1.7922** (-2.78)	-1.7880*** (-2.77)	0.0454*** (2.71)	0.0435*** (3.29)	-1.9096*** (-2.99)	-1.9022*** (-2.96)
alr	0.8155*** (5.16)	0.8121*** (4.88)	-0.0077*** (-2.94)	-0.0084*** (-4.17)	0.8343*** (5.24)	0.8303*** (4.95)
profit	2.4870*** (7.51)	2.4969*** (6.73)	-0.0073* (-1.85)	-0.0065* (-1.80)	2.5054*** (7.58)	2.5152*** (6.78)

续表

变量	*tfpch*		*inv*		*tfpch*	
	FE	2SLS	FE	2SLS	FE	2SLS
capint	−1.1468*** (−3.57)	−1.1294*** (−3.66)	0.0184*** (4.77)	0.0187*** (6.06)	−1.1945*** (−3.70)	−1.1751*** (−3.77)
scale	−0.4179*** (−4.60)	−0.4218*** (−5.09)	0.0036*** (3.87)	0.0041*** (5.88)	−0.4258*** (−4.63)	−0.4297*** (−5.13)
常数项	2.1510*** (4.09)		−0.1779*** (−7.23)		2.2487*** (4.18)	
时间效应	控制		控制		控制	
个体效应	控制		控制		控制	
N	4277	4277	4277	4277	4277	4277
R^2	0.1048	0.1048	0.0693	0.0376	0.1061	0.1061
F 值	13.75***	13.30***	18.66***	23.10***	11.85***	11.47***

（1）未控制企业创新投入时，消费升级对战略性新兴产业的 *tfpch* 有显著的促进作用，结果与前文一致。FE 估计下，消费升级变量每增长 1%，*tfpch* 增长 3.7613%；2SLS 估计下，消费升级变量每增长 1%，*tfpch* 增长 3.9880%。

（2）消费升级对战略性新兴产业企业的创新投入也有显著的促进作用，特别是在 2SLS 估计下，消费升级变量每增长 1%，创新投入增长 1.0230%。这说明消费升级会通过市场作用促使与新消费对应的产业进行技术创新以满足消费者的新需要。

（3）企业创新投入对战略性新兴产业 *tfpch* 存在正向影响，FE 估计下，创新收入每增长 1%，*tfpch* 相应增长 2.5153%，2SLS 估计下 *tfpch* 相应增长 2.4502%。

进一步计算企业创新投入在消费升级与战略性新兴产业 *tfpch* 关系中的中介效应。FE 估计下中介效应为 1.0642（2.5153×0.4231），在总效应中占比 28.29%；2SLS 估计下，中介效应为 2.5066（2.4502×1.0230），在总效应中占比 62.85%，可见，消费升级能够通过提高技术创新投入显著地影响战略性新兴产业 *tfp* 的提升，假设 2 通过检验。

综上所述，居民消费升级有利于战略性新兴产业全要素生产率的提升，因其能有效指引相关需求企业加大创新研发的投入资金，在实现生产部门扩张的同时提升企业创新能力，从而助推企业全要素生产率的提升。

三、稳健性检验

1. 基准模型的再回归

消费升级与战略性新兴产业全要素生产率之间存在的双向因果关系，模型设定存在的遗漏变量偏误，以及各变量测度存在的测量误差，均会产生严重的内生性。已有研究指出，两步系统 GMM 法在一步 GMM 法的基础上，将一步 GMM 结果的残差加入新估计中建立一致的方差-协方差矩阵，从而有效避免变量之间以及变量和残差之间的内生性问题。本章在基准模型回归估计时已通过 2SLS 估计法处理其内生性问题，但为增强研究结果的稳健性，此处继续采用两步系统广义矩方法重新回归并加以比较。

对基准模型进行两步系统广义矩估计的结果如表 2-14 所示。结果显示，消费升级与战略性新兴产业全要素生产率变化率、技术效率、纯技术效率以及规模效率的回归系数均显著为正，与技术进步率的回归系数显著为负。回归方程的残差序列相关性检验表明模型设定基本合理。可见，替换估计方法后，核心解释变量回归系数的符号与显著性等同前文结果基本相近，即消费升级促进战略性新兴产业发展的结论具有较好的稳健性。

表 2-14　消费升级影响全要素生产率变化率的再回归检验：两步系统 GMM 法

变量	*tfpch* (1)	*techch* (2)	*effch* (3)	*pech* (4)	*sech* (5)
counp	3.63501 *** (4.67)	−0.90490 *** (−5.07)	5.27374 *** (8.73)	2.19886 *** (5.21)	1.979993 *** (5.68)
sub	−1.16474 (−1.39)	−0.19962 (−0.64)	−2.09524 *** (−2.58)	0.29874 (0.27)	−2.35645 *** (−4.64)

续表

变量	*tfpch* (1)	*techch* (2)	*effch* (3)	*pech* (4)	*sech* (5)
alr	0.62260*** (3.54)	0.22819*** (4.00)	0.44914*** (2.73)	0.58671*** (3.17)	0.48420*** (3.48)
profit	2.40251*** (7.86)	0.34617*** (4.67)	1.53816*** (5.00)	2.06051*** (6.34)	0.59985*** (3.52)
capint	-1.76113*** (-5.32)	0.54915*** (10.92)	-0.52574* (-1.78)	-1.39953*** (-7.35)	0.50750** (2.48)
scale	-0.58010*** (-4.84)	-0.0158678 (-0.68)	-0.45084*** (-5.37)	-0.13603*** (-5.84)	-0.18381*** (-10.16)
常数项	3.68747*** (4.98)	2.052077 (11.96)	1.62784*** (2.84)	0.95900*** (4.00)	1.55157*** (6.81)
AR(1)	-2.343 (0.0191)	-13.425 (0.0000)	-4.3979 (0.0000)	-6.0727 (0.0000)	-9.8794 (0.0000)
AR(2)	0.28303 (0.7772)	-2.8344 (0.0046)	1.6727 (0.0944)	3.3343 (0.0009)	3.9189 (0.0001)
Sargan	55.86001	496.87	209.0683	168.2592	322.5124

注：表中 AR(1)、AR(2)检验中的数值表示 Z 统计量，下方括号内数值为对应 P 值。

2. 机制分析的指标替换

由于不同 TFP 测算方法的回归估计可能得到差异的结果，仅基于 DEA-Malmquist 指数法测算的产业发展变量进行回归存在随机偶然性。为增强本章实证研究的稳健性，本部分基于半参数 LP 法估计上市公司层面的全要素生产率。LP 法由 Levinsohn 和 Petrin 提出，选择中间投入品代替投资额作为代理变量。本章参考以往学者的研究以及数据的可获得性，选取营业总收入为产出变量，选取年末员工人数为劳动力投入变量，选取年末固定资产净额为资本投入变量，选取购买商品、接受劳务支付的现金为中间品投入指标。数据处理上，以 2012 年为基期，使用价格指数对各变量指标进行平减。计算步骤如下：2012 年为基期时，2012 = 100，2013 = 13 年鉴值，2014 = 14 年鉴值×

13 年鉴值/100,2015 = 15 年鉴值×14 年鉴值×13 年鉴值/100^2,以此类推。基于 LP 生产率指标的估计结果如表 2-15 所示。比较发现,基于 LP 生产率指标测算,核心解释变量回归系数的符号与显著性等同前文实证基本一致,即消费升级可通过影响战略性新兴产业上市公司的创新投入提升全要素生产率的结论有较好的稳健性。

表 2-15 消费升级影响 *tfp* 变化率的再回归检验:半参数 LP 法

变量	*lp*		*inv*		*lp*	
	FE	2SLS	FE	2SLS	FE	2SLS
conup	8.8848*** (20.48)	8.8798*** (29.24)	0.4231*** (7.68)	1.0230*** (4.26)	8.6663*** (19.77)	8.6728*** (28.59)
inv					2.8938*** (3.08)	2.8921*** (4.51)
sub	−2.7175*** (−5.20)	−2.7176*** (−6.39)	0.0454*** (2.71)	0.0435*** (3.29)	−2.8526*** (−5.61)	−2.8524*** (−6.86)
alr	0.9156*** (9.14)	0.9157*** (12.07)	−0.0077*** (−2.94)	−0.0084*** (−4.17)	0.9373*** (9.39)	0.9372*** (12.44)
profit	1.2252*** (7.71)	1.2250*** (8.83)	−0.0073* (−1.85)	−0.0065* (−1.80)	1.2464*** (8.05)	1.2466*** (9.27)
capint	−1.2461*** (−8.37)	−1.2465*** (−10.71)	0.0184*** (4.77)	0.0187*** (6.06)	−1.3010*** (−8.69)	−1.3005*** (−11.23)
scale	0.1808*** (4.57)	0.1809*** (5.62)	0.0036*** (3.87)	0.0041*** (5.88)	0.1717*** (4.38)	0.1716*** (5.36)
常数项	11.1836*** (39.09)		−0.1779*** (−7.23)		11.2959*** (39.12)	
时间效应	控制		控制		控制	
个体效应	控制		控制		控制	
N	4277	4277	4277	4277	4277	4277
R^2	0.5278	0.5278	0.0693	0.0376	0.5327	0.5327
F 值	201.23***	450.79***	18.66***	23.10***	181.67***	410.22***

第四节 结论与政策建议

一、研究结论

面对国际上的贸易保护主义以及新冠疫情带来的国际市场萎缩，立足“双循环”战略下我国居民消费升级的动态趋势，充分发挥国内超大市场规模优势，对提升战略性新兴产业全要素生产率具有重要意义。本章基于以往研究的梳理回顾，以2013—2019年战略性新兴产业上市公司数据为样本，测算了产业全要素生产率及其分解项，并依此结果实证检验了消费升级对战略性新兴产业全要素生产率提升的影响与作用机制。研究发现：

第一，2013—2019年我国战略性新兴产业全要素生产率变化率先增后减，全要素生产率累计变化率大体呈逐步上升的良好发展态势，但其增长主要依赖技术进步率与规模效率的提升，缺少对技术创新的重视。产业在产品研发、工艺改进和科技含量高的生产设备中的技术水平、资源配置的利用效率以及企业管理水平均有待提升。分行业角度，九大战略性新兴产业中数字创意产业发展最快，新能源汽车产业增长较缓，行业异质性明显，均存在“轻技术创新、重规模扩张”的粗放化发展趋势。

第二，消费升级对战略性新兴产业上市公司全要素生产率变化率的提升有显著的促进作用，但分解指标结果显示该促进作用受到纯技术效率负向作用的约束，企业要素资源的利用和配置效率不足。同时不同细分行业不同地区中存在不同的促进作用，从行业异质性角度来看，居民消费升级对战略性新兴产业 *tfp* 提升的促进作用在高端装备制造产业中更为显著；从区域异质性角度来看，居民消费升级对战略性新兴产业 *tfp* 提升的促进作用在东部地区更加显著。

第三，消费升级对战略性新兴产业全要素生产率提升的作用机制可通过企业技术创新投入的提升实现部分中介效应，消费需求市场表现出的结构升级特征能有效引导战略性新兴产业上市公司加大创新研发的投入资金，在实现生产部门扩张的同时提升创新能力，助力企业全要素生产率的提升。

二、政策建议

第一，重视战略性新兴产业发展的质量提升，提高技术创新水平。我国战略性新兴产业企业由于缺少关键核心技术而常年受制于人，在新一轮科技产业变革下，政府应当尽力引导市场主体将质量性提升置于发展的首要位置，防范企业低端产业环节盲目竞争和投资，提高企业研发技术水平，优化企业资源配置效率，加快创新要素流通速度，加强前瞻基础研究和应用基础研究，带动产业基础性技术创新与引领性技术创新，进而避免"轻技术创新、重规模扩张"的粗放化发展趋势。

第二，发挥消费升级对战略性新兴产业发展的积极作用，挖掘国内消费市场潜力。我国在发展战略性新兴产业时既要扩大国内消费规模的总量与增量，也要优化国内居民消费的结构和层级，在构建"双循环"新发展格局的推进之下，牢牢把握目前国内消费升级，灵活运用多种消费政策，提高居民收入拉高消费水平，推进基础设施建设改善消费环境，依托数字经济丰富消费方式，做好信息普及转变消费习惯，通过价值引导摆正消费观念，淘汰低端落后消费，培养高端新型消费。通过落实改造城市步行街、助力线上消费环境优化、建设国际消费中心城市、完善居民保障体系等具体措施，不断培育同战略性新兴产业相关的高质量消费群体，加速本国消费结构的优化，从而拉动战略性新兴产业升级。

第三，改变不利于市场信息引导企业研发的体制环境，畅通消费升级作用于战略性新兴产业相关投资、创新和生产活动的传导路径。一方面，政府应着力打通中国社会生产、分配、交换和消费四个环节，同时破除制约统一市场形成的各种障碍，助推资源及信息的低成本流动，倡导公平竞争以激活产业内部的创新活力和竞争活力。另一方面,避免因政府过度干预导致的市场调节失灵和要素价格扭曲,让战略性新兴产业上市公司的生产决策更好地依托市场消费需求。我国在发展战略性新兴产业时要密切关注在该产业不同发展阶段以及不同技术进步方式变更阶段所需作用机制的差异性,建立以消费者需求为导向的商品协同创新机制,以提高消费需求对产业创新的匹配力度,同时加大高标准、高质量、个性化、多样化产品的研发以满足产业创新对消费需求的现实要求,通过"政产学研金"的组织合作有效实现供需匹配的良性互动。

第四,协调战略性新兴产业行业差异和国内区域发展差异。一方面,结合不同行业的发展情况和消费市场偏好制定差异化政策。如通过优化金融服务机制、扩大智能消费需求等措施支撑我国传统制造业向高端装备制造业转型升级。另一方面,结合不同区域的实际情况和市场特征推进产业发展。相对于中西部地区和较发达的东部地区而言,消费升级对战略性新兴产业高端化发展的积极影响在东北地区并不显著。因此,东北地区可通过政府干预为本地区的战略性新兴产业提供政策和资金支持,积极搭建区域内及跨区域合作的交流平台。同时,加强人才引进政策吸引技术型和高层次人才,激发区域内生产和消费的活力,从而助力战略性新兴产业发展。

第三章　消费升级与战略性新兴产业 GVC 攀升

第一节　文献综述与理论分析

一、文献综述

长期以来，中国依靠低成本的要素禀赋优势和出口导向战略，积极融入发达国家主导的全球价值链（GVC）。然而，随着逆全球化思潮的兴起和中美贸易摩擦的常态化发展，加之 2020 年初暴发的新冠疫情，全球产业链的安全性和稳定性受到了巨大冲击，依赖国外市场的“外需驱动”发展模式已经不适应中国产业结构优化和高端化发展，亟需实现“内需拉动”的转型升级。党的十九大报告指出，要充分发挥“消费对经济发展的基础性作用”，十九届五中全会进一步强调，以国内市场为基点全面促进消费，释放消费能量，要深入贯彻“促消费、稳消费”、推动产业迈向全球价值链高端的重大战略部署。2020 年 5 月，习近平总书记提出了“双循环”的新发展格局，即在满足国内需求的基础上，推动消费规模扩大和结构升级，利用国内市场的“规模效应”，广泛吸收全球先进生产要素，从而诱导创新经济和新兴产业的发展，形成以战略性新兴产业为主导的具有自主可控能力的国内产业链。国内价值链（NVC）的建立和完善助力形成国际竞争新优势，可以摆脱发达国家的技术压制和市场依赖，进而抢占和主导全球价值链的高端生产环节，以“链主”身份推动全球经济的发展（刘志彪，2020）。同时，由于国内三大需求中以“投资”和“出口”两驾马车为主导带动经济增长的发展模式难以为继，因此，全面深化“消费”在国内大市场中的关键地位，优化资源配置和产业分工，促成 NVC 与 GVC 的良性互动，是构建双循环格局和实现全球价值链攀升的现实要求和必然选择。

就全球价值链攀升的实现路径而言，国内外相关研究主要基于供给与需求两方面对影响 GVC 攀升的因素进行了探讨。

“供给侧”层面，多侧重于从生产视角考察如何通过要素禀赋、技术进步等传统方式改善 GVC 地位。Hausman et al.（2007）考察了多种生产要素投入对出口复杂度的影响，发现除土地资源之外的人力资本、研发投入、创新能力均有利于提高一国的出口技术复杂度。Zhu & Fu（2013）进一步探讨了要素禀赋对 GVC 的影响，指出物质资本和人力资本对 GVC 攀升具有积极影响，从而加大研发投入、提高教育质量能够显著促进技术进步和 GVC 分工地位提升。杨高举和黄先海（2013）从产品内分工视角实证检验了人力资本、物质资本以及技术进步对实现中国高技术产业 GVC 分工地位提升的关键作用，指出要更加关注内部因素的协同发展与创新。耿晔强和白力芳（2019）从人力资本结构角度探讨了人力资本与 GVC 攀升之间的关系，发现人力资本结构升级对 GVC 的积极作用在技术含量和分工地位较高的行业中能得到更加有效的发挥。同时，大量研究证明，技术进步与创新是产业结构优化和 GVC 提质升级的重要驱动力。Humphrey & Schmitz（2002）强调了技术创新在 GVC 升级四个阶段中对新产品开发和产业结构高端化的关键作用。Forbes & Wield（2002）指出，提高技术水平和创新能力，进而提高产品附加值和科技含量，有利于增强出口竞争力，提升 GVC 分工地位。杨水利和杨祎（2019）基于产业发展阶段视角，分别考察了技术引进、模仿创新和自主创新三种模式对 GVC 升级的差异性影响，因而，要切实推动创新模式向自主创新转换，摆脱发达国家的技术压制。钟世川等(2021)指出发挥要素禀赋优势的同时,要最大限度地提高自主创新能力,形成资源配置优化和 GVC 攀升的良好格局。此外,合理配置先进生产要素、优化政策环境、实现高层次人才与高质量技术水平相匹配等,也是推动价值链重构和升级的有效路径。

"需求侧"层面,学术界则重点围绕内需以及国内外市场的比较展开研究。联合国(UNCTD)发布的有关全球价值链 2013 年世界投资报告中指出,需求是除要素禀赋之外对全球价值链起决定性作用的另一大因素。Linder(1961)的"重叠需求理论"、Krugman(1980)的"本地市场效应"理论、波特(2002)的"竞争优势理论"等,均论证了需求的内生影响机制,表明了市场需求对塑造竞争优势、改善 GVC 分工地位的重要作用。Jones(2011)通过案例研究发现,新兴经济体的市场需求规模不断扩大,全球产业链中越来越多的高端环节逐渐转移至新兴国家市场,说明市场需求的变化会影响和改变国际产业分工的区位布局,进而引致新兴国家的 GVC 攀升;徐康宁和冯伟(2010)、冯伟和李嘉佳(2018)等学者同样深度剖析了本土市场规模对产业升级的作用机制和影响机理。戴翔等(2017)指出本土市场规模扩大会影响产业链分工的区位配置,从而引发 GVC 攀升;郑江淮和郑玉(2020)发现国内市场规模对推动 GVC 攀升具有门槛效应,当需求规模跨越门槛值时,中间品创新的驱动作用会更加显性化。此外,也有少数学者对市场的"国内"与"国外"属性进行区分,比较内需、外需在产业发展和 GVC 攀升过程中的影响差异。熊勇清等(2015)基于现实环境和国内外市场的实际贡献,认为我国目前应以本土市场需求作为推动战略性新兴产业发展的基础和保障,培育核心竞争力并深度融入 GVC 分工体系。孙治宇和王庚(2019)通过对国内与国外需求的比较分析发现,积极培育国内市场需求是推动战略性新兴产业发展的必然趋势;任保全等(2016)发现相较于出口而言,本土市场需求对提高战略性新兴产业生产率和核心竞争力,推动其迈向产业链高端的驱动作用更为显著;凌永辉和刘志彪(2020)则顺应国家"双循环"政策所趋,提出要构建内需主导型全球价值链,实现内需与外需、NVC 与 GVC 的协调发展。

对中国而言,居民消费正在向发展型与享受型消费转变,作为“三驾马车”之一的消费对产业迈向中高端的驱动作用日益凸显,因此,从内需和本土市场进一步聚焦到消费升级如何引领全球价值链攀升显得尤为重要。戴翔等(2017)发现,发展中国家的本土市场规模扩大主要表现为消费需求上升,以吸引高端生产环节;谢小平和傅元海(2018)主张依靠消费升级推动本土新兴产业的培育和发展,形成全球竞争新优势。常冉等(2021)利用中国投入产出表和世界投入产出表测算八大区域的 NVC 和 GVC 分工地位,指出国内需求的扩容提质可以创造出更高层次的国际需求,NVC 循环推动 GVC 升级的同时,GVC 升级也为 NVC 的发展完善提供了更为广阔的市场空间。谢呈阳等(2021)以制造业为研究对象,深入探讨了国内市场规模和消费需求质量对价值链攀升的影响,得出国内市场规模和消费质量提升有利于吸引产业链中高端环节转移至国内,推动 GVC 攀升的结论。杨天宇和陈明玉(2018)立足于制造业和服务业,强调产业迈向中高端实际上是消费升级作用的结果,且中等收入以上阶层的驱动作用更为显著,其研究逻辑对于战略性新兴产业同样适用。简言之,要依托本土市场,充分发挥居民消费升级的巨大潜力来推动新兴产业发展,提高参与国际分工的能力,实现向全球价值链的高附加值环节攀升。

综上所述,学者们对全球价值链攀升的影响因素和路径对策进行了多方面的研究,“需求侧”对 GVC 的驱动作用也得到了较为一致的看法,但鲜有文献从中国特有的超大规模市场进一步聚焦到国内消费升级对 GVC 攀升的引领带动作用。此外,以战略性新兴产业为研究对象并采用定量和实证分析方法的文献更为少见。因此,在产业结构转型升级和“国内国际双循环”发展格局的战略背景下,本章从需求侧视角出发,采用细分行业的战略性新兴产业数据,考察了我国消费结构升级的产业链攀升效应,为实现战略性新兴产业全球价值链攀升、摆脱低端锁定困境提供重要的政策启示。

二、理论分析

消费升级影响战略性新兴产业 GVC 攀升的内在机制，主要表现为专业分工效应、成本节约效应、技术创新效应、投资变动效应四个方面，如图 3-1。

1. 专业分工效应。伴随各个国家对战略性新兴产业的政策支持力度不断加大，经济的高质量发展和居民收入水平的大幅提高增加了对战略性新兴商品和服务的市场需求量，居民消费偏好和消费结构逐渐向新兴产业和高层次消费转变。需求端消费群体的扩大进一步提高了对专业化分工的要求，促进战略性新兴产业内部分工格局的改革与深化。一方面，专业化分工有利于增强综合实力、实现规模经济，提高战略性新兴产业的独立发展能力和市场竞争能力，凭借自身发展优势提高专业化水平的同时，与其他国家强强联合、优势互补，在合作、借鉴、学习过程中更好强化自身实力；另一方面，随着产业分工深化，战略性新兴产业价值链被分割为若干环节，不同行业和部门承接国内外不同生产环节和业务，积极主动地嵌入 GVC 分工体系，形成企业自身的核心业务和发展方向，从而促进战略性新兴产业内分工更加专业化，增加不同环节的产业链增加值并从中获益，推动 GVC 调整升级。

2. 成本节约效应。消费升级有利于刺激企业形成专业化生产，降低成本、提高生产率，优化产业内部的资源配置和生产分工，从而推动产业结构升级，最终实现 GVC 攀升。首先，企业根据市场环境和消费需求的变化，将部分环节和业务外包给专业化水平更高的企业，这不仅降低了企业内部生产要素的投入成本以及管理、决策等交易成本，而且，由于外包环节的承接企业专业化效率和质量高于企业内部，但所需成本较低，从而双方企业均可获得更好效益。其次，生产和交易成本降低有利于吸引更多的资金和高技术人才集聚到新兴产业，带来更多的新经验、新知识和新技术，触发知识和技术溢出效应，促进战略性新兴产业规模扩大和结构优化，同时优化生产活动和专业分工，提高产品价值和科技含量，进而增强整体实力和专业化水平，提高国际竞争力。

3. 技术创新效应。“需求引致创新”理论认为，市场需求和居民消费结构的变化会引导企业不断提高技术创新能力，推动技术进步。技术创新主要来源于国外技术引进和自主创新两个方面。从国外技术引进方面看，国内消费需求的扩容升级有利于对外贸易规模的扩大，为弥补自身生产效率低下和创新能力不足的缺陷，积极引进具有高技术含量、高附加值的国外先进技术，推动新兴产业实现“从无到有”的迅速跨越。这一过程不仅增加了最终产品附加值，也为国内企业提供了学习和模仿的机会，促使其迅速提升技术水平和生产效率，提高产品附加值和市场竞争力，进一步促进产业优化升级和 GVC 地位提高。从自主创新方面看，国内消费偏好和结构升级一定程度上表现为追求多样化的高品质商品和服务，对新产品和新技术的旺盛需求为供给端的生产企业提供重要的市场信号，刺激其不断加大技术研发的资金和人力投入，提高自主创新能力和劳动生产率，促进产品更新换代和新兴产业成长（张昊，2020）。同时，国外先进技术和产品挤占了国内市场份额，加剧了市场竞争，倒逼国内企业加强自主创新实现产品质量和产业结构的优化升级，拓展更为广阔的市场空间和消费吸引力，实现市场势力和技术势力对战略性新兴产业价值链升级的双重驱动（蔡强、田丽娜，2017）。

4. 投资变动效应。一方面，消费结构升级对投资具有引导和指示作用，激励企业加大技术研发的同时，推动投资领域和投资结构的改变，第一产业的投资额会逐渐向消费需求更加旺盛的第二、三产业流入，投资于低端加工制造业的资金将流入到高技术新兴产业，以适应居民消费偏好的变化。因而，消费结构升级促使投资结构向战略性新兴产业转移，以更好发挥产业投资优势，塑造市场竞争优势并提高产业附加价值，从而促进战略性新兴产业 GVC 攀升。另一方面，国内超大规模市场和庞大消费需求为吸引外商直接投资（FDI）提供了持久动力。为了节约生产和交易成本，外商投资企业倾向于选择在市场规模和消费需求较大的地区进行投资和生产，从而逐渐形成产业集聚和规模经济，为国内产业发展带来先进的技术设备和生产、管理经验，并产生知识溢出和技术扩散效应。本土企业通过学习、模仿、合作等方式迅速提升技术水平和生产效率，同时，市场竞争的加剧倒逼本土企业不断加强技术研发，以增强综合实力和竞争优势，从而实现在 GVC 分工格局中向高端攀升的目标（张鹏杨、唐宜红，2018）。

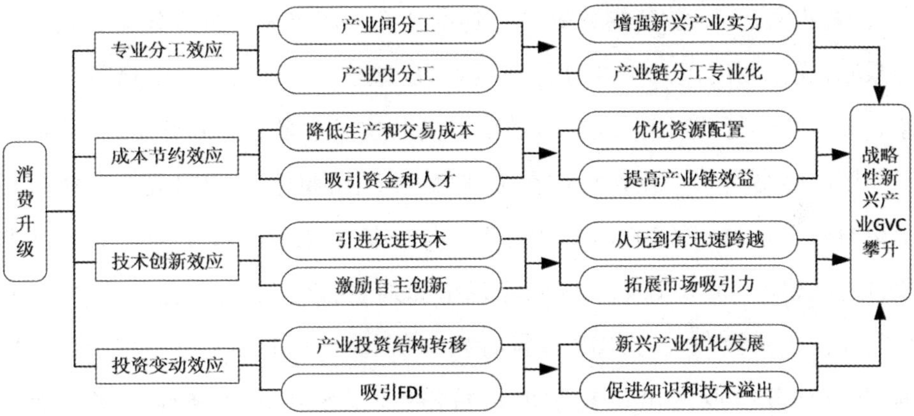

图 3-1　消费升级影响战略性新兴产业 GVC 攀升的内在机制

第二节　研究设计

一、基准模型设定

根据上述分析，本章重点考察消费升级引领中国战略性新兴产业全球价值链攀升的具体效应，从而设定的基准回归模型如下：

$$Ln\ GVC_{it} = + C_{it} + \gamma Z_{it} + \lambda_i + \eta_t + \mu_{it} \qquad (1)$$

其中，i 表示战略性新兴产业各细分行业，t 表示年份，β 和 γ 表示相应变量的估计系数，GVC_{it} 表示全球价值链地位，C_{it} 表示消费升级，Z_{it} 表示一系列控制变量，λ_i 和 η_t 分别表示个体和时间固定效应，μ_{it} 表示误差项。

二、变量选择

1. 被解释变量

战略性新兴产业全球价值链地位(GVC)。目前,全球价值链的测算方法主要包括 GVC 位置指数、上游度和下游度指数、出口复杂度指数等。其中,位置指数、上下游度指数等均受到世界投入产出表的行业分类和数据年份限制,无法测度近几年细分行业的 GVC 地位,而出口复杂度指数可以快速有效地定位行业、国家及区域的出口商品技术含量和国际竞争力,从而确定中国战略性新兴产业各行业在全球价值链中的地位。出口复杂度指数最早由 Hausman et al.(2007)提出,但该方法存在高估出口复杂度的统计假象,因此,借鉴 Xu & Lu(2009)、陈晓华和刘慧(2012)的方法,采用中国省级层面的出口额和人均 GDP 数据替换 Hausman et al.方法中国家层面的数据,测算细分行业的出口复杂度指数,进而反映中国战略性新兴产业的 GVC 地位。具体的测算方法主要分为两步,第一步是计算 HS 四位码商品的出口复杂度指数:

$$PRODY_{kt} = \sum_{j} \frac{x_{jkt} / X_{jt}}{\sum_{j} \left(\frac{x_{jkt}}{X_{jt}} \right)} Y_{jt} \tag{2}$$

式(2)中,t 表示年份,k 表示四位码商品,j 表示省市,$PRODY_{kt}$ 表示 k 商品的出口复杂度,x_{jkt} 表示 j 省市的 k 商品出口额,X_{jt} 表示 j 省市的出口总额,Y_{jt} 表示 j 省市的人均 GDP。

第二步是计算行业层面的出口复杂度指数:

$$GVC_{it} = \sum_{k \in i} \frac{x_{kt}}{\sum_{k \in i} x_{kt}} PRODY_{kt} \tag{3}$$

式(3)中,i 表示行业,$k \in i$ 表示 k 商品属于 i 行业,GVC_{it} 表示 i 行业的出口复杂度,以此表征 i 行业的全球价值链位置,权重为 k 商品出口在 i 行业出口额中的比重。可以看出，出口复杂度指数越大，说明出口商品的技术含量越高，越处于全球价值链的上游位置。

上述指标测算中所涉及的战略性新兴产业各类商品的出口数据和省级层面的人均 GDP 数据均来源于国研网和国家统计局。根据《战略性新兴产业分类（2018）》，由于数字文化创意产业和相关服务业的数据收集困难，只好对战略性新兴产业的前七个产业进行研究，首先，建立战略性新兴产业与《国民经济行业分类》的对应关系，选取 15 个细分行业①作为战略性新兴产业的依托部门，再将行业分类与 HS2007 四位代码商品进行精细匹配，筛选出属于 15 个细分行业的总共 577 个大类商品，以此计算出 2007—2019 年期间战略性新兴产业各细分行业的出口复杂度，从而确定战略性新兴产业所处的全球价值链位置，结果见表 3-1 和图 3-2。

从表 3-1 的测算结果可以看出，2007—2019 年期间（部分年份）中国战略性新兴产业各细分行业的出口复杂度总体上均呈现出上升态势，表明在产业政策导向的积极推动下，各行业所处的全球价值链位置不断提升。其中，2007 年出口复杂度的均值为 24859.44，截至 2019 年出口复杂度均值为 46655.09，增长幅度为 87.68%，说明随着中国经济的增长，战略性新兴产业的 GVC 地位得到了大幅度的提升。其次，图 3-2 绘制了 2007—2019 年各行业的出口复杂度均值及变化幅度，其中，计算机、通信制造，仪器仪表制造，铁路、船舶、航空航天制造的出口复杂度均值排名前三，且高于 40000，表明其在政策引导下实现了有效升级。此外，较多行业的变化幅度超过了 100%，电力、热力生产和供应业的变化幅度最大，由 2007 年的 12197.09 上涨到 2019 年的 46054.31，增长了 277.58%，说明该行业的 GVC 地位提升较快。相比之下，水的生产和

① 战略性新兴产业 15 个细分行业包括化学原料和化学制品制造业，医药制造业，橡胶制品业，塑料制品业，非金属矿物制品业，有色金属冶炼和压延工业，通用设备制造业，专用设备制造业，汽车制造业，铁路、船舶、航空航天和其他运输设备制造业，电气机械和器材制造业，计算机、通信和其他电子设备制造业，仪器仪表制造业，电力、热力生产和供应业，水的生产和供应业。

供应业出口复杂度变化幅度最小，从 2007 年至 2019 年仅上涨 2.16%，向全球价值链上游位置攀升较慢，呈现“低端锁定”现象。由此可见，出口复杂度不断提升是目前中国战略性新兴产业发展的常态，作为引领经济社会高质量发展的重点产业，政府应大力提升战略性新兴产业的技术含量和商品质量以推进产业结构转型升级，从而实现全球价值链攀升。

表 3-1　2007—2019 年战略性新兴产业细分行业出口复杂度（部分年份）

行业	2007 年	2010 年	2013 年	2016 年	2019 年
化学原料和化学制品	16305.53	22845.50	32736.93	39525.49	43998.40
医药制造	19290.93	27671.87	36760.39	42430.92	43714.57
橡胶制品	18777.80	25013.14	33693.12	41970.90	44557.36
塑料制品	31105.51	34538.78	39165.89	45830.89	50772.97
非金属矿物制品	25969.28	30718.51	36475.38	43446.19	48886.86
有色金属冶炼和压延	15540.54	22194.16	29784.64	36507.06	41066.33
通用设备制造	26184.37	32231.95	40336.86	48120.81	51690.83
专用设备制造	27264.79	32758.44	39869.25	46608.15	50121.41
汽车制造	19948.49	27980.74	37447.24	46413.66	46749.69
铁路、船舶、航空航天	22606.24	32859.36	42090.76	49072.15	52481.01
电气机械和器材制造	28398.11	32301.11	39465.42	46636.49	49097.48
通信、计算机	38650.36	43300.60	41228.81	44429.21	49117.13
仪器仪表制造	38313.53	41308.91	41896.10	44879.94	48481.90
电力热力生产和供应	12197.09	14880.06	37081.34	48811.54	46054.31
水的生产和供应	32339.01	38816.90	38883.95	40328.70	33036.06
均值	24859.44	30628.00	37794.41	44334.14	46655.09

资料来源：根据国研网对外贸易数据库计算整理。

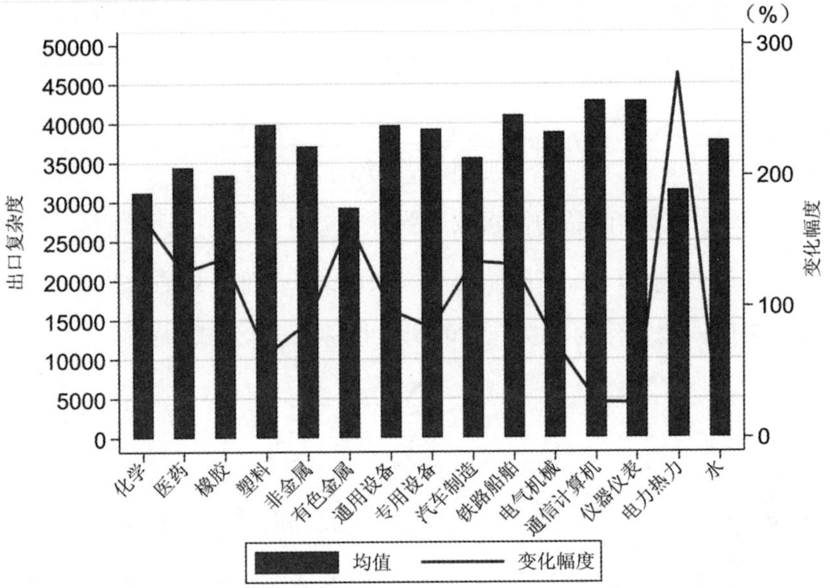

图 3-2　2007—2019 年战略性新兴产业细分行业出口复杂度均值及变化幅度

2. 核心解释变量

消费升级(C)。消费升级主要体现为消费结构升级,一般遵循“生存—发展—享受”的演变路径,消费者追求更高品质的商品和服务,从而各类消费支出的结构发生变化,逐渐向高层次消费转变。衡量消费升级的方法包括人均居民可支配收入、恩格尔系数、发展和享受型消费占比等,考虑到将国家统计局消费分类标准中的某几类直接归为高层次消费不够严谨,本章借鉴黄隽和李冀恺(2018)的方法,采用扩展线性支出模型(ELES)测算八大类消费支出的需求收入弹性,根据计算结果确定高层次消费的类别,并将其消费支出占比作为消费升级的衡量指标。ELES 模型指出居民的各类消费支出由收入和价格决定,基本表达式为:

$$c_{it} = \alpha_i + \beta_i y_t + \varepsilon_i \tag{4}$$

其中,c_{it} 表示 t 年份 i 商品的消费支出,y_t 表示 t 年份人均可支配收入,α_i

和 β_i 表示待估参数，ε_i 表示随机扰动项。从而可以进一步得到商品的需求收入弹性公式：

$$EM_{it} = \frac{\partial q_{it}/q_{it}}{\partial y_t/y_t} = \beta_i \frac{y_t}{p_{it} q_{it}} = \beta_i \frac{y_t}{c_{it}} \quad (5)$$

其中，EM_{it} 表示 i 商品的需求收入弹性，p_{it} 和 q_{it} 分别表示 i 商品的价格和实际需求。当 $EM_{it} > 1$ 时，该商品为高层次商品，进而将其消费支出在居民消费总支出中所占比重作为消费升级的衡量指标，具体公式为：

$$C_{it} = \frac{\sum H_{it}}{\sum c_{it}} \quad (6)$$

其中，$\sum H_{it}$ 表示高层次商品的消费支出之和，$\sum c_{it}$ 表示居民八大类商品消费支出总和。根据表 3-2 的结果显示，八大类消费支出中居住、医疗保健、交通通信和教育文化娱乐四类的 $EM_{it} > 1$，则本章以居住、医疗保健、交通通信和教育文化娱乐四项消费支出在居民总支出中所占份额来衡量消费升级。如图 3-3 所示，中国高层次消费支出所占份额呈现上升趋势，从 2007 年的 43.77%增长到 2019 年的 57.20%，说明我国居民消费水平不断提高，消费升级态势日趋明显。

表 3-2　2007—2019 年居民八大类消费的收入需求弹性

年份	食品	衣着	居住	生活用品	医疗保健	交通通信	教育文化娱乐	其他
2007	0.5318	0.4145	2.9484	1.1163	1.4647	1.1556	0.9601	0.4655
2008	0.5141	0.4171	2.8487	1.0880	1.4515	1.2308	1.0541	0.4569
2009	0.5342	0.4080	2.7808	1.0251	1.4158	1.1333	1.0491	0.4363
2010	0.5370	0.3904	2.8579	0.9629	1.4668	1.0448	1.0306	0.4426
2011	0.5235	0.3697	2.9612	0.9255	1.4069	1.0603	1.0220	0.4173
2012	0.5400	0.3788	3.1143	0.9563	1.4251	1.0392	1.0452	0.4115
2013	0.6175	0.4665	1.4845	0.9796	1.3840	1.1277	1.0563	0.5808
2014	0.6306	0.4846	1.5465	0.9873	1.3434	1.0914	1.0688	0.5857

续表

年份	食品	衣着	居住	生活用品	医疗保健	交通通信	教育文化娱乐	其他
2015	0.6501	0.5055	1.5988	1.0198	1.3313	1.0798	1.0523	0.5951
2016	0.6628	0.5336	1.5916	1.0140	1.2933	1.0514	1.0326	0.6218
2017	0.6752	0.5512	1.5431	0.9036	1.2384	1.0454	1.0076	0.6007
2018	0.6908	0.5674	1.4622	0.9863	1.1434	1.0469	1.0125	0.6028
2019	0.7051	0.6028	1.4824	0.9383	1.1171	1.0794	0.9890	0.6059
均值	0.6010	0.4685	2.1708	0.9925	1.3447	1.0912	1.0293	0.5248

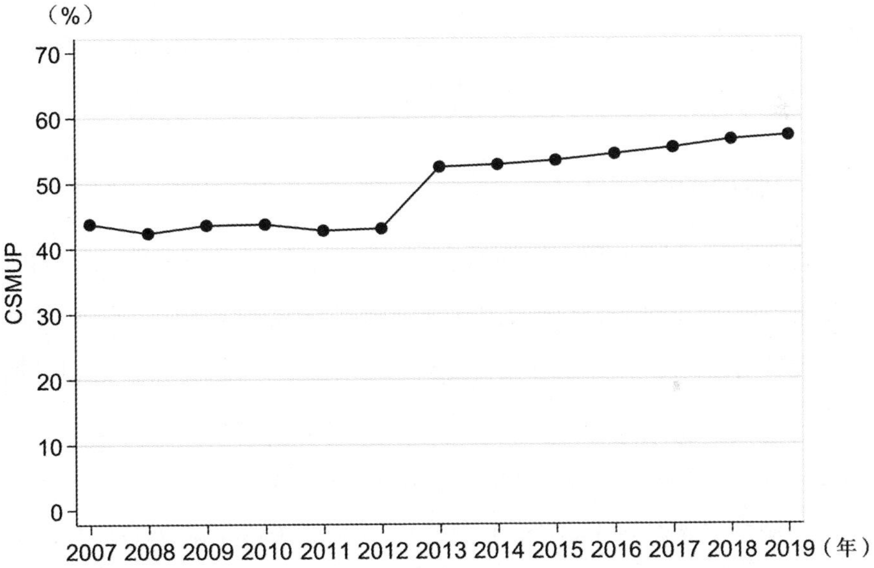

图 3-3 2007—2019 年中国高层次消费支出占比变化情况

3. 控制变量

行业规模(S)。规模大小反映产业发展水平,规模效益和竞争效应能够降低企业的生产成本,进而增强出口优势,借鉴肖利平和谢丹阳(2016)的方法,采用平均资产即企业总资产与企业总数的比值并取对数来衡量。

资本密集度(F)。固定资产投入是推动产业发展、提高生产效率的重要物质基础，从而实现技术创新和产业结构优化，降低低端锁定风险，借鉴王欠欠和夏杰长（2019）的做法选取人均资本量即固定资产总值与从业人员年平均人数的比值来衡量。

政府支持（G）。政府的资金支持为战略性新兴产业的技术研发和产业结构优化提供支撑，借鉴陈子韬等（2020）的做法选取研发活动经费中的政府资金占比来衡量。

外商直接投资（FDI）。外资进入为本土企业提供资金、技术支持和先进生产、管理经验，有利于国内新兴产业发展升级，增强国际竞争优势，由于 FDI 行业层面数据获取难度较大，借鉴刘磊等（2018）的做法采用外资及港澳台企业资产总值与所属行业总资产的比值来衡量。

三、数据说明

考虑到统计口径以及数据可得性等问题的存在，本章将实证研究的时间维度定为 2007—2019 年；由上文内容可知，将《战略性新兴产业分类》《国民经济行业分类》和 HS2007 四位代码商品进行对照和匹配，最后筛选出归属于战略性新兴产业的 15 个依托行业作为研究样本。全球价值链数据来源于国研网对外贸易数据库和国家统计局；消费升级指标数据来源于《中国统计年鉴》；各控制变量数据均来源于《中国统计年鉴》《中国工业企业科技活动年鉴》以及《中国科技统计年鉴》，需要说明的是，借鉴多数研究的做法，控制变量的统计口径为规模以上工业企业。此外，为了消除价格因素的影响，采用 GDP 平减指数、居民消费价格指数、固定资产投资价格指数对消费支出、资产总值等金额指标进行平减，相关价格指数均来源于《中国统计年鉴》。根据 2007—2019 年 15 个细分行业总共 195 个观察值，对各个变量的均值、标准差、最小值、中位数、最大值进行描述性统计，由表 3-3 结果可以看出，主要变量不存在异常值，可以进一步开展实证研究。

表 3-3 各变量的描述性统计

变量	样本量	均值	标准差	最小值	中位数	最大值
全球价值链位置(LnGVC)	195	10.4805	0.2938	9.4089	10.5756	10.9526
消费升级(C)	195	0.5546	0.0582	0.4813	0.5856	0.6314
行业规模(S)	195	10.3586	0.8498	8.6629	10.3584	12.5744
资本密集度(F)	195	59.5107	74.1108	11.1323	33.0382	401.4556
政府支持(G)	195	0.0621	0.0739	0.0086	0.0421	0.6639
外商直接投资(FDI)	195	0.3205	0.1989	0.0522	0.2665	1.1199

第三节 实证结果与分析

一、全样本基准回归

在单位根检验确认样本数据平稳的基础上,Hausman 检验和 F 检验结果显示选择固定效应模型进行回归最为合适,具体结果如表 3-4 所示。其中,第(1)列仅包含核心解释变量 C,(2)—(5)列则逐项加入控制变量。

从表 3-4 的估计结果来看,无论在何种情况下,消费升级(C)的系数均显著为正,并在 10%统计水平上显著,表明居民消费结构升级对于引领中国战略性新兴产业全球价值链攀升具有显著的促进作用。消费升级带来的规模经济效益吸引了更多的上游生产环节转移到国内,改变价值链分工的区位布局;同时,消费需求的变化促使供给层面提高生产效率、降低生产成本、研究开发新商品,以形成差异化的竞争优势,并推动产业结构不断优化升级,进而助力新兴产业崛起和发展,深化资源配置和产品分工,实现向全球价值链高端攀升的目标。

从控制变量的回归结果可以看出,资本密集度(F)、政府支持(G)的系数均显著为正,一定程度上说明为中国战略性新兴产业发展提供资金、技术等支持,有利于提高企业的生产和研发水平,从而推动产品附加值和技术含量的提升，进而优化出口结构，改善在国际分工中的地位，推动其迈向全球价值链上游位置。同时，外商直接投资（FDI）对战略性新兴产业全球价值链提升的影响显著为正，表明外资企业通过合作、竞争、示范等路径为国内产业发展提供资金和技术支持，在提供先进生产经验和坚实物质基础的同时，也增加了本土企业竞争压力，激励其不断提高自身的技术水平和创新能力，突破长期处于价值链下游和边缘地位的困境。最后，值得注意的是，行业规模（S）的估计系数为负但并不显著，说明单纯的企业规模扩张和数量增加可能会导致盲目投资、重复建设等问题，难以实现战略性新兴产业 GVC 的提升，对高端新兴产业来说，更为关键的是提高技术含量和出口附加值，从而优化对外贸易结构、避免高端产业低端锁定的风险。

表 3-4　消费升级对全球价值链地位的基准回归结果

变量	(1)	(2)	(3)	(4)	(5)
	GVC	GVC	GVC	GVC	GVC
C	4.9145*** (7.4936)	4.6010* (1.8153)	6.1587** (2.2647)	5.6617** (2.1793)	4.3065** (2.6183)
S		−0.0445 (−0.1532)	−0.2178 (−1.1879)	−0.1958 (−0.9966)	−0.2131 (−1.2484)
F			0.0041*** (3.1568)	0.0043*** (4.0885)	0.0033*** (3.2115)
G				0.8486*** (3.7502)	1.0957*** (6.6720)
FDI					0.6219** (2.7900)
_cons	7.6414*** (20.1840)	8.2887* (1.8461)	11.1988*** (4.0022)	10.6424*** (3.5185)	9.7462*** (3.5986)
年份固定效应	YES	YES	YES	YES	YES
行业固定效应	YES	YES	YES	YES	YES
N	195	195	195	195	195
R^2	0.7674	0.7678	0.8392	0.8636	0.8951

注：*、**、*** 分别表示在 10%、5%和 1%水平上显著，括号内为 t 统计量，下同。

二、产业异质性检验

由于本章涉及战略性新兴产业的七大产业，不同产业的消费结构存在较大差异，因此，将战略性新兴产业的 15 个细分行业对应到七大产业①，分别作为样本带入到模型中，以检验消费升级对不同产业全球价值链地位提升的差异性影响。由表 3-5 的回归结果可以看出：消费升级对七大类产业的全球价值链攀升均具有积极的驱动作用，但在不同产业间存在一定程度的差异。其中，居民消费升级对生物产业和新能源产业向 GVC 高端攀升的驱动效应最大，影响系数分别为 9.2371、8.1795，这主要是因为随着居民收入水平提高、发展和享受型消费支出的日益增加，生物医药产业、新能源产业的市场需求和消费规模快速增长，从中央到地方政府均大力推进生物和新能源产业向高端化方向发展。为适应居民消费需求和政策发展的动态变化，生物医药和新能源产业科技得以迅猛发展，产业化进程不断加快，成为缔造国家竞争新优势的最大亮点，从而不断向全球价值链高端攀升。而消费升级对新一代信息技术产业 GVC 攀升的驱动作用并不显著，这可能是因为新一代信息技术产业作为先导性技术产业，虽然起步较早，但仍主要局限于传统的国际代工和加工制造环节，面临着关键核心技术缺乏、市场需求不足、低端产能过剩等问题，难以满足现阶段的高端生产和市场消费需求，从而陷入低端化发展的困境，难以加快向 GVC 高端攀升的步伐。

---

① 高端装备制造业包括医药制造，通用设备，专用设备，汽车制造，铁路、船舶、航空航天制造，电气机械制造，计算机、通信制造，仪器仪表制造；节能环保产业包括化学原料和制品，非金属矿物制品，通用设备，专用设备，汽车制造，铁路、船舶、航空航天制造，电气机械制造，计算机、通信制造，仪器仪表制造，水的生产和供应；新一代信息技术产业包括通用设备，专用设备，电气机械制造，水的生产和供应；生物产业包括化学原料和制品，医药制造，专用设备；新能源产业包括有色金属冶炼，通用设备，专用设备，电气机械制造，电力、热力生产和供应，水的生产和供应；新材料产业包括化学原料和制品，橡胶制品，塑料制品，非金属矿物制品，有色金属冶炼；新能源汽车产业包括电气机械制造，汽车制造。以上行业均为简称。需要说明的是，HS 四位代码与行业二位代码对应匹配之后，七大产业之间会存在部分行业重合现象。

表 3-5　产业异质性回归结果

变量	(1) 高端装备制造业	(2) 节能环保产业	(3) 新一代信息技术产业	(4) 生物产业	(5) 新能源产业	(6) 新材料产业	(7) 新能源汽车产业
	GVC	GVC	GVC	GVC	GVC	GVC	GVC
C	4.3907* (1.9906)	3.8433** (2.9347)	1.8903 (1.3143)	9.2371*** (14.7885)	8.1795*** (11.1750)	6.6988* (2.4710)	7.9067** (25.0574)
S	−0.2882 (−1.6214)	−0.4507*** (−3.7839)	−0.4050*** (−7.8513)	−0.1534* (−3.8640)	0.1783 (1.6722)	−0.0365 (−0.1156)	0.1872*** (107.5743)
F	0.0066 (1.4497)	−0.0029 (−1.0485)	0.0105 (1.8504)	0.0060 (1.7689)	0.0019** (2.6363)	0.0041 (1.2347)	−0.0058*** (−697.2469)
G	1.0038* (2.0090)	0.6269** (2.4836)	1.1892 (0.7258)	5.3655 (2.3428)	1.3477*** (13.1909)	3.5110** (3.0774)	−0.8848*** (−349.8798)
FDI	1.1339*** (4.9215)	0.9768*** (4.9956)	0.8173* (2.3733)	2.5243* (2.9877)	1.4138** (3.7165)	0.4049*** (9.0546)	0.7020*** (2.17e+05)
_cons	10.3205** (3.3937)	12.7707*** (6.4412)	13.0278*** (19.1066)	5.3947*** (13.5768)	3.1947* (2.1428)	6.4901 (1.4142)	3.9589** (19.4480)
年份固定效应	YES	YES	YES	YES	YES	YES	YES
行业固定效应	YES	YES	YES	YES	YES	YES	YES
N	104	117	52	39	78	65	26
R^2	0.9403	0.9206	0.9743	0.9831	0.9281	0.9809	0.9939

三、稳健性检验

1. 内生性检验

考虑到消费升级对中国战略性新兴产业全球价值链攀升的影响中可能存在的内生性问题：一是遗漏解释变量问题，上述的固定效应模型可以很好地解决该问题；二是消费升级与全球价值链提升之间可能存在互为因果关系。为了排除内生性问题的影响，首先，采用核心解释变量的滞后一期作为工具变量进行两阶段最小二乘（2SLS）估计，结果见表 3-6 第（1）列所示。

其次，借鉴盛斌和景光正（2019）的做法，选取各省份消费升级水平的平均值作为中国总体消费升级指标的工具变量，2SLS 估计结果如表 3-6 第（2）列所示。最后，借鉴戴翔和刘梦（2018）的做法，依次将核心解释变量和控制变量作为内生变量，进行动态面板系统 GMM 估计，结果见表 3-6 第（3）—（7）列。

根据表 3-6 第（1）（2）列的 2SLS 结果可以看出，工具变量的系数均通过了 1%的显著性检验，且第一阶段 F 值大于 10，K-P LM 检验、C-D F 检验、K-P F 检验均显示拒绝原假设，说明不存在弱工具变量和识别不足问题，工具变量和内生变量之间也存在相关性。表 3-6 第（3）—（7）列的系统 GMM 检验可以看出，Hansen 检验说明不存在过度识别，AR（2）检验说明不存在二阶自相关，Wald 检验说明解释变量系数联合显著。对比基准回归结果，各变量的回归系数符号和显著性没有实质性变化，说明即使存在内生性问题也不会影响实证结果，进一步证实了本章的研究结论，即消费升级对战略性新兴产业实现全球价值链攀升具有显著的促进作用。

表 3-6　内生性检验结果

变量	（1）	（2）	（3）	（4）	（5）	（6）	（7）
	2SLS	2SLS	系统 GMM	系统 GMM	系统 GMM	系统 GMM	系统 GMM
	GVC	GVC	GVC	GVC	GVC	GVC	GVC
GVC_{t-1}			0.8549*** （76.0380）	0.8436*** （43.1315）	0.8191*** （41.1955）	0.8162*** （52.9114）	0.8017*** （29.1304）
C	3.2304*** （8.9911）	2.0973*** （6.2215）	0.1242*** （2.8606）	0.1475*** （3.1451）	0.0832*** （2.9947）	0.1247** （2.5566）	0.1744** （2.2306）
S	-0.1893*** （-7.1203）	-0.2352*** （-9.4149）		-0.0095** （-1.9978）	-0.0224*** （-7.7002）	-0.0295*** （-7.1077）	-0.0314*** （-3.7446）
F	0.0032*** （4.3649）	0.0046*** （7.7827）			0.0002*** （3.1081）	0.0002*** （8.9710）	0.0003*** （5.0780）
G	0.9376*** （4.9764）	0.8721*** （4.4620）				0.1715*** （3.4875）	0.1449** （2.2514）
FDI	0.5339*** （4.4175）	0.3146*** （3.3185）					0.0345 （0.4419）

续表

变量	(1)	(2)	(3)	(4)	(5)	(6)	(7)
	2SLS	2SLS	系统 GMM	系统 GMM	系统 GMM	系统 GMM	系统 GMM
	GVC	GVC	GVC	GVC	GVC	GVC	GVC
_cons	10.2352*** (29.2538)	11.3226*** (31.1261)	1.5055*** (15.9291)	1.7091*** (7.6904)	2.1134*** (11.2170)	2.1908*** (12.6507)	2.3198*** (7.8965)
N	165	180	180	180	165	165	165
R^2	0.8463	0.8466					
第一阶段 F 值	61.1800***	109.0100***					
K-P LM 检验	39.8920***	31.3410***					
C-D F 检验	144.0060***	287.1780***					
K-P F 检验	61.1760***	109.0090***					
AR(2)			0.3470	0.3290	0.3750	0.5910	0.6430
Hansen			1.0000	1.0000	1.0000	1.0000	1.0000
Wald			0.0000***	0.0000***	0.0000***	0.0000***	0.0000***

2. 更换衡量指标

消费升级是本章关注的核心解释变量。由于测算方法不同得到的估计结果可能存在差异，为增强研究结果的稳健性，借鉴陈冲和吴炜聪（2019）的研究更换消费升级指标的测算方法，将消费支出分为初、中、高三个层次并赋予不同的权重，同时考虑到城乡消费结构的差异性，再根据城乡人口比重进行赋值，从而消费升级指标表示为：

$$C_{it} = \sum_{n=1}^{2} \frac{P_{nt}}{P_t}\left(\frac{J_{nt}}{c_{nt}} + \frac{I_{nt}}{c_{nt}} \times 2 + \frac{S_{nt}}{c_{nt}} \times 3\right) \tag{7}$$

其中，n 表示城镇或农村，J_{nt}、I_{nt}、S_{nt} 分别表示初、中、高三个层次的消费支出，P_{nt} 和 c_{nt} 分别表示 t 年城镇或农村的人口和消费支出，P_t 表示 t 年总人口。本章分别采取固定效应模型和系统 GMM 方法进行估计，回归结果如

表 3-7 第(1)(2)列所示。与前文分析结果相比较,可以看出,核心解释变量 C 的系数符号和显著性并没有实质性的变化,表明了研究结论的稳健性。

3. 剔除 2008 年国际金融危机的影响

考虑到 2008 年国际金融危机给世界经济带来的巨大负向影响,本章剔除具有异常性的 2009 年和 2010 年相关数据进行稳健性检验,并分别采取固定效应模型和系统 GMM 方法进行估计,回归结果如表 3-7 第(3)(4)列所示。结果显示,核心解释变量的系数符号和显著性同样没有发生实质性的变化,进一步验证了上述研究结论具有较强的稳健性。

表 3-7　更换衡量指标和剔除金融危机冲击的稳健性检验

变量	(1)	(2)	(3)	(4)
	FE	系统 GMM	FE	系统 GMM
	GVC	GVC	GVC	GVC
GVC_{t-1}		0.8021*** (33.9757)		0.7697*** (39.5783)
C	5.1992** (2.6183)	0.1921*** (2.6408)	4.7484*** (3.0495)	0.2354*** (4.2771)
S	−0.2131 (−1.2484)	−0.0320*** (−3.7098)	−0.2270 (−1.3641)	0.0174 (0.5650)
F	0.0033*** (3.2115)	0.0003*** (5.1305)	0.0025** (2.3182)	0.0001*** (4.1373)
G	1.0957*** (6.6720)	0.1577*** (3.5989)	1.1371*** (7.6954)	0.1318 (1.1007)
FDI	0.6219** (2.7900)	0.0350 (0.4567)	0.7622*** (3.1894)	0.1313 (0.8914)
_cons	6.4941 (1.6530)	2.2073*** (9.7638)	9.6385*** (3.6790)	2.1152*** (5.6372)
N	180	165	150	120
R^2	0.8951		0.8974	
年份固定效应	YES		YES	
行业固定效应	YES		YES	

续表

变量	(1)	(2)	(3)	(4)
	FE	系统 GMM	FE	系统 GMM
	GVC	GVC	GVC	GVC
AR(2)		0.6800		0.7460
Hansen		1.0000		1.0000
Wald		0.0000 ***		0.0000 ***

四、进一步研究:中介作用机制检验

上述研究表明消费升级显著促进了中国战略性新兴产业全球价值链地位的提升,接下来,将进一步考察消费升级引领战略性新兴产业全球价值链攀升的技术创新效应。根据第二部分的影响机制分析,引入技术创新投入作为中介变量,在基准回归模型式(1)成立的基础上,加入如下两步中介效应模型:

$$LnRD_{it} = \delta_0 + \delta_1 C_{it} + \delta_j Z_{it} + \lambda_i + \eta_t + \mu_{it} \tag{8}$$

$$Ln\, GVC_{it} = \theta_0 + \theta_1 C_{it} + \theta_2 LnRD_{it} + \theta_j Z_{it} + \lambda_i + \eta_t + \mu_{it} \tag{9}$$

其中, RD_{it} 表示中介变量——技术创新,选取发明专利授权数并取其对数来衡量。首先,对方程(1)进行基准回归,检验消费升级对战略性新兴产业全球价值链攀升的影响;其次,通过方程(8)检验消费升级对中介变量 $LnRD_{it}$ 的影响;最后,在基准回归方程的基础上纳入中介变量,对方程(9)进行回归,如果 θ_1 和 θ_2 均显著为正,且 $\theta_1 < \beta$,则说明技术创新的中介效应存在。此外,根据温忠麟和叶宝娟(2014)的研究,中介效应的作用程度由 $\delta_1 \theta_2/\beta$ 即中介效应在总效应中的占比衡量,具体的中介效应检验结果如表 3-8 所示。

表 3-8 的第(1)(2)列报告了方程(1)的回归结果,消费升级显著促进了全球价值链地位提升。第(3)(4)列报告了方程(8)的回归结果,可以看出,消费升级(C)的估计系数显著为正,意味着消费升级确实可以促使供给端提

升技术水平，从而调整、优化商品和服务以满足新的消费需求。第(5)(6)列报告了方程(9)的回归结果，与基准回归结果相比，在加入技术创新这一中介变量后，消费升级(C)的估计系数和显著性明显下降，并且技术创新(LnRD)的系数显著为正，表明了技术创新中介效应的存在，同时中介效应在总效应中占比达到 22.46%，从而说明技术创新是消费升级引领战略性新兴产业全球价值链攀升的重要渠道。需求端的消费升级助力供给端生产环节的研发创新，从而有利于提高生产效率、优化商品质量，并提升创新水平以推动新商品、新技术的出现，进一步增强企业的核心竞争力和出口复杂度，为产业发展和价值链攀升提供强劲动力。

表 3-8　消费升级对全球价值链地位的中介效应模型检验

变量	(1)	(2)	(3)	(4)	(5)	(6)
	GVC	GVC	LnRD	LnRD	GVC	GVC
C	4.9145*** (7.4936)	4.3065** (2.6183)	26.0426*** (20.5325)	21.9315*** (11.7031)	2.5719 (0.9861)	3.3400* (1.9294)
LnRD					0.0900* (0.8296)	0.0441** (1.2757)
S		−0.2131 (−1.2484)		−0.1826 (−0.5749)		−0.2050 (−1.2120)
F		0.0033*** (3.2115)		0.0051*** (6.5253)		0.0030*** (3.1693)
G		1.0957*** (6.6720)		0.0384 (0.0736)		1.0940*** (6.4471)
FDI		0.6219** (2.7900)		−0.6703** (−2.7357)		0.6514** (2.8403)
_cons	7.6414*** (20.1840)	9.7462*** (3.5986)	−5.9019*** (−7.9657)	−1.7199 (−0.4257)	8.1723*** (13.8900)	9.8220*** (3.6618)
年份固定效应	YES	YES	YES	YES	YES	YES
行业固定效应	YES	YES	YES	YES	YES	YES
N	195	195	195	195	195	195
R^2	0.7674	0.8951	0.9630	0.9684	0.7738	0.8964

第四节　结论与政策建议

一、研究结论

在“双循环”发展格局的战略背景下，依托和利用国内超大规模市场优势，立足消费需求升级态势，加速推进中国产业转型和创新型经济的发展，从而迈向价值链上游和高端环节。本章以2007—2019年中国战略性新兴产业15个细分行业为样本，基于出口复杂度指数测度了战略性新兴产业的全球价值链位置，并实证检验了消费升级对战略性新兴产业GVC地位的影响以及技术创新的中介作用机制，得出以下结论：

第一，2007—2019年间，中国战略性新兴产业各行业的出口复杂度均呈现上升趋势，在产业政策的有效指引和经济增长的积极推动下，迈向全球价值链高端取得了显著成效。

第二，消费升级对提升战略性新兴产业全球价值链地位具有明显的促进作用；同时，由于七大产业发展水平的差异性，消费升级对GVC的驱动作用存在产业的异质性。国内消费升级推动供给端研发新产品、培育新兴产业，从而吸引全球高级生产要素和高附加值生产环节流入，重塑国际竞争新优势，突破价值链低端锁定。

第三，在消费升级引领战略性新兴产业全球价值链攀升的过程中，技术创新发挥着重要的中介效应。消费需求动态升级促使企业不断提高技术创新能力、改进生产环节和商品品质，以适应新的消费需求，从而有效促进了生产分工深化和出口复杂度提高，推动全球价值链升级。

第四，行业规模、资本密集度、政府支持、外商直接投资等因素，对以出口复杂度指数为表征的战略性新兴产业全球价值链攀升也存在着不同程度的影响。

二、政策建议

基于以上研究，本章为进一步引领战略性新兴产业全球价值链攀升提出几点政策建议：

首先，基于内需与外需相互促进的新发展格局，充分发挥中国巨大消费市场的独特优势，把握消费升级释放的巨大能量，形成具有市场势力的国内价值链体系，超越国际代工者的角色，主导 GVC 分工体系的关键环节。因此，要鼓励消费、刺激消费以挖掘新的消费热点和消费需求，加大新兴产业投资规模，助推战略性新兴产业转变发展方式。同时，要不断提高居民生活水平、缩小居民收入差距，提升居民的消费信心，持续推动高层次消费的增长。

其次，针对战略性新兴产业不同行业类型和发展特点，制定具有差异化的产业政策。由于不同产业的发展阶段和规模、居民的消费需求和偏好等均存在着显著差异，有针对性地实施差异化产业发展政策，合理利用和分配资金、人才、技术等资源，能够最大限度地发挥需求端的倒逼和溢出效应，切实提升供给端的生产创新能力，进而有效推动新兴产业的高端化发展和价值链攀升。

再次，强化技术创新尤其是自主创新对全球价值链攀升的积极推动作用，加大对技术创新的研发投入，攻克关键核心技术难关，从而降低对国外先进技术的依赖，摆脱发达国家的技术压制，避免陷入“低端锁定”的困境；并利用技术创新对消费升级的增强作用以及消费升级规模效应对技术创新的引致功能提升出口技术复杂度，发展起本国的高端新兴产业，走出价值链低端。

最后，优化和完善战略性新兴产业发展的市场和制度环境，并提高外资引进质量，发挥外商投资的溢出效应。政府要制定有针对性的多层次的政策措施来引导战略性新兴产业的消费需求变化，并重视对高水平人才的引进和培养，激发创新活力，为延长和稳定战略性新兴产业主导的产业链提供广阔的市场空间，更好地依托国内消费升级推动国内国际双循环格局，提升中国战略性新兴产业在全球 GVC 分工体系中的地位。

第四章　绿色消费与战略性新兴产业高质量发展

第一节　文献综述与理论分析

一、文献综述

改革开放以来，中国经济快速增长，取得了举世瞩目的成就，但其粗放的经济发展方式造成了资源过度消耗与污染大量排放，给中国的生态环境造成了冲击，不利于经济的可持续发展。因此，中国亟需转变经济发展方式，由高速增长转向高质量绿色化发展。党的二十大报告明确指出，“尊重自然、顺应自然、保护自然，是全面建设社会主义现代化国家的内在要求。必须牢固树立和践行绿水青山就是金山银山的理念，站在人与自然和谐共生的高度谋划发展”。人与自然和谐共生是中国式现代化的重要特征，推动经济社会发展绿色化、低碳化是实现高质量发展的关键环节。加快经济发展方式绿色转型，不仅要改变传统过多依赖规模粗放扩张、过多依赖高能耗高排放产业的发展模式，构建科技含量高、资源消耗低、环境污染少的产业结构，而且要倡导绿色消费，推动生活方式和消费模式向简约适度、绿色低碳、文明健康的方向转变，实现绿色生产和绿色消费的良性循环。在碳达峰与碳中和背景下，我国居民环保节约意识不断增强,居民消费逐步向资源节约型、环境友好型消费过渡,实现消费绿色化转型。作为拉动经济发展的三驾马车,消费已经逐渐取代投资、出口的地位,成为推动我国经济增长的主要驱动力。倡导绿色消费,成为化解人民日益增长的美好生活需要和不平衡不充分的发展之间的矛盾的重要举措(张建平,2020)。

绿色消费的定义最早来源于英国学者 Elkington 和 Hailes,此后绿色消费不断被提及,概念也逐步完善。2016 年,国家发改委等十部门联合出台《关于促进绿色消费的指导意见》,将绿色消费定义为"以节约资源和保护环境为特征的消费行为,主要表现为崇尚勤俭节约,减少损失浪费,选择高效、环保的产品和服务,降低消费过程中的资源消耗和污染排放"。绿色消费是推动我国经济高质量发展的重要举措,主要表现为消费结构优化带动产业结构优化,从而推动经济高质量发展(王启云,2014)。中国环境与发展国际合作委员会课题组(2020)指出绿色消费可以通过倒逼企业产品与工艺创新、引导产业结构调整推动经济高质量发展。张建平(2020)进一步研究发现,绿色消费一方面会通过收入效应和价格效应对生产部门产生影响,促进产业结构调整,引导新兴产业出现;另一方面,绿色消费会通过市场机制传递给生产端,倒逼企业改进生产技术,提高生产率,引导产业结构升级。李岩等(2020)指出绿色消费伴随着资源利用率的提升,淘汰低生产率产业的同时,适应绿色消费的新兴产业逐步发展,成为支撑产业。

战略性新兴产业以重大技术突破和重大发展需求为基础,代表着产业发展的方向。自确定其发展领域以来,就引发了国内学者广泛的关注,学者们从各个角度对战略性新兴产业的发展进行了深入的研究,并取得了丰硕的成果。王宇和刘志彪(2013)研究了政府不同的补贴方式(生产补贴和 R&D 补贴)对新兴产业发展的影响。李富有和尹海凤(2014)研究发现金融支持对我国战略性新兴产业发展具有一定的促进作用。卢馨(2018)进一步研究表明科技金融发展会促使企业加大研发力度,进而推动战略性新兴产业发展。以上文献均是从供给端研究战略性新兴产业的发展，随着贸易保护主义和经济逆全球化的加剧，越来越多的学者转向需求端研究，逐渐认识到国内市场需求对战略性新兴产业发展的带动作用，研究方向主要分为两个方面。一是“本土市场论”。熊勇清等(2015)基于双视角分析框架，研究发现国内市场培育是拉动战略性新兴产业发展的重要条件。任保全等(2016)以出口和本土市场需求为切入点对战略性新兴产业进行研究，发现本土市场需求是其生产率增长的主要来源。申俊喜(2020)进一步研究发现，相比于国际市场，国内市场对于战略性新兴产业全要素生产率的促进效果更为明显，并且庞大的国内市场为战略性新兴产业发展提供了空间，有助于促进战略性新兴产业高端化发展。二是“消费升级论”。已有研究表明消费升级是推动产业结构变化的重要因素，其影响力高达30%(石奇,2009)。与此同时，消费升级带动产业升级的路径机制主要表现为收入增长和要素配置效应(陈洁,2020)。因此，要加强推进以绿色消费为支点的消费升级，充分发挥其对产业发展的基础性作用(潘锡泉,2019)。

在外部产业竞争和内部经济转型压力的双重背景下，消费绿色化转型是否能够有效带动战略性新兴产业发展？又是通过何种机制发挥作用？这都是亟需解决的问题。目前国内关于这方面研究的文献十分匮乏，并没有学者将二者纳入同一个分析框架下进行研究，而且学者们对于绿色消费的研究也多是基于理论层面，缺少规范的实证分析。因此，本章基于绿色转型视角，构建绿色消费指标体系，测评出2010—2019年各省市的绿色消费水平，并结合战略性新兴产业上市公司的微观数据，利用LP方法测算企业全要素生产率，从理论和实证层面分析验证了绿色消费对战略性新兴产业企业全要素生产率的影响及作用机制，这对于促进战略性新兴产业高端化发展具有重要的意义。

二、理论分析与机制假说

绿色消费作为一种新型的消费方式，改变了消费者传统的消费模式，使居民转向资源节约型、环境友好型消费，这在一定程度上推动了消费领域的转型升级。生产者和消费者作为市场的两大主体，分别对应着社会再生产过程的始端和终端，始终存在着生产决定消费、消费反作用于生产的关系。从微观企业层面看，居民绿色消费水平上升，对绿色产品和服务的需求增加。通过生产链条直接传导至企业生产端，从而促进企业绿色产品与服务供给的增加，市场上低污染、低能耗产品与服务占比增加，新兴产业得到发展。从中观产业层面看，居民绿色消费水平上升，消费结构向绿色化转型升级，从而带动产业结构绿色化转型升级，使战略性新兴产业成为具有重大引领作用的支撑产业，形成新的增长点。因此，本章提出基础假设 1。

假设 1：绿色消费能够显著提升战略性新兴产业全要素生产率，促进其发展。

1. 绿色消费助推战略性新兴产业发展的本土市场效应

Krugman（1980）最早提出"本土市场效应"，认为较大的国内市场需求有利于产生规模经济，优化产业结构。绿色消费作为拉动内需的主要力量和消费结构升级的体现，是推动产业结构升级的重要途径，其作用机制表现为：绿色消费水平上升，带动了居民对于绿色产品的需求，形成消费规模扩张。居民消费扩张影响了生产环节的规模经济，从而促进国内市场整合（张昊，2020）。并且本土市场规模的扩大会显著提升产业的生产率，加快产业升级（冯伟，2015）。即随着本土市场规模的扩大，企业为了追求更多的市场份额，会扩大自身生产规模，从而实现规模经济，提高生产效率。因此，本章提出假设 2。

假设 2：绿色消费通过扩大本土市场规模，推动战略性新兴产业发展。

2. 绿色消费助推战略性新兴产业发展的创新补偿效应

"需求引致创新"理论认为，市场需求是企业技术创新的先决条件，技术创新受到市场需求的制约（石奇，2009）。战略性新兴产业的发展是以技术供给和市场需求为基础，市场需求指引技术创新，在新兴产业的培育过程中发挥着关键性的作用（王启云，2014）。作为推动经济高质量发展的重要动能，绿色消费会倒逼企业产品与工艺创新，获得成本优势，提高生产效率。从生产者的角度看，居民消费绿色转型，绿色产品的市场发展前景相对广阔。作为利润最大化的追求者，生产者会进行技术创新，通过降低成本以获取更大的市场份额。从市场竞争机制的角度看，绿色产品供给增加，企业面临更加竞争性的市场。优胜劣汰的市场竞争机制会淘汰低生产率企业，进行了工艺技术创新获得成本优势的高生产率企业得以继续生产。从消费者的角度看，绿色消费水平上升，消费者对于绿色产品与服务的要求会提高，严苛的产品质量要求会对厂商产生压力，迫使其在产品质量、性能等方面进行改进，最终形成绿色消费倒逼企业进行技术创新，获得成本竞争优势，提升生产率的路径机制。据此，本章提出假设3。

假设3：绿色消费通过倒逼企业技术创新，推动战略性新兴产业发展。

3. 绿色消费助推战略性新兴产业发展的鲍莫尔效应

鲍莫尔效应指出，对某一产业而言，当技术进步使其生产率提高时，会加速资本流入和劳动力流出，从而优化产业结构，带动产业高端化发展（潘锡泉，2019）。已有研究表明消费升级会通过鲍莫尔效应引导资本流入高端产业，从而带动产业升级（李岩，2020）。作为消费升级的重要体现，绿色消费伴随着资源利用率的提升，在淘汰低生产率产业的同时，适应绿色消费的新兴产业逐步发展，成为支撑产业（张昊，2020）。一方面，绿色消费提高了市场主体对于绿色环保、资源节约的关注，消费者会减少对传统能源的消耗。同时，战略性新兴产业企业以居民消费需求的变化为导向，寻求更加清洁的能源以替代污染性的生产要素，企业资源利用率提高，战略性新兴产业结构得以优化。另一方面，绿色消费会让战略性新兴产业企业面临更加竞争性的市场，从企业长远利益看，引导企业内部生产要素流动，提高资源配置效率才能取得长足的发展。据此,本章提出假设4。

假设4:绿色消费通过引导要素资源配置,推动战略性新兴产业发展。

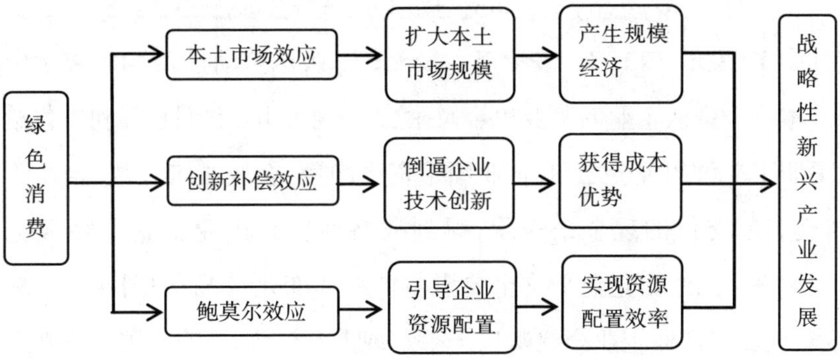

图4-1　理论机制图

第二节　模型构建、变量选取与数据说明

一、模型构建

基于上述理论假说,本章构建了战略性新兴产业企业全要素生产率关于绿色消费的动态面板计量模型如下:

$$\ln tfp_{it} = \alpha_0 + \alpha_1 \ln tfp_{i,t-1} + \alpha_2 gcon_{jt} + \lambda X_{it} + \varepsilon_{it} \qquad (1)$$

式(1)中,$\ln tfp_{it}$ 为用LP方法测算的战略性新兴产业企业全要素生产率,$gcon_{jt}$ 为用指标构建法计算出的各省市绿色消费水平,X_{it} 为一系列控制变量,包括企业规模(size)、资产净利润率(roa)、资产负债率(debt)、现金流(cfo)、企业所有制类型(state)。ε_{it} 为误差项。

二、变量选取

1.被解释变量

战略性新兴产业企业全要素生产率(lntfp)。本章参考鲁晓东和连玉君

(2012)的做法,以 LP 法测算的战略性新兴产业企业全要素生产率作为被解释变量。对 C-D 生产函数取对数得到模型如下:

$$\ln Y_{it} = \alpha_0 + \alpha_k \ln K_{it} + \alpha_l \ln L_{it} + \alpha_m \ln M_{it} + \varepsilon_{it} \quad (2)$$

其中 Y_{it} 表示产出, K_{it} 表示资本投入, L_{it} 表示劳动投入, M_{it} 表示中间品投入。本章分别以企业的营业税金及附加、财务费用、利润总额和支付给职工以及为职工支付的现金之和,企业固定资产净额,企业员工人数,企业购买商品、接受劳务支付的现金来表示,得到战略性新兴产业企业全要素生产率 $\ln tfp = \alpha_0 + \varepsilon_{it}$,绘出企业平均全要素生产率的变化情况,如图 4-2。总体而言,战略性新兴产业企业全要素生产率呈现上升趋势,说明我国战略性新兴产业总体上在不断向好发展。具体分析发现,2010—2011 年和 2017—2018 年全要素生产率不变,2011—2012 年全要素生产率略有下降,其余年份全要素生产率快速提升。

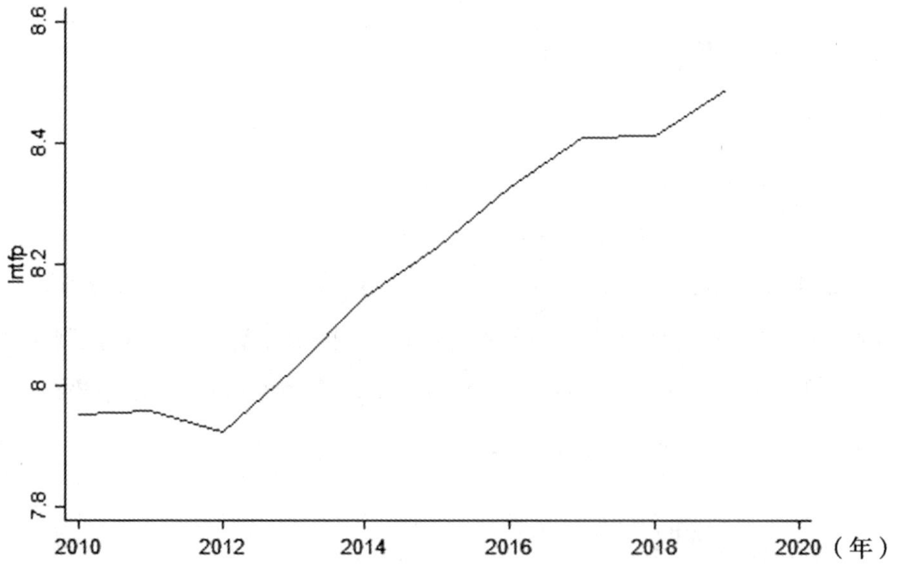

图 4-2　战略性新兴产业企业平均全要素生产率

本章进一步将企业匹配到对应的战略性新兴产业,并按企业营业总收入对其全要素生产率进行加权平均,最终得到七大战略性新兴产业全要素生产率,见表 4-1。具体分析来看,新能源产业、节能环保产业全要素生产率在不断提升;高端装备制造业产业全要素生产率波动较大,2010—2012 年全要素生产率水平处于领先地位,之后有所下降;生物产业和新能源汽车产业全要素生产率水平处于中间地位;新一代信息技术产业和新材料产业全要素生产率水平处于末位,产业发展较为缓慢。

表 4-1　战略性新兴产业全要素生产率

产业	2010年	2011年	2012年	2013年	2014年	2015年	2016年	2017年	2018年	2019年	均值
新一代信息技术产业	8.07	8.22	8.22	8.39	8.55	8.53	8.68	8.86	8.84	8.96	8.53
高端装备制造产业	9.06	9.11	9.07	8.47	8.56	8.51	8.71	8.70	8.68	9.11	8.80
新材料产业	8.51	8.39	8.35	8.54	8.61	8.49	8.73	8.83	8.86	8.86	8.62
生物产业	8.52	8.47	8.35	8.57	8.60	8.70	8.76	8.96	8.98	9.07	8.70
新能源汽车产业	8.83	8.56	8.34	8.62	8.62	8.80	8.87	8.85	8.73	8.84	8.71
新能源产业	8.78	8.78	8.87	8.97	9.17	9.17	9.20	9.14	9.17	9.22	9.05
节能环保产业	8.55	8.58	8.50	8.64	8.68	8.80	8.92	8.97	8.99	9.05	8.77

2. 解释变量

绿色消费(gcon)。本章从需求端出发探究绿色消费对战略性新兴产业企业全要素生产率的影响,因而从狭义的居民消费终端角度构建了绿色消费指标体系。

国内目前缺乏系统公认的绿色消费指标体系,学者们在研究中构建了不同指标体系对绿色消费加以衡量。倪琳等(2015)认为生态消费应该涵盖消费水平适度、结构合理、方式绿色等特征。金毓(2021)选取了人均水消耗量、人均生活能源消耗量等作为直接绿色消费指数,生活垃圾的无害化处理率、森林覆盖率等作为间接绿色消费指数，计算了绿色消费指数。王宇等(2020)则是从资源能源和生态环境两个维度构建了消费领域绿色转型指数。

本章借鉴了上述学者的研究以及5R(Reduce、Reevaluate、Reuse、Recycle、Rescue)原则，分别从绿色生活、绿色出行、绿色环境、绿色服务四个维度设计构建了10个指标以衡量绿色消费，指标选取见表4-2。

表4-2 绿色消费指标体系

一级指标	二级指标	单位	指标属性
绿色生活	人均日生活用水量	L/人	逆向
	人均生活垃圾清运量	kg/人	逆向
绿色出行	万人公共交通客运量	万人次/万人	正向
	人均私人汽车拥有量	辆/万人	逆向
绿色环境	人均公园绿地面积	m^2/人	正向
	城市建成区绿化覆盖率	%	正向
	森林覆盖率	%	正向
绿色服务	城市日均污水处理能力	万立方米	正向
	生活垃圾无害化处理率	%	正向
	用水普及率	%	正向

由于各指标的度量单位和属性不统一，本章对指标进行了min-max标准化处理，并利用改进的熵值法进行赋权，得到30个省区市绿色消费水平如下。根据表4-3，从时间维度看，各省区市绿色消费水平整体上呈现上升趋势；从地区维度看，广东省的绿色消费水平稳居高位，青海省和甘肃省的绿色消费水平居于末位，但是近年来甘肃省的绿色消费水平在不断提升，与其他省区市之间的差距在逐渐缩小。从2010—2019年绿色消费水平的均值来看，前六的省市分别是东部地区的广东、山东、福建、江苏，中部地区的江西以及西部地区的重庆。可以看出，东部地区省市的绿色消费水平普遍较高，且大部分处于排名的前列，这与东部地区较好的经济发展水平是密不可分的。中西部地区绿色消费水平则处于相对落后状态，因此，中西部地区在推动绿色消费的同时，还要注重经济发展的带动作用。

表 4-3 2010—2019 年 30 个省区市的绿色消费水平

省份	2010年	2011年	2012年	2013年	2014年	2015年	2016年	2017年	2018年	2019年	平均值
广东	0.61	0.63	0.65	0.66	0.66	0.69	0.69	0.69	0.69	0.71	0.67
江西	0.63	0.64	0.64	0.64	0.64	0.63	0.62	0.63	0.64	0.63	0.63
山东	0.64	0.64	0.65	0.64	0.64	0.63	0.63	0.62	0.61	0.61	0.63
福建	0.62	0.63	0.63	0.64	0.64	0.64	0.62	0.59	0.60	0.60	0.62
重庆	0.58	0.60	0.61	0.63	0.62	0.61	0.60	0.60	0.60	0.59	0.60
江苏	0.60	0.60	0.59	0.61	0.60	0.60	0.59	0.59	0.58	0.58	0.59
河北	0.59	0.58	0.59	0.59	0.59	0.59	0.58	0.58	0.58	0.58	0.58
浙江	0.60	0.59	0.59	0.60	0.59	0.58	0.58	0.57	0.57	0.56	0.58
安徽	0.51	0.56	0.58	0.60	0.61	0.61	0.60	0.59	0.59	0.58	0.58
辽宁	0.55	0.57	0.58	0.59	0.59	0.59	0.56	0.58	0.58	0.57	0.58
云南	0.56	0.54	0.55	0.58	0.59	0.56	0.56	0.56	0.58	0.57	0.57
广西	0.54	0.55	0.56	0.56	0.55	0.56	0.56	0.56	0.57	0.58	0.56
北京	0.57	0.54	0.55	0.55	0.59	0.54	0.57	0.56	0.56	0.56	0.56
湖南	0.51	0.54	0.55	0.55	0.57	0.57	0.57	0.57	0.56	0.57	0.56
陕西	0.55	0.54	0.54	0.56	0.56	0.57	0.55	0.55	0.52	0.54	0.55
内蒙古	0.44	0.47	0.52	0.54	0.58	0.59	0.59	0.58	0.57	0.56	0.54
湖北	0.48	0.50	0.52	0.55	0.56	0.56	0.56	0.57	0.56	0.57	0.54
河南	0.49	0.51	0.50	0.51	0.52	0.52	0.53	0.55	0.56	0.57	0.53
四川	0.49	0.51	0.51	0.52	0.50	0.53	0.53	0.55	0.57	0.57	0.53
贵州	0.48	0.46	0.48	0.51	0.52	0.54	0.55	0.55	0.56	0.61	0.53
山西	0.49	0.50	0.51	0.53	0.53	0.54	0.54	0.51	0.53	0.54	0.52
黑龙江	0.40	0.42	0.46	0.51	0.53	0.56	0.56	0.55	0.56	0.57	0.51
海南	0.42	0.53	0.55	0.57	0.55	0.52	0.51	0.49	0.50	0.47	0.51
天津	0.48	0.50	0.49	0.48	0.48	0.49	0.49	0.49	0.49	0.49	0.49
宁夏	0.52	0.44	0.42	0.51	0.50	0.47	0.47	0.48	0.52	0.52	0.48
上海	0.47	0.44	0.47	0.48	0.52	0.51	0.50	0.49	0.48	0.48	0.48
吉林	0.39	0.43	0.42	0.45	0.46	0.50	0.49	0.47	0.51	0.51	0.46
新疆	0.45	0.46	0.45	0.44	0.45	0.45	0.47	0.47	0.47	0.49	0.46
甘肃	0.31	0.34	0.35	0.39	0.43	0.45	0.48	0.54	0.51	0.53	0.43
青海	0.40	0.44	0.45	0.41	0.43	0.42	0.43	0.43	0.42	0.45	0.43

3. 控制变量

参考赵宸宇等(2021)的研究,本章加入企业规模(size)控制变量,并以企业从业人员数量的自然对数作为替代变量。企业员工数量越多,企业规模越大,越容易产生规模效应,从而提高全要素生产率。

参考申俊喜和杨若霞(2017)的研究,本章加入企业资产净收益率(roa)与企业资产负债率(debt)控制变量。前者反映了企业的盈利水平,数值越大,代表企业生产要素的回报率越高。后者用于衡量企业外部融资的难易程度,举债经营有利于扩大生产规模,增强企业活力,提升企业生产率。

参考宋敏等(2021)的研究,本章加入企业现金流(cfo)和企业所有制类型(state)控制变量。前者体现了企业的财务状况,一般而言,数值越大,企业创现能力越强,发展越好。后者是一个哑变量,当企业为国有企业时,取值为1,否则取值为0。

三、数据来源说明

战略性新兴产业企业数据来源于Wind数据库与国泰安数据库。本章以《国家战略性新兴产业分类(2018)》为指导,手动对全国上市公司经营范围进行筛选,初步筛选出股票代码为非ST、*ST的A股战略性新兴产业上市公司2468家。之后,根据经营范围对其进行战略性新兴产业归类,分别得到新一代信息技术产业577家、高端装备制造业516家、新材料产业494家、生物产业393家、新能源汽车产业72家、新能源产业202家、节能环保产业214家上市公司。由于西藏自治区绿色消费指标数据缺少,本章删除了该地区的样本公司,同时进一步删除了战略性新兴产业企业从业人数过少以及主要财务数据缺失的样本。

省级层面绿色消费指标数据与平减指数数据均来源于"中经网统计数据库"。本章选取了2010—2019年30个省区市为研究对象,西藏自治区因数据缺失未列入计算。相关变量描述性统计如下。

表 4-4　变量描述性统计

变量名称	变量符号	平均值	标准误	最小值	最大值
全要素生产率	lntfp	8.233802	0.7394975	5.868783	10.18013
绿色消费	gcon	0.5814895	0.0630887	0.3146326	0.7141091
企业规模	size	7.559874	1.157141	4.007333	11.06356
企业资产净收益率	roa	0.0499159	0.0434446	-0.069401	0.233956
企业资产负债率	debt	0.3823366	0.1966351	0.024409	0.888976
企业现金流	cfo	0.0894729	0.1472417	-0.47452	0.647427
企业所有制类型	state	0.2768707	0.4474676	0	1

第三节　实证结果与分析

一、基准回归结果分析

本章使用动态面板数据,被解释变量的滞后项作为解释变量会产生内生性问题,因此,采用系统 GMM 估计方法进行实证检验,基准回归结果见表 4-5。

总体而言,战略性新兴产业企业全要素生产率的一阶滞后项系数显著为正,说明企业发展存在明显的持续性。具体来看,第(1)列绿色消费的回归系数显著为正,表明绿色消费对战略性新兴产业企业全要素生产率有显著的促进作用。后面几列回归是在第(1)列的基础上逐次加入企业层面的控制变量,绿色消费回归系数的方向性不变,表明在其他变量被控制的情况下,绿色消费依然可以显著提升企业全要素生产率。上述结果验证了第一个理论假说，即绿色消费能够显著地提升战略性新兴产业企业全要素生产率，促进产业发展。

继续考察控制变量回归系数，可以发现，企业规模、资产净收益率、资产负债率、现金流的回归系数全部显著为正，说明这些变量的确会对企业全要素生产率产生正向的促进作用，体现了控制变量的合理性。同时 AR(2)的 P 值均大于 0.05，表明残差项的二阶序列不存在自相关问题。

表 4-5　绿色消费与战略性新兴产业企业全要素生产率的基准回归结果

变量	(1) lntfp	(2) lntfp	(3) lntfp	(4) lntfp	(5) lntfp	(6) lntfp
L.lntfp	0.875*** (0.024)	0.666*** (0.045)	0.678*** (0.063)	0.710*** (0.061)	0.724*** (0.061)	0.726*** (0.061)
gcon	2.830*** (0.401)	1.830*** (0.421)	2.466*** (0.440)	2.501*** (0.433)	2.389*** (0.427)	2.372*** (0.428)
size		0.266*** (0.048)	0.418*** (0.068)	0.327*** (0.070)	0.312*** (0.069)	0.312*** (0.069)
roa			10.568*** (0.414)	10.877*** (0.419)	10.987*** (0.417)	10.980*** (0.418)
debt				0.725*** (0.135)	0.738*** (0.135)	0.736*** (0.134)
cfo					0.225*** (0.072)	0.222*** (0.073)
state						-0.065 (0.094)
_cons	-0.552** (0.257)	-0.292 (0.251)	-2.451*** (0.348)	-2.339*** (0.342)	-2.302*** (0.341)	-2.281*** (0.343)
N	10021	10021	10021	10021	10021	10021
AR(2) Sargan	0.18 201	0.14 187	0.14 323	0.10 316	0.09 304	0.09 304
Sargan	201	187	323	316	304	304

注：***、** 和 * 分别表示结果在 1%、5%和 10%的水平下统计显著；括号内为对应系数的稳健标准误；AR(2)输出结果为 P 值。下同。

二、稳健性检验

为了进一步检验回归结果的稳健性，本章对总体样本进行了分时段和分位数回归。表 4-6 第(1)(2)列为分时段报告结果，分别对应 2010—2014 年和 2015—2019 年时间段。表 4-6 第(3)(4)(5)列为分位数报告结果，分别对应 lntfp 的三等分点区间。总体而言，绿色消费回归系数均为正，表明绿色消费与战略性新兴产业企业全要素生产率存在正向关系，证实了基准回归结果的稳健性。具体分析来看，在 2015 年之前，绿色消费对企业全要素生产率的促进效果显著，之后并不显著。在低分位点上，绿色消费的回归系数未通过 10%的显著性水平检验，在高分位点上，绿色消费回归系数通过了显著性检验，说明较高的全要素生产率水平下，绿色消费的促进效果会更好。

表 4-6　稳健性检验

变量	(1) lntfp	(2) lntfp	(3) lntfp	(4) lntfp	(5) lntfp
L.lntfp	0.246** (2.43)	0.529*** (8.12)	-0.437*** (-7.33)	0.703*** (7.32)	0.846*** (14.98)
gcon	4.028*** (7.20)	0.532 (0.80)	0.682 (1.15)	2.024*** (2.86)	1.665*** (3.04)
size	0.442*** (4.44)	0.173** (2.35)	0.310** (2.52)	0.234*** (3.82)	0.018 (0.28)
roa	10.929*** (20.34)	10.626*** (21.42)	11.581*** (27.46)	10.023*** (12.21)	9.410*** (16.25)
debt	0.609*** (3.65)	0.870*** (5.58)	0.238 (1.32)	0.648*** (4.23)	1.011*** (5.25)
cfo	0.226*** (2.58)	0.108 (1.57)	-0.024 (-0.50)	0.230*** (2.70)	0.265*** (2.62)
state	0.006 (0.06)	0.118 (1.16)	-0.060 (-0.70)	-0.026 (-0.18)	-0.070 (-0.65)
_cons	-0.373 (-0.49)	1.494** (2.26)	7.800*** (6.31)	-1.221 (-1.60)	-0.673 (-1.49)
N	3154	4474	2769	3325	3927

续表

变量	(1) lntfp	(2) lntfp	(3) lntfp	(4) lntfp	(5) lntfp
AR(2) Sargan	0.50	0.92	0.0005	0.53	0.11
Sargan	152	81	95	130	104

第四节　进一步分析

一、中介效应机制检验

基于前文的理论假说，绿色消费通过扩大本土市场规模、倒逼企业技术创新和引导要素配置来推动战略性新兴产业的结构升级。因此，本章采用企业本土市场规模、技术创新、要素配置作为中介变量，检验绿色消费促进战略性新兴产业高端化发展的机制路径。本章借鉴温忠麟和叶宝娟(2014)的研究，建立下列回归方程：

$$\ln tfp_{it} = \alpha_0 + \alpha_1 \ln tfp_{i,t-1} + cgcon_{jt} + \lambda X_{it} + \varepsilon_{it} \tag{3}$$

$$M_{it} = \alpha_0 + \alpha_1 M_{i,t-1} + agcon_{jt} + \lambda X_{it} + \varepsilon_{it}$$

$$\ln tfp_{it} = \alpha_0 + \alpha_1 \ln tfp_{i,t-1} + c'gcon_{jt} + bM_{it} + \lambda X_{it} + \varepsilon_{it} \tag{4}$$

其中 M 为中介变量，其余符号的含义与基础回归模型一致。c 为绿色消费对战略性新兴产业企业全要素生产率的总效应，a 为绿色消费对中介变量的效应，b 是在控制了绿色消费后中介变量对战略性新兴产业企业全要素生产率的效应，系数 c' 是在控制了中介变量后绿色消费对战略性新兴产业企业全要素生产率的直接效应。

1. 本土市场规模(homemarket)。为了检验本土市场效应，本章借鉴任保全等(2016)的研究方法，并结合战略性新兴产业企业微观数据特征，采用企业营业总收入减去海外营业收入衡量企业的本土市场规模。一般而言，企业国内营业收入越多，面临的本土市场规模越大。

2. 技术创新（rd）。为了检验企业技术创新中介效应，本章参考黄先海和张胜利（2019）的研究，选取企业研发投入费用作为其代理变量。一般而言，企业研发投入费用越多，企业自主创新能力越强。

3. 要素配置（klratio）。根据鲍莫尔效应，生产率高的产业会引导资本流入、劳动流出，从而资本劳动比率会提高。为了检验企业要素配置的中介效应，本章采用资本劳动比率作为要素配置的替代变量，其中资本数量用固定资产净额表示，劳动数量用企业员工数量表示。

表 4-7　中介效应机制检验

变量	（1） lnhm	（2） lntfp	（3） lnrd	（4） lntfp	（5） lnkl	（6） lntfp
L.lnhm	0.725*** （0.023）					
lnhm		0.717*** （0.027）				
L.lnrd			0.102** （0.052）			
lnrd				0.007** （0.003）		
L.lnkl					1.031*** （0.085）	
lnkl						0.098*** （0.033）
L.lntfp		0.136*** （0.036）		0.720*** （0.057）		0.711*** （0.056）
gcon	0.332* （0.201）	0.671*** （0.250）	12.300*** （1.974）	2.095*** （0.422）	1.354** （0.575）	2.003*** （0.429）
size	0.414*** （0.038）	−0.169*** （0.035）	1.782*** （0.151）	0.283*** （0.069）	−0.362*** （0.064）	0.299*** （0.062）
roa	3.025*** （0.178）	8.442*** （0.299）	−3.580*** （1.232）	10.986*** （0.408）	−1.422*** （0.393）	10.850*** （0.417）

续表

变量	(1) lnhm	(2) lntfp	(3) lnrd	(4) lntfp	(5) lnkl	(6) lntfp
debt	0.811*** (0.080)	−0.017 (0.070)	−0.491 (0.474)	0.746*** (0.128)	0.619*** (0.156)	0.693*** (0.122)
cfo	−0.048 (0.037)	0.103** (0.040)	0.424* (0.217)	0.231*** (0.070)	0.163* (0.095)	0.127 (0.078)
state	−0.117** (0.050)	−0.030 (0.041)	−0.268 (0.377)	−0.074 (0.092)	−0.105 (0.122)	−0.117 (0.087)
_cons	2.192*** (0.259)	−7.632*** (0.305)	−9.061*** (1.414)	−1.946*** (0.357)	1.509** (0.697)	−3.019*** (0.429)
N	9827	10022	10022	10022	10022	10022
AR(2) Sargan Sobel	0.0003 105 1.65	0.3 175	0.67 158 2.19	0.04 297	0.87 99 1.85	0.04 297

表 4-7 显示了中介效应回归结果,其中第(1)(2)列为本土市场规模中介机制回归结果,第(3)(4)列为企业技术创新中介机制回归结果,第(5)(6)列为企业要素配置中介机制回归结果。基础回归结果已经表明,绿色消费能够显著地提升战略性新兴产业企业的全要素生产率,下面具体分析各个中介变量是如何发挥作用的:

第(1)列绿色消费回归系数为正,且在 10%置信水平上显著,说明绿色消费对本土市场规模存在显著的正向作用;第(2)列本土市场规模回归系数显著为正,说明本土市场规模扩大会促进企业全要素生产率;同时第(2)列绿色消费的回归系数显著为正,说明在控制本土市场规模后,绿色消费对战略性新兴产业企业全要素生产率的直接效应显著。因此,本土市场规模在绿色消费推动战略性新兴产业发展这一过程的中介效应显著,与本章提出的假设 2 一致。

第(3)列绿色消费回归系数为正,且在 1%置信水平上显著,说明绿色消费会倒逼企业进行技术创新。第(4)列绿色消费、企业技术创新回归系数均显著为正,即绿色消费、企业技术创新均对战略性新兴产业企业全要素生产率产生显著的正向效应。因此,企业技术创新在绿色消费推动战略性新兴产业企业全要素生产率提升这一过程的中介效应显著,即本章提出的假设3成立。

第(5)列绿色消费的回归系数依旧显著为正,表明绿色消费有利于优化企业资源配置。第(6)列绿色消费回归系数与企业资源配置的回归系数均显著为正,进一步证实了要素配置在绿色消费促进战略性新兴产业企业全要素生产率的路径中发挥中介效应。因此,本章提出的假设4成立。

同时,本章对本土市场规模、企业技术创新、企业资源配置三个中介变量进行了Sobel检验,其对应z值均大于1.64,进一步证实了上述三个中介变量的中介效应是显著的。

二、异质性检验

1. 企业所有制类型的异质性

前文整体分析了绿色消费对战略性新兴产业企业全要素生产率的影响,但是,徐保昌和谢建国(2016)指出仅从总体层面考察对企业生产率的影响无法反映不同所有制类型下假说是否成立。因此,本章将战略性新兴产业企业按照其所有制类型分为国有企业和非国有企业,通过子样本回归验证假说。表4-8第(1)(2)列分别报告了国有战略性新兴产业企业和非国有战略性新兴产业企业的回归结果。其中,国有企业与非国有企业的绿色消费回归系数均显著为正,表明绿色消费在不同企业产权性质下依然能够显著提升企业全要素生产率,但二者绿色消费的回归系数并不同,国有企业的系数显然更大,促进作用也更为明显。

对于国有企业而言,除了追求利润最大化,还具有公益性特征。其生产的产品多与国计民生相关,因而政府也会给予更多的财政补贴,以促进企业的快速发展。而非国有企业是一种盈利性组织,其目标是追求利润最大化,企业内部会自发形成分工合作，提升生产效率。当绿色消费水平上升时，绿色产品生产扩大，导致企业成本上升。国有企业由于政府的补贴支持，绿色生产执行力更强；非国有企业绿色生产的积极性则会降低，从而竞争力减弱。因此，相比于非国有企业，绿色消费对国有企业全要素生产率的带动作用更大。

2. 企业所属区域的异质性

本章根据国家统计局的划分标准，将涉及的 30 个省区市（因数据可得性问题，未收入西藏自治区及港澳台地区）划分为东中西三大区域①，区域异质性报告结果见表 4-8 第(3)(4)(5)列。总体来看，东、中、西部地区绿色消费的回归系数均显著为正，与基准回归结果稳健一致。进一步分析发现，东、中、西部地区的绿色消费对战略性新兴产业企业全要素生产率的促进效果存在差异，作用效果排序依次为中、东、西部地区。

对于东部地区而言，总体经济发展水平相对处于领先地位，居民生活水平较高，绿色消费得到了较好的实现。同时，东部地区具有较高的人力资源素质与技术投入，通过技术创新带动了战略性新兴产业企业的快速发展，企业全要素生产率也处于较高水平。因此，当绿色消费水平进一步提高时，其对战略性新兴产业企业全要素生产率的带动作用有限，反而不敌中部地区。

对于中部地区而言，其经济发展处于中间地位，绿色消费水平不高，战略性新兴产业也未得到很好的发展。近年来中部地区积极承接先进制造业转移，大力发展新兴产业，取得了不错的成效。在消费绿色化转型背景下，战略性新兴产业企业全要素生产率水平大幅提升。

对于西部地区而言，其经济发展一直处于相对落后地位，很大程度上限制了战略性新兴产业的发展。随着"西部大开发"战略的深入实施，虽然西

① 其中西部包括内蒙古、广西、重庆、四川、贵州、云南、陕西、甘肃、青海、宁夏和新疆；东部包括北京、天津、河北、辽宁、上海、江苏、浙江、福建、山东、广东和海南；中部包括山西、吉林、黑龙江、安徽、江西、河南、湖北和湖南。

部地区优势产业有了较大发展，但是战略性新兴产业的发展还是存在许多局限性。

表 4-8　企业所有制类型和区域异质性分析

变量	企业所有制类型异质性		区域异质性		
	(1)国有企业	(2)非国有企业	(3)东部	(4)中部	(5)西部
L.lntfp	0.715*** (0.087)	0.649*** (0.075)	0.773*** (0.080)	0.539*** (0.075)	0.449*** (0.106)
gcon	3.438*** (0.705)	2.008*** (0.492)	2.233*** (0.561)	3.757*** (0.857)	2.214*** (0.739)
size	0.058 (0.087)	0.424*** (0.083)	0.301*** (0.088)	0.277*** (0.081)	0.205* (0.110)
roa	12.040*** (0.701)	10.540*** (0.470)	10.339*** (0.524)	12.539*** (0.803)	11.987*** (1.183)
debt	0.918*** (0.226)	0.601*** (0.153)	0.843*** (0.162)	0.238 (0.269)	0.632** (0.275)
cfo	0.241* (0.128)	0.203** (0.084)	0.189* (0.097)	0.283*** (0.105)	0.306** (0.154)
state			−0.057 (0.122)	−0.026 (0.148)	−0.190 (0.175)
_cons	−0.879 (0.634)	−2.214*** (0.410)	−2.549*** (0.468)	−1.091* (0.640)	1.152* (0.681)
N	2954	7067	7100	1688	1233
AR(2) *Sargan*	0.06 124	0.34 219	0.40 199	0.18 86	0.07 78

3. 企业所属产业的异质性

以《国家战略性新兴产业分类(2018)》为指导，对企业进行战略性新兴产业归类，随后分别对七大战略性新兴产业进行回归，结果见表 4-9。表 4-9 中的七列分别对应新一代信息技术产业、高端装备制造产业、新材料产业、生物产业、新能源汽车产业、新能源产业、节能环保产业的回归结果。整体上看，七大产业绿色消费的回归系数均为正，说明绿色消费对七大战略性新兴产业发展均具有正向促进作用，但绿色消费对不同产业企业全要素生产率的促进效果存在着差别。

对于新材料产业和新能源产业而言，绿色消费对企业全要素生产率促进效果最为明显。绿色消费很大程度上带动了新型材料的研发以及新能源的投入使用，从而提高了资源利用率，带动了新兴产业的发展。

对于新一代信息技术产业和高端装备制造业而言，绿色消费对企业全要素生产率促进效果紧随其后。随着经济的发展，居民绿色消费水平的不断提升，生活质量要求也不断提高，从而对电子科技产品和智能制造装备的需求不断增加，最终通过本土市场效应提升生产率。

对于生物产业、新能源汽车产业和节能环保产业而言，绿色消费的回归系数并不显著。可能原因在于产业集中度偏低，市场结构不合理，难以形成规模效应，同时，产品技术含量的附加值不高，从而限制了产业的快速发展。

表 4-9　产业异质性分析

变量	(1) 一	(2) 二	(3) 三	(4) 四	(5) 五	(6) 六	(7) 七
L.lntfp	0.863*** (0.098)	0.720*** (0.100)	0.588*** (0.083)	0.811*** (0.124)	0.129 (0.296)	0.761*** (0.122)	0.825*** (0.167)
gcon	2.661*** (0.961)	2.328*** (0.738)	3.829*** (0.965)	1.531 (1.031)	3.183 (3.035)	3.097*** (1.010)	0.930 (1.171)
size	0.094 (0.102)	0.229*** (0.084)	0.364*** (0.107)	0.256** (0.113)	0.503*** (0.191)	0.183 (0.136)	0.060 (0.177)
roa	9.447*** (0.811)	10.682*** (0.762)	12.371*** (0.886)	10.125*** (0.801)	9.599*** (3.004)	13.637*** (1.621)	11.342*** (1.373)
debt	0.885*** (0.291)	0.867*** (0.240)	0.738*** (0.198)	0.608*** (0.200)	0.673 (0.688)	0.837** (0.399)	1.430*** (0.343)
cfo	0.277* (0.144)	0.183* (0.101)	0.217 (0.186)	0.156 (0.142)	0.832** (0.367)	0.213 (0.199)	0.107 (0.151)
state	−0.129 (0.092)	0.020 (0.307)	−0.201* (0.115)	0.087 (0.185)	0.000 (.)	0.334 (0.335)	0.046 (0.139)

续表

变量	(1) 一	(2) 二	(3) 三	(4) 四	(5) 五	(6) 六	(7) 七
_cons	-1.872^{***} (0.615)	-1.629^{**} (0.651)	-2.422^{***} (0.790)	-2.062^{***} (0.761)	0.580 (3.232)	-2.235^{**} (1.045)	−0.691 (0.928)
N	1945	2259	2140	1663	180	969	865
AR(2) *Sargan*	0.56 94	0.57 101	0.33 100	0.20 68	0.20 68	0.22 55	0.62 38

第五节　结论与政策建议

一、研究结论

战略性新兴产业作为新兴科技与新兴产业的融合，是推动经济社会可持续发展的关键领域。本章基于消费绿色化转型视角，构建绿色消费指标作为解释变量，以战略性新兴产业上市公司的全要素生产率作为被解释变量，运用系统 GMM 估计模型检验了绿色消费、本土市场规模、企业技术创新、要素配置与战略性新兴产业企业全要素生产率的因果互动关系。

实证结果表明：第一，绿色消费能够显著地促进战略性新兴产业企业全要素生产率，主要表现为消费绿色化转型升级，带动了战略性新兴产业结构升级。并且分时段与分位数回归结果与基准回归结果一致，稳健地表明绿色消费与企业全要素生产率存在正向关系。第二，中介效应回归结果显示，绿色消费会通过扩大本土市场规模、倒逼企业技术创新与引导企业要素配置，提升战略性新兴产业企业全要素生产率。第三，分样本回归结果表明绿色消费对战略性新兴产业企业全要素生产率的促进效果存在异质性。从企业产权性质看，绿色消费对国有企业全要素生产率的促进效果更胜一筹。从区域层面看，绿色消费对中部地区战略性新兴产业发展的带动效果最好，其次是东部地区，最后是西部地区。从产业层面看，绿色消费对新材料产业和新能源产业企业全要素生产率的促进效果最为显著，对生物产业、新能源汽车产业和节能环保产业的促进效果并不显著。

二、政策建议

作为政策的制定者，政府应该发挥宏观调控作用，为消费者创造良好的绿色消费环境。一方面，消费者缺少正确的绿色消费认知，容易引发“绿色消费陷阱”。因此，政府要加强绿色生活相关理念的宣传教育，普及绿色环保知识，引导消费者进行绿色消费，也可以通过制定相关政策监督消费者实施绿色行为。另一方面，绿色产品与服务价格较高，导致有效需求不足。而绿色消费具有正外部性，政府可以通过增加绿色财政支出，对绿色产品的生产与消费给予补贴，以增加消费者“绿色需求”。与此同时，政府应该尽快完善绿色产品认证体系，推动绿色产品与服务市场的规范化发展，从而助力绿色消费带动战略性新兴产业结构升级。

作为绿色产品与服务的供给方，战略性新兴产业企业要以居民消费需求为导向，顺应绿色化消费的特点，发挥绿色消费对产业发展的基础性作用。首先，以扩大内需为战略性新兴产业发展的方向，减少对出口的依赖。企业可以通过扩大本土市场规模形成规模效应，从而达到提升全要素生产率的目的。其次，企业应该优化绿色营销策略，注重技术创新，实现以创新促发展。通过对新产品、新工艺的研究开发，降低生产成本，在市场中取得成本竞争优势，带动战略性新兴产业发展。最后，企业应该注重引导要素资源配置，合理利用资源，如减少对传统能源的依赖和消耗，寻求替代性清洁能源，扩大新能源的利用。以此提升资源利用率，减弱战略性新兴产业资源配置扭曲效应，实现产业高端化发展。

在面对绿色消费水平不断提高的情况下，不同产权性质、不同产业、不同区域的战略性新兴产业企业要积极应对。根据各自不同的发展特点，采取适当的对策以促进产业发展。从企业产权性质看，政府应该加大对非国有企业的支持力度，为其提供与国有企业同等的补贴待遇。同时为企业提供更加竞争性的市场环境，提供对等机会。从产业层面看，新一代信息技术产业和高端装备制造产业等技术密集型产业类型的企业应该加快技术创新，掌握核心高端技术，通过创新补偿效应带动企业发展。而属于新材料、新能源产业、节能环保产业的企业应该追求对清洁要素的使用，提升资源利用率，从而实现资源配置效率和生产效率。对于生物产业和新能源汽车产业企业而言，则应该聚焦于形成规模效应，同时加强核心技术创新，降低生产成本，提升竞争力。从区域层面看，东部地区和中部地区绿色消费对企业全要素生产率有较强的促进效果，因此可以大力推动绿色消费，带动战略性新兴产业发展。至于相对落后的西部地区，除要推动绿色消费之外，还应该关注地区经济的发展，充分利用西部地区的资源，提高资源利用率，最终实现战略性新兴产业高端化发展。

第五章　服务消费与战略性新兴产业高质量发展

第一节　文献综述与理论分析

一、文献综述

改革开放40多年来，我国消费规模持续扩大、消费结构不断升级，由注重量的满足转为追求质的提升，从注重有形商品消费转向追求更多服务性消费（刘涛、袁祥飞，2019）。同时，根据马斯洛需求层次理论，随着一国经济的发展和人们收入水平的提高，人们的消费会从衣、食、住、行等基本生活需求上升到智力、精神、保健和社交等更高层次的需求。近年来，在“双循环”背景下，我国经济发展进入新阶段，消费需求持续释放，支撑国民经济稳定恢复。扩内需促消费政策持续发力，消费对经济增长的贡献稳步提升，成为国民经济稳定恢复的主要动力。消费作为最终需求，是生产的最终目的，也是人们对美好生活需要的直接体现。据国家统计局数据，2021年我国最终消费支出对经济增长的贡献率为65.4%，2013—2021年，最终消费支出对经济增长的年均贡献率超过50%，消费作为经济增长的主驱动力作用持续发挥。与此同时，居民消费支出在最终消费支出的占比稳定在70%左右，其中，2021年占比为

70.7%。2013—2021年全国人均服务性消费支出规模由5245.9元增长到10645元，占比由39.7%提升至44.17%，年均提升了约1%，服务性消费的重要作用日益凸显。服务消费代表消费升级的最终趋势，服务消费比重不断提升是消费结构转型升级的重要表现（夏杰长、张颖熙，2017）。内需消费特别是服务性消费，已经成为我国经济发展过程中的中流砥柱（陈艳，2018），我国服务性消费正在加速发展，这个过程可以为战略性新兴产业提供有效供给，也可以为其创造巨大的市场需求。

1.关于战略性新兴产业的研究

战略性新兴产业具有很强的外部性和引领性，作为以重大科技创新突破为建立基础的产业，其对整个社会及经济发展具有突出的引领带动作用（周泽炯、陆苗苗，2019）。近年来，众多学者从供给端切入，研究政府补贴、产业政策、新基建、企业研发投入等对战略性新兴产业全要素生产率的影响。首先，战略性新兴产业政策促进了受政策支持企业的发明创新（逯东、朱丽，2018）和全要素生产率的提高（刘守俊、蔡敏，2020）。其中，金融科技的发展能通过缓解战略性新兴企业融资约束显著地促进战略性新兴企业创新总产出（刘元雏、华桂宏，2022）。“新基建”可通过数字化转型、创新链优化、产业链重构、产业网络集聚等为战略性新兴产业技术效率提升赋能（伍先福等，2020）。随着数字经济的发展，数字新基建可以通过革新信息技术、提升绿色金融支持力度，从而为战略性新兴产业技术创新创造条件（余萍、徐之琦，2023）。其次，研发人员、研发资金投入对自主创新能力具有显著的促进作用（周泽炯、陆苗苗，2019）。以上研究绝大部分是以企业全要素生产率为被解释变量，探索这些因素是如何影响企业创新效率进而影响产业发展的，本质上可以归结为技术创新驱动论，即核心技术创新是影响产业发展的主要驱动力（孙江超，2019）。

随着逆全球化趋势的不断加强以及国际市场疲软、贸易保护主义抬头的国际环境,加之受新冠疫情影响,越来越多的学者意识到,市场需求尤其是国内市场需求在产业的培育过程中发挥着关键性的作用,并进行了深入研究,研究方向主要分为三个方面。第一,“需求引致创新论”。在我国战略性新兴产业发展路径的研究中,学者们发现大国市场能通过较大的市场扩张效应促进该产业的研发创新(黄先海、张胜利,2019)。第二,“本土市场论”。不少学者将国内和国际市场进行比较,发现国内市场贡献峰值要大于国际市场(熊勇清等,2015),因为本土市场规模是高层次需求的温床,挑剔的本土消费者有利于战略性新兴产业的生产率发展和结构升级(陈雅欣,2014)。第三,“消费升级论”。伴随消费结构、消费模式、消费品质、消费环境、消费理念的不断升级,会倒逼企业加大科技创新和研发投入的力度(潘锡泉,2019),迫使企业更加积极主动地去适应市场需求的变化,进而通过收入增长效应、要素配置效应引领产业升级(陈洁,2020)。申俊喜等(2021)、吴金龙等(2022)认为消费升级可以促进战略性新兴产业实现全球价值链的攀升。可见,市场需求不仅能够通过规模经济效应提升产业竞争力,还能够对技术创新有着预示和指引作用,是战略性新兴产业形成和发展的决定性因素之一(陈文晖等,2020)。

2. 关于服务性消费的研究

通过总结现有文献发现,学者们对服务性消费的研究分为两个方面。一是研究服务性消费的影响因素。大部分学者认为,收入是影响服务性消费的关键因素,不仅收入总量和收入结构会对服务性消费存在差异性影响(徐和清、张桂香,2013),收入差距也会通过影响平均消费倾向进而影响服务性消费水平(叶胥、毛中根,2015)。伴随着产业结构的优化和居民可支配收入的提高,我国消费结构升级呈现服务消费是显著趋势(刘奕、夏杰长,2021)。目前,越来越多的研究关注科技创新、城镇化及人口年龄结构对城乡居民服务消费的影响,认为技术密集型服务消费的重要性已经上升,随着科技创新的增加,消费者会更加倾向于对技术密集型产出不断增长的需求(姚战琪,2022);

城镇化与服务性消费之间呈显著的正相关关系，且对城镇居民服务性消费的影响力度大于农村居民（夏杰长，2014）。新型城镇化对服务性消费的增长具有显著的促进作用，并且地区的交通通达性、政府财政支出均有利于居民服务消费需求的增加，而老龄人口比重增加会抑制居民服务消费（任素翠、桂河清，2022）。二是服务性消费对社会经济影响的研究。服务性消费相对于物质型消费更加具有享受性、绿色性和多元性，其水平上升一方面能够推动消费规模的扩大，另一方面能够促进需求结构和消费模式的升级，从而增强消费对经济增长的拉动作用。服务性消费水平上升能够促进相应服务业发展进而优化产业结构（叶胥、毛中根，2015）。此外，国内服务性消费也会对服务贸易竞争力具有显著的正向影响（沈鸿、张捷、张媛媛，2016）。服务性消费蕴藏着巨大潜力，未来应促进服务业规模扩大和结构优化，增加服务性消费（连平，2020），服务性消费将成为经济高质量发展的内生性动力（辛本禄、刘燕琪，2020）。

3. 关于服务性消费和战略性新兴产业的研究

关于服务性消费和战略性新兴产业关系的研究鲜少，学者们大多讨论了服务性消费和产业结构升级的关系，二者之间是相互作用的。服务业的发展能够通过提高居民收入和改善收入分配格局等路径促进居民消费增长，这说明产业结构升级和扩大居民消费具有内在统一性（毛中根、洪涛，2012）。服务消费带来消费结构提升（吴新玲，2023），居民消费结构会通过改变三次产业间的投资规模来推动产业结构升级（张广柱，2019）。同时，随着城乡产业结构升级带来就业结构优化和居民收入水平提高，居民消费逐渐从物质消费转向服务消费（侯俊宇，2022），消费结构与产业结构的发展度和协调度正在不断上升（王晶，2020）。

综上所述，现有文献更多聚焦于供给端对战略性新兴产业发展的影响，特别是对其技术创新的影响，需求层面更多的是研究本土市场规模对战略性新兴产业发展的影响,以往的研究并没有系统性地分析服务性消费对战略性新兴产业发展影响。鉴于此,本章从服务性消费入手,利用 2013—2021 年战略性新兴产业 806 家上市公司面板数据,探讨服务性消费与战略性新兴产业全要素生产率的综合影响。边际贡献体现在:第一,首次探究了服务性消费对于战略性新兴产业高质量发展的影响,为需求侧推动供给侧改革的相关研究提供了新的思路;第二,实证检验了服务性消费对战略性新兴产业全要素生产率的影响及本土市场规模、技术创新在两者中的中介作用,并从高低端服务性消费、城乡服务性消费和企业所有制进行了异质性分析,为推动战略性产业高质量发展提供策略建议。

二、理论机制分析

消费是经济增长的重要源泉,是人类从事一切经济活动的目的与归宿。马克思在《〈政治经济学批判〉导言》中有关生产消费关系的论述,认为两者具有直接同一性,且互为中介、互为手段、相互依存、相互生产、相互创造。消费对生产具有决定性作用,既能使生产成为现实的生产,也能为生产提供目的、需要和内在对象,进而依消费方式的革新实现生产方式的变革,这为消费推动产业演进提供了理论基础。

随着人们生活水平的不断提高,消费结构的不断优化,人们对商品和服务消费的类别不断从基本生活型消费向发展享受型消费转型(刘红红,2022),具体表现为消费者在满足基本生活型消费后,会提升对服务性消费"量"和"质"的要求,促使服务性消费不断提质扩容。在新发展格局背景下,消费者对服务性消费的需求规模和需求质量不断提升,服务性消费市场是我国内需的"主战场",其市场规模越大,越有利于产业实现技术创新和效率提升(陈长江、成长春,2023)。战略性新兴产业于一国而言,早已成为产业结构升级的重点产业以及领先世界经济的中高端关键产业。由于贸易保护主义抬头和全球新冠疫情的冲击,更需要发挥我国本土市场优势,催生新兴产业的竞争优势,提升战略性新兴产业的全要素生产率。为了阐明服务性消费对战略性新兴产业全要素生产率的影响,本章从服务性消费引致本土市场消费需求的"量"和"质"两个角度分析,以现有的需求侧研究为基础,系统地阐明服务性消费对战略性新兴产业高质量发展的影响机制。

第一,服务性消费引致的市场需求"量"的变化,为战略性新兴产业全要素生产率的提高提供了"量"的市场基础,从而推动战略性新兴产业全要素生产率的提升。服务性消费引致市场需求在"量"上的表现为:服务性消费的增加带来消费总量的提升,从而带动产业产量和效率的提升。根据恩格尔效应,伴随着居民收入水平的上升,消费者对需求收入弹性较高的产品需求增加,即消费者对满足基本生活的产品需求处于饱和状态,而对服务性消费的需求锐增,尤其是具有现代生活方式的中高收入群体,以及完全接受西方现代生活方式的消费者,对服务性消费需求的范围更大、种类更多,从而提升高端产业在经济结构中所占的比重,带动相关产业发展。而战略性新兴产业正是需求收入弹性较高的高附加值产业,对消费者而言,其产品也具有需求收入弹性较高的特征,因此,随着服务性消费总量的扩大,消费者对战略性新兴产业相关产品的需求规模也会不断壮大,促使产业高质量发展。

中国作为一个大国,拥有庞大的人口基数和潜在市场,不仅劳动力资源充足,而且投资需求和消费需求旺盛,本土市场优势明显(蔡娇,2014),而充分的市场需求和技术创新是战略性新兴产业发展的主要驱动力。一方面,根据"本土市场效应理论"(Krugman,1980),一国拥有的较大国内市场需求能够实现规模生产和高效生产,当服务性消费水平不断上升,消费者对服务性产品需求更加旺盛,形成规模经济效应。在市场需求的导向下,企业会扩大自身生产规模,实现规模经济。企业借助规模经济优势,进行专业化分工和集约化生产,促使单位产品成本降低、企业生产效率提升,从而获得更多利润。新一代信息技术的发展使我国消费市场超越自然地理和行政区划的限制,带动我国各个城市服务性消费规模扩张,市场潜力得以释放,且涌现出一批新型服务性消费市场。特别是“互联网+”的出现，其已渗入到生产、消费的各个领域，为服务性消费推动产业高质量发展提供了强劲载体，颠覆式创新在各个产业广泛存在，促使多数传统产业融合新业态、新模式发展成为新兴产业，形成新的增长极。另一方面，根据“投资引致效应”，随着服务性消费的市场规模不断扩大，逐渐吸引外商投资，产生示范作用。这种溢出主要是商业模式、知识和信息的传播，对国内提供相关产品的战略性新兴产业企业产生示范引领作用。通过模仿和学习，相关战略性新兴产业企业能够快速接触到领先全球的经营理念和服务产品，引导国内企业加速与国际接轨，从而提高本国企业全要素生产率。因此，服务性消费本土市场规模的扩大，会提升战略性新兴产业全要素生产率。

第二，服务性消费引致的市场需求“质”的变化，为战略性新兴产业提供了创新动力，从而推动战略性新兴产业全要素生产率的提升。服务性消费助推消费结构升级，服务性消费是服务经济的重要组成部分，是满足人民对教育、医疗文化、娱乐等较高梯度需求的主要途径，其代表着消费结构升级方向和最终趋势。首先，根据“市场竞争效应”（Michael E.Porter，2002），消费者对消费质量的提升会使得市场上相应产品的供给增加，进而引发激烈的市场竞争，根据优胜劣汰的市场竞争机制，不适应消费者需求的低效率企业会被淘汰，只有进行技术创新获得成本优势的高生产率企业才能够继续生存，进而倒逼企业优化生产结构、提高管理与技术创新水平、提升产品质量和多样化水平，从而带来战略性新兴产业全要素生产率的新一轮增长。其次，根据“需求引致创新效应”（Acemoglu，2003），消费需求升级是企业研发新技术新产品的直接动因，消费升级将诱发和拉动技术创新与进步。当服务性消费结构、消费模式、消费环境、消费理念不断升级时，迫使企业加快科技创新和研发投入强度去适应市场需求的变化，发挥“需求引致创新效应”。最后，根据创新要素集聚效应，消费层次升级加速了生产要素在产业间的流动，带动了科技创新和技术变革（张颖熙、徐紫嫣，2021）。随着消费者对消费体验提出个性化、场景化、社交化等新要求时，战略性新兴产业相关企业会以更加专业化的方式提供更高效的服务，进而会吸引大批高技术工人，企业的人才禀赋要素提升，通过高技术工人要素流动，技术外溢会产生行业内、外部经济效应，促进本行业和相关行业生产率提高(Mazzolari and Ragusa，2013)。

根据以上分析，本章提出以下研究假设：

假设1：服务性消费对战略性新兴产业全要素生产率有积极的促进作用。

假设2：从量的角度看，服务性消费通过本土市场规模效应提升战略性新兴产业全要素生产率。

假设3：从质的角度看，服务性消费通过技术创新效应提升战略性新兴产业全要素生产率。

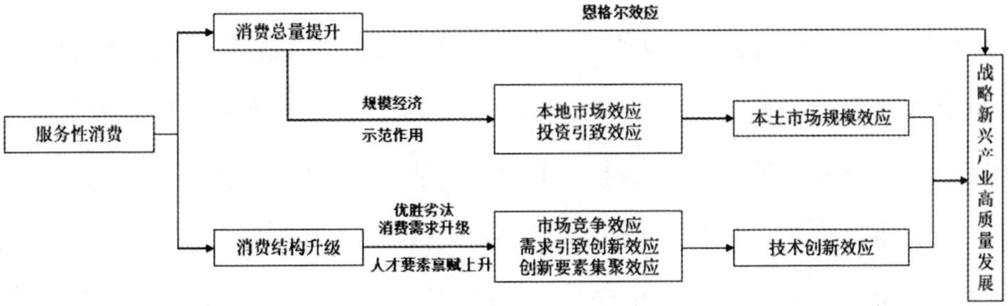

图5-1　机制传导图

第二节　模型构建与数据说明

一、模型构建

基于理论分析，本章构建以下计量模型：

$$TFP\_lp_{it} = \alpha + \beta Service_{ct} + \gamma X_{ict} + \lambda_j + \eta_t + \epsilon_{ict} \tag{1}$$

式(1)中，i 表示战略性新兴企业，c 表示地区、j 表示战略性新兴产业的各细分行业、t 表示时间、β 和 γ 表示相应变量的估计系数；TFP_lp_{it} 表示战略性新兴产业全要素生产率，$Service_{ct}$ 表示服务性消费，X_{ict} 表示一系列控制变量；λ_j 表示行业固定效应，η_t 表示时间固定效应；ϵ_{ict} 表示误差项。

二、变量定义及测算

1. 被解释变量

战略性新兴产业全要素生产率（ TFP_lp ）。全要素生产率体现出战略性新兴产业的发展状况，全要素生产率水平的提升反映了高质量发展的成效。测度全要素生产率的方法较多，主要有参数法、非参数法和半参数法。本章参考鲁晓东和连玉君（2012）估算全要素生产率的方法即 LP 法进行测算：

$$lnY_{it} = \alpha_{ot} + \alpha_{1t}\, lnL_{it} + \alpha_{2t}\, lnK_{it} + \alpha_{3t}\, lnM_{it} + \epsilon_{it} \tag{2}$$

Y 是营业总收入；L 为劳动投入，以应付职工薪酬来衡量；K 为资本投入，以固定资产净额来衡量；M 是中间投入，以购买商品、接受劳务支付的现金来衡量。下标 i 为战略性新兴产业企业，t 为时间；ϵ_{it} 为误差项。

以上衡量指标，以 2013 年为基期，营业总收入、购买商品、接受劳务支付的现金使用工业生产者出厂价格指数（ PPI ）进行平减，应付职工薪酬使用消费者价格指数（ CPI ）进行平减；固定资产净额使用固定资产投资价格指数（ IPI ）进行平减。运行 *stata* 得到企业全要素生产率，记为 TFP_lp 。

2. 核心解释变量

服务性消费（ *Service* ）。根据各省统计年鉴情况及数据可得性，参考张颖熙（2014）、夏杰长和张颖熙（2012）对服务消费结构的分类方法，并考虑到住房消费和生活消费的服务型特质，本章以各省统计年鉴居民人均消费支出项中的“交通通信、教育文化娱乐、医疗保健、居住、生活用品及服务”五项消费支出作为服务性消费的结构，并对这五类消费支出进行分类。以需求收入弹性为标准，参考申俊喜等（2021）需求收入弹性测算结果，将高端服务消费定义为交通通信、教育文化娱乐、居住服务、医疗保健服务这四类支出总和，低端服务消费定义为生活用品及服务消费支出总和，并以2013年为基期，根据居民消费价格指数（*CPI*）进行平减，衡量人均服务消费实际支出情况。鉴于《中国统计年鉴》仅公布了2014年以后各省（市、自治区）居民各消费分项支出，因此本章参考李浩等（2022）的做法，运用城镇居民人均消费分项支出与城镇居民总人口乘积加上农村居民人均消费分项支出与农村居民总人口乘积，除以总人口获得全体居民各类消费分项支出，进而测算2013年居民人均服务消费支出。

3. 控制变量

参考已有文献，借鉴邵颖红等（2023）的研究和处理，本章选取以下控制变量：①公司规模（Size）。以公司员工数的自然对数来衡量。②资产负债率（Lev）。以公司年末总负债与年末总资产的比值来衡量。③总资产净利润率（Roa）。以净利润与总资产平均余额的比值来衡量。④资产收益率（Roe）。以净利润与股东权益平均余额的比值来衡量。⑤现金流比率（Cashflow）。以经营活动产生的现金流量净额除以总资产的比值来衡量。

表5-1　主要变量描述性统计

变量名称	变量符号	平均值	标准误	最小值	最大值
全要素生产率	TFP_lp	6.701	0.807	2.558	10.819
服务性消费	Service	9.461	0.411	7.702	10.240
公司规模	Size	7.773	1.179	2.565	12.571
资产负债率	Lev	0.392	0.187	0.011	1.650
总资产净利润率	Roa	0.038	0.075	−0.931	0.669
资产收益率	Roe	0.056	0.163	−7.213	1.611
现金流比率	Cashflow	0.045	0.063	−0.650	0.475

三、数据说明

本章研究的数据时段为2013—2021年，微观数据来源于国泰安数据库，宏观数据来源于中国经济信息网统计数据库和各省市统计年鉴。考虑到缺少战略性新兴产业企业的分类，本章对数据进行如下处理：战略性新兴产业初选样本为更新发布的中国战略性新兴产业综合指数中所披露的2030家上市公司，在剔除样本期间缺失值过大的公司后，最终剩余806家。鉴于目前并没有形成统一的对于上市公司的战略性新兴产业分类标准，本章以《战略性新兴产业分类（2018）》分类为指导，根据主营业务范围对上市企业进行手动筛选，并根据其经营范围进行战略性新兴产业归类，但由于数字创意产业和相关服务业的企业数量太少，故本章将战略性新兴产业归为七大类，其中生物产业127家、新一代信息技术产业311家、节能环保产业39家、新能源产业36家、新能源汽车产业11家、新材料产业113家、高端装备制造业169家。

四、典型事实

1. 战略性新兴产业全要素生产率的典型事实

图5-2报告了2013—2021年战略性新兴产业企业年均全要素生产率变化情况。其中2013—2018年大幅度逐年增长，2018—2021年增速放缓。可能的原因是，2012年是我国经济结构转型的拐点，经济结构由制造业转向服务业，此后经济发展更加注重教育文化娱乐、医疗保健、交通信息等服务性消费，相关新兴产业发展迅速，这与测算出的战略性新兴产业企业全要素生产率的年均变化趋势相一致。

分产业测算结果如表5-2所示。七大战略性新兴产业全要素生产率整体处于上升趋势。具体分析如下：新能源汽车产业、新材料产业的发展态势较好；生物产业和节能环保产业的发展速度较慢，可能与企业整体产能弱、配套

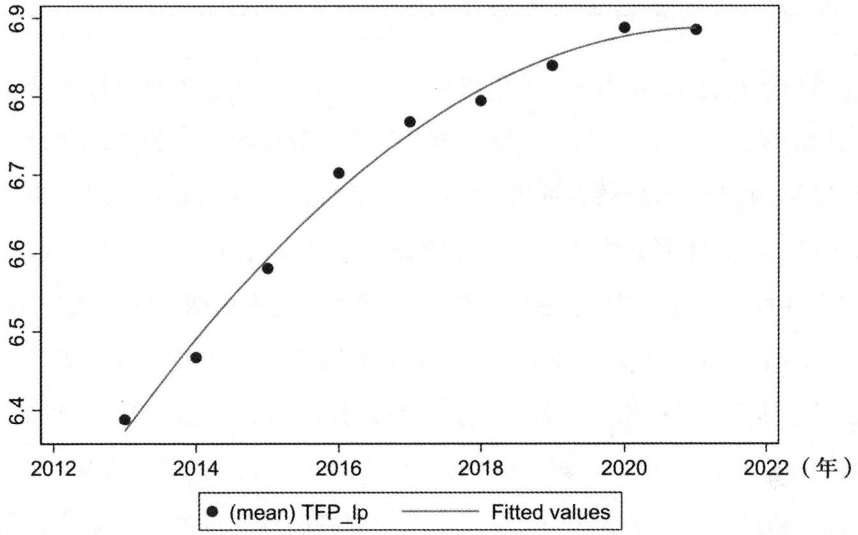

图 5-2　2013—2021 年年均战略性新兴产业企业全要素生产率变化趋势

设施不完善以及技术创新不强有关。整体上看，我国战略性新兴产业保持着较高的增长态势，新业态、新模式不断涌现，成为拉动经济增长的新引擎，但仍有部分产业须调整发展模式，提高创新效率。

表 5-2　2013—2021 年大战略性新兴产业年均全要素生产率

产业	2013年	2014年	2015年	2016年	2017年	2018年	2019年	2020年	2021年	平均值
生物产业	6.345	6.414	6.490	6.602	6.633	6.678	6.718	6.723	6.673	6.586
新一代信息技术产业	6.267	6.379	6.574	6.735	6.770	6.800	6.839	6.868	6.838	6.674
节能环保产业	6.281	6.334	6.463	6.571	6.662	6.658	6.707	6.699	6.697	6.564
新能源产业	6.491	6.617	6.724	6.870	6.833	6.725	6.852	6.941	6.963	6.780
新能源汽车产业	7.374	7.452	7.598	7.645	7.637	7.608	7.577	7.623	7.588	7.567
新材料产业	6.613	6.633	6.655	6.783	6.934	6.982	7.009	7.096	7.208	6.879
高端装备制造业	6.430	6.494	6.544	6.597	6.709	6.740	6.799	6.893	6.895	6.678

2.服务性消费的典型事实

图5-3报告了2013—2021年年均服务性消费及各分项服务性消费支出的变化情况。其中2013—2019年年均服务性消费与各分项服务性消费支出逐年增长，由于新冠疫情的冲击，2020年服务性消费支出略有下降。整体上看，2013—2021年服务性消费与各分项服务性消费支出呈现线性上升趋势。由图5-3可知，在高端服务性消费支出中，居住服务性消费是第一大支出，紧随其后的是交通通信、教育文化娱乐和医疗保健服务性消费。低端服务性消费数量总体低于高端服务性消费数量。具体分析如下：一是2010年以后，随着城镇化进程的推进以及城镇化率的提升，居民住房自有率逐渐下降，居民将较大比例的收入支付在居住上，住房服务性消费以及连带的房屋维修费和房屋装修费等服务性费用开始上涨；二是随着住房成本上升，住房消费对其他服务性消费形成挤出效应；三是随着居民收入水平的不断攀升，消费者对低端服务性消费的需求趋于平稳，而对满足教育、健康等助益精神生活质量的高端服务性消费需求迅速增长。

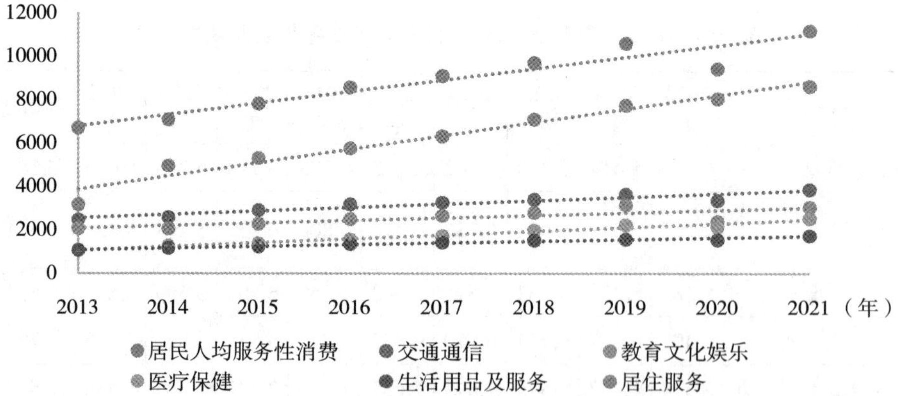

图5-3　2013—2021年年均居民服务性消费及各分项服务性消费变化趋势

第三节　实证结果与分析

一、直接效应估计

本章通过构建企业面板数据的固定效应模型，对服务性消费影响战略性新兴产业全要素生产率的效应进行了实证检验，回归结果如表 5-3 所示。第(1)列为仅考虑核心解释变量，未纳入控制变量的回归结果，可以看出，服务性消费(Service)的估计系数在 5%水平上显著为正。这表明在样本期内服务性消费能有效推动企业全要素生产率的提升。第(2)—(6)列为逐步纳入企业规模等全部控制变量，同时控制年份与行业的固定效应的回归结果，可以发现，Service 的估计系数仍显著为正。基准回归结果表明，服务性消费有利于推动全要素生产率的提升。

以表 5-3 第(6)列的结果为基准，再来观察一下控制变量。企业规模(Size)的回归系数显著为正，这表明规模越大的企业越容易形成规模经济，从而提高企业全要素生产率。资产负债率(Lev)的回归系数显著为正，说明融资能力越强的企业拥有更高的全要素生产率。总资产净利润率(Roa)的回归系数显著为正，说明企业盈利能力越高，其要素回报率越高，越有助于推动全要素生产率提升。资产收益率(Roe)的回归系数为正，这意味着企业的资产收益率越高，则在提升研发方面所能提供的资金就越充裕，进而有利于提高全要素生产率。现金流比率(Cashflow)的回归系数为正，说明企业持有一定的现金量有利于缓解企业在经营发展过程中的资金约束问题，有利于企业效率的提升。

表 5-3 服务性消费对战略性新兴产业全要素生产率影响的基准回归结果

变量	(1) *TFP_lp*	(2) *TFP_lp*	(3) *TFP_lp*	(4) *TFP_lp*	(5) *TFP_lp*	(6) *TFP_lp*
Service	0.150** (2.315)	0.160*** (3.275)	0.161*** (3.463)	0.137*** (3.062)	0.138*** (3.096)	0.139*** (3.125)
Size		0.361*** (14.549)	0.361*** (17.765)	0.331*** (16.969)	0.325*** (16.746)	0.325*** (16.920)
Lev			0.355*** (4.371)	0.676*** (8.802)	0.724*** (9.420)	0.728*** (9.512)
Roa				1.705*** (12.703)	1.363*** (7.116)	1.309*** (6.759)
Roe					0.182** (2.253)	0.188** (2.243)
Cashflow						0.237* (1.922)
常数项	4.596*** (7.785)	2.313*** (4.984)	2.209*** (5.092)	2.432*** (5.884)	2.446*** (5.941)	2.424*** (5.920)
时间固定	YES	YES	YES	YES	YES	YES
行业固定	YES	YES	YES	YES	YES	YES
N	7226	7225	7155	7155	7150	7150
R^2	0.096	0.508	0.535	0.572	0.577	0.577

注:括号内是对应变量系数标准误,***、**、* 分别表示回归系数在 1%、5%、10%的水平上统计显著。

二、稳健性检验

1. 更换被解释变量

由于战略性新兴产业全要素生产率的测算方法不同可能导致得到不同的回归结果,除了主回归中用到的 LP 半参数法,在稳健性检验中,本章还选用 ds 法和伍德里奇(Wooldridge)法测度的全要素生产率来进行稳健性检验。回归结果见表 5-4。第(1)—(3)列分别以 lp、ols、wrdg 法测算的企业全要素生产率进行回归,比较发现,三者测算方法下核心解释变量服务性消费(Service)系数的符号与显著性一致,即服务性消费对战略性新兴产业全要素生产率的影响仍然是显著的正向关系，证实研究结论是稳健的。

表 5-4　稳健性检验

变量	(1) *TFP_lp*	(2) *TFP_ols*	(3) *TFP_wrdg*	(4) *TFP_lp*	(5) *TFP_lp*	(6) *TFP_lp*	(7) *TFP_lp*
Service	0.139*** (3.125)	0.126*** (2.894)	0.140*** (3.149)	0.134*** (3.176)	0.135*** (3.240)	0.146*** (3.270)	
Service_exp							0.134*** (3.161)
Size	0.325*** (16.920)	0.367*** (18.343)	0.328*** (17.069)	0.314*** (16.939)	0.308*** (16.710)	0.327*** (16.921)	0.325*** (16.917)
Lev	0.728*** (9.512)	0.756*** (9.953)	0.728*** (9.500)	0.725*** (10.519)	0.704*** (10.817)	0.707*** (9.180)	0.728*** (9.512)
Roa	1.309*** (6.759)	1.264*** (6.615)	1.310*** (6.761)	1.300*** (7.447)	1.297*** (7.530)	1.293*** (6.714)	1.311*** (6.759)
Roe	0.188** (2.243)	0.194** (2.328)	0.188** (2.248)	0.168** (2.446)	0.163** (2.456)	0.186** (2.227)	0.188** (2.236)
Cashflow	0.237* (1.922)	0.247** (2.002)	0.238* (1.926)	0.222* (1.960)	0.186* (1.704)	0.236* (1.896)	0.237* (1.922)
常数项	2.424*** (5.920)	2.906*** (7.146)	2.414*** (5.884)	2.545*** (6.572)	2.577*** (6.614)	2.356*** (5.746)	2.483*** (6.406)
时间固定	YES	YES	YES	YES	YES	YES	YES
行业固定	YES	YES	YES	YES	YES	YES	YES
N	7150	7150	7150	7150	7023	7044	7150
R^2	0.577	0.627	0.578	0.584	0.566	0.577	0.576

注：括号内是对应变量系数标准误，***、**、* 分别表示回归系数在 1%、5%、10%的水平上统计显著。

2. 处理数据异常值和样本极端值

在数据分析中，因数据异常值和样本极端值的影响致使估计结果偏误，从而影响模型参数的稳健性，因此，这里采用缩尾、截尾处理以及剔除样本极端值的方法，以此比较模型参数是否发生了根本变化。具体是，将所有样本数据进行双边缩尾 1%、双边截尾 1%处理以及剔除四个自治区的方法，模型参数估计值见表 5-4 中第(4)—(6)列,结果表明,均未发生根本性改变。因此,可以证实服务性消费对企业全要素生产率基准回归模型的结果具备稳健性。

3. 更换解释变量

五类服务性消费支出中生活用品及服务类消费支出既包括生活服务支出也包括生活用品支出,将其全部纳入服务性消费可能导致服务性消费支出偏高。因此,本章采用李浩(2022)的方法,将该类消费支出删除,重新测算人均服务性消费支出对解释变量进行替换,代入模型重新回归得到表 5-4 第(7)列,结果表明,服务性消费(Service_exp)的系数在 1%的显著性水平上通过检验,说明本章的主要结论是稳健可靠的,并进一步验证了假设 1。

三、内生性检验

内生性产生的主要原因有双向因果、遗漏变量和样本选择等,而固定效应模型可以较好的解决由于遗漏变量产生的内生性问题,且本章解释变量为国家级层面指标,被解释变量为企业微观层面数据,降低了二者之间存在双向因果关系的可能性。为了使结果更加稳健,本章选择服务性消费的滞后一期作为工具变量进行进一步检验。由表 5-5 第(1)列可知,工具变量的估计系数在 1%的水平上显著为正,表明工具变量与内生性变量之间存在较强的相关性。同时,对比基准回归结果可知,表 5-5 第(2)列中核心解释变量的系数绝对值显著变大,表明若忽略服务性消费与战略性新兴产业全要素生产率之间存在的内生性问题,会严重低估服务性消费对新兴产业高质量发展的影响。此外,模型中 KPLM 对应 p 值为 0,可以拒绝工具变量识别不足的原假设;Cragg-Donald Wald F 值大于 Stock-Yogo 10%偏误的临界值,因此不存在弱工具变量问题。

表 5-5　内生性检验

变量	(1) *first　Service*	(2) *second　TFP_lp*
L.Service	0.975***	
Service	(48.327)	0.193*** (10.299)
Size	0.001 (1.175)	0.357*** (47.105)
Lev	−0.005 (−0.829)	1.089*** (20.563)
Roa	0.074*** (2.588)	0.458 (1.348)
Roe	−0.015 (−1.058)	1.000*** (5.285)
Cashflow	−0.023 (−1.435)	−0.366*** (−2.664)
常数项	0.385*** (20.682)	1.633*** (9.136)
时间固定	YES	YES
行业固定	YES	YES
N	6374	6374
R^2		0.606
Kleibergen-Paap rk LM statistic		2488.488
Cragg-Donald Wald F statistic		1.9e+05
Kleibergen-Paap rk Wald F statistic		1.8e+05

注：括号内是对应变量系数标准误，***、**、* 分别表示回归系数在 1%、5%、10%的水平上统计著。

第四节　进一步分析

一、机制分析

通过上述实证结果分析，服务性消费对战略性新兴产业企业全要素生产率的影响不言而喻。经济增长的原动力是技术进步和创新，战略性新兴产业作为具有高创新性和高发展性的产业，企业创新能力的提升能够明显改善全要素生产率，而服务性消费可以通过本土市场规模、技术创新效应来推动企业全要素生产率的提升。因此，本章以战略性新兴产业本土市场规模以及企业技术创新能力为中介变量，采用分步检验法就市场规模机制和技术创新机制从企业层面进行实证检验。借此从微观层面进一步识别和检验服务性消费促进战略性新兴产业全要素生产率的具体作用路径。具体模型如下：

$$M_t = \beta_0 + \beta_1 Service_{ct} + \beta_s X_{ict} + \lambda_j + \eta_t + \delta_{ict} \tag{3}$$

$$TFP\_lp_{it} = \gamma_0 + \gamma_1 M_t + \gamma_s X_{ict} + \lambda_j + \eta_t + \theta_{ict} \tag{4}$$

其中，M_t 为表示本土市场规模机制和技术创新机制和的中介变量，具体包括本土市场规模（Scale）和技术创新水平（Innovation）。γ_1 表示中介变量回归系数，β_0、γ_0 为常数项，δ_{ict}、θ_{ict} 为随机扰动项，其余变量与上文描述一致。

在衡量指标选取方面，本章借鉴任保全等（2016）企业的本土市场规模测算方法，采用企业营业总收入减去海外业务收入的对数衡量企业所面临的本土市场规模（Scale），这在一定程度上能直观的反映企业市场规模的变化。此外，本章参考许艺煊等（2023）的研究方法，采用企业研发支出的对数来衡量企业的技术创新水平（Innovation）。

企业层面的机制检验结果见表 5-6。由第（1）（2）列的结果可知，服务性消费对企业本土市场规模的估计系数在 1%水平上显著为正，表明服务性消费显著提升了企业市场需求规模，且本土市场规模对企业全要素生产率的估计系数在 1%水平上显著为正，表明企业本土市场规模能显著促进其全要素生产率的提高。上述结果表明，本土市场规模效应在服务性消费促进企业全要素生产率的过程中发挥了显著的传导作用。由第（3）（4）列的结果可知，服务性消费对战略性新兴产业企业技术创新的估计系数在 1%水平上显著为正，表明服务性消费显著提升了企业的技术创新能力，且技术创新对企业全要素生产率的估计系数也在1%水平上显著为正，表明企业技术创新能力的提升能显著推动其全要素生产率的提高。上述结果表明，在战略性新兴产业中，技术创新效应在服务性消费促进企业全要素生产率的过程中发挥了显著的传导作用。上述结果基于企业层面进一步验证了本章的研究假说2和假说3。即服务性消费通过本土市场规模效应和技术创新效应促进战略性新兴产业全要素生产率的提升。

表5-6　本土市场规模与技术创新中介效应估计结果

变量	市场规模中介机制		技术创新中介机制	
	Scale	***TFP_lp***	***Innovation***	***TFP_lp***
Service	0.240*** (3.448)		0.321*** (5.114)	
Scale		0.435*** (9.736)		
Innovation				0.160*** (8.407)
Size	0.749*** (26.750)	0.019 (0.504)	0.799*** (25.907)	0.213*** (9.026)
Lev	0.802*** (7.440)	0.330*** (5.447)	0.093 (0.905)	0.692*** (9.083)
Roa	1.033*** (2.985)	0.576*** (2.722)	0.100 (0.718)	1.301*** (7.259)
Roe	0.304* (1.676)	0.166* (1.658)	0.180*** (4.417)	0.143* (1.908)
Cashflow	0.207 (1.197)	0.159* (1.948)	0.245 (1.435)	0.249** (2.360)
常数项	12.812*** (20.538)	-3.022*** (-4.524)	9.253*** (15.129)	1.618*** (6.465)
时间固定	YES	YES	YES	YES
行业固定	YES	YES	YES	YES
N	4606	4606	7023	7023
R^2	0.714	0.816	0.689	0.608

注：括号内是对应变量系数标准误，***、**、*分别表示回归系数在1%、5%、10%的水平上统计显著。

二、异质性检验

1. 服务分项的异质性检验

服务性消费可分为低端服务性消费和高端服务性消费，低端服务性消费具有收入低弹性消费特征，而高端服务性消费具有收入高弹性消费特征。不同类型的服务性消费需求收入弹性不同，进而导致其对战略性新兴产业全要素生产率的影响不同，实证结果如表 5-7 所示。

由第(1)(2)列可知，高端服务性消费($Service_h$)的估计系数在 1%水平上显著为正，而低端服务性消费($Service_l$)的估计系数不具备统计意义上的显著性。这表明高端服务性消费对企业全要素生产率发展具有显著的正向促进作用，而低端服务性消费对企业全要素生产率并不存在显著影响。可能的原因是，随着我国居民可支配收入的不断提升，居民提高对高端服务性消费的消费需求，而人们对生活用品及服务的消费需求相较稳定，加之 2003 年非典型肺炎的暴发和 2020 年新冠疫情的冲击，居民对医疗健康卫生保健和教育文娱等方面更加重视。如疫情的冲击使得“云办公”“线上经营”和“无接触生产”等新业态模式不断涌现，这会不断为新一代信息技术产业、高端装备制造业以及生物产业等战略性新兴产业不断赋能，从而促进战略性新兴产业全要素生产率不断提升。

表 5-7　服务分项异质性检验

变量	(1) *TFP_lp*	(2) *TFP_lp*
$Service_h$	0.134*** (3.161)	
$Service_l$		0.073 (1.436)
Size	0.325*** (16.917)	0.325*** (16.910)

续表

变量	(1) ***TFP_lp***	(2) ***TFP_lp***
Lev	0.728*** (9.512)	0.727*** (9.475)
Roa	1.311*** (6.759)	1.307*** (6.758)
Roe	0.188** (2.236)	0.189** (2.277)
Cashflow	0.237* (1.922)	0.237* (1.918)
常数项	2.483*** (6.406)	3.158*** (8.831)
时间固定	YES	YES
行业固定	YES	YES
N	7150	7150
R^2	0.576	0.575

注:括号内是对应变量系数标准误,***、**、* 分别表示回归系数在 1%、5%、10%的水平上统计显著。

2. 城乡服务性消费的异质性检验

长期以来,城乡居民收入水平差距不断扩大,加之我国经济发展存在城乡二元经济结构,进而影响居民服务性消费水平。因此,本章分城镇服务性消费(Urban)和乡村服务性消费(Rural)来讨论其对战略性新兴产业全要素生产率的异质性,回归结果如表 5-8 所示。

由第(1)(2)列可知,城镇服务性消费(Urban)的估计系数在 1%水平上显著为正,而乡村服务性消费(Rural)的估计系数在 10%水平上显著为正。即城镇服务性消费和乡村服务性消费对企业全要素生产率发展均具有显著正向促进作用,且城镇服务性消费对企业全要素生产率发展的促进作用更加显著。可能的原因是,城镇的经济更加发达,基础设施更加完善、资源配置更加优化,随着城镇居民服务性消费水平不断提升,相关战略性新兴产业企业降低生产成本、提升企业配置效率,进而助推企业全要素生产率提升。而农村居民服务性消费的软件硬件等配置方面与城镇存在较大差距,且农村居民居住过于分散,服务设施的建设与经营很难达到规模经济效益,加之农村居民收入水平低于城镇居民收入水平,服务性消费对战略性新兴产业全要素生产率的提升作用有限。

表 5-8 城乡服务性消费异质性检验

变量	(1) *TFP_lp*	(2) *TFP_lp*
Urban	0.171*** (3.382)	
Rural		0.102* (1.768)
Size	0.325*** (16.906)	0.325*** (16.879)
Lev	0.728*** (9.510)	0.724*** (9.455)
Roa	1.311*** (6.757)	1.309*** (6.762)
Roe	0.188** (2.247)	0.188** (2.256)
Cashflow	0.236* (1.916)	0.236* (1.912)
常数项	2.096*** (4.443)	2.781*** (5.506)
时间固定	YES	YES
行业固定	YES	YES
N	7150	7150
R^2	0.577	0.574

注:括号内是对应变量系数标准误,***、**、*分别表示回归系数在1%、5%、10%的水平上统计显著。

3. 所有制性质的异质性检验

基于企业自身的微观特征,按照股权性质进行异质性检验。具体而言,将所有样本按照国有企业和非国有企业分类,回归结果如表 5-9 所示。

由表 5-9 可知,核心变量服务性消费(Service)对非国有企业全要素生产率的估计系数在 1%水平上显著为正,而对国有企业全要素生产率的估计系数不具备统计意义上的显著性。具体原因分析如下,一方面,非国有企业的组织架构较国有企业更合理,因而其整体运营效率更高;另一方面,在利润最大化目标的指导下,非国有企业对外部市场变化敏感,其可以强势占据消费市场,更好地发挥服务性消费对提升全要素生产率的放大倍增作用。而国有企业生产的目的不仅仅限于盈利,还需要承担社会目标和政治目标,导致国有企业对市场变化不能做出灵活的反应,降低其对服务性消费需求变化的敏感性,从而影响国有企业全要素生产率提升。

表 5-9 企业所有制性质异质性检验

变量	国有企业 *TFP_lp*	非国有企业 *TFP_lp*
Service	0.086 (1.166)	0.162*** (2.995)
Size	0.331*** (6.758)	0.320*** (16.695)
Lev	0.868*** (5.444)	0.663*** (7.595)
Roa	2.789*** (8.957)	0.625** (2.107)
Roe	0.110*** (3.563)	0.463*** (2.885)
Cashflow	−0.100 (−0.391)	0.400*** (3.253)
常数项	2.928*** (4.150)	2.261*** (4.559)
时间固定	YES	YES
行业固定	YES	YES
N	2042	5108
R^2	0.560	0.546

注:括号内是对应变量系数标准误,***、**、* 分别表示回归系数在 1%、5%、10%的水平上统计显著。

第五节　结论与政策建议

一、研究结论

本章从服务性消费角度切入，利用2013—2021年《中国统计年鉴》人均消费数据与战略性新兴产业数据相匹配，实证探析了中国服务性消费对战略性新兴产业企业全要素生产率的影响效应，并深入了分析两者之间的内在作用机理。研究结论如下：

（1）中国具有巨大的消费市场潜力，居民消费尤其是服务性消费已经成为助推战略性新兴产业高质量发展的重要内生动力。服务性消费对战略性新兴产业全要素生产率有着显著的促进作用，这一结论在替换被解释变量、替换解释变量、采用工具变量法后仍然成立。

（2）传导机制表明，服务性消费不仅能够直接推动战略性新兴产业高质量发展，还可以通过本土市场规模和技术创新效应促进战略性新兴产业企业全要素生产率的提高。

（3）服务性消费赋能战略性新兴产业高质量发展表现出显著的异质性特征。分服务性消费类型来看，高端服务性消费对企业全要素生产率赋能效果更强；分城乡来看，城镇居民服务性消费对企业全要素生产率促进作用更大；分企业所有权性质来看，服务性消费对非国有企业全要素生产率赋能效果更显著。

二、政策建议

第一，畅通国内大循环，以服务性消费驱动战略性新兴产业高质量发展。一是政府应该进一步完善收入分配格局，提高中等收入者的比重，提振居民消费信心。同时，继续推进服务性消费的供给侧改革，完善高质量服务性消费的供给体系，培养服务性消费的市场基础；二是相关战略性新兴产业要重视国内市场需求，不断扩大本土市场规模，提升自主创新能力，依托产品提供增值服务，延伸产品价值链，借助服务产品的差异化打造竞争优势，提高资源配置效率。

第二，拓展服务性消费新模式、新业态，培育高端服务性消费，助推战略性新兴产业全要素生产率提升。一是生产商要更多关注各分项服务性消费需求的变化对战略性新兴产业的影响，培养高端新型服务性消费，满足消费者多样化、多层次的服务性消费需求，积极创新高端服务性消费领域。二是优化服务性消费营商环境，提高居民消费满意度，丰富高端服务性消费产业链业态，寻求更多高端服务性消费热点，进而赋能战略性新兴产业高质量发展。

第三，因地制宜、精准施策，推动战略性新兴产业发展。一是加速推进城镇化进程，充分利用城镇服务资源，有效促进城镇居民服务性消费水平提高，建立城镇居民服务性消费拉动新兴产业发展的长效机制。二是政府应该加强乡村服务性消费领域基础设施建设的投入机制，拓宽乡村居民服务性消费渠道，加强城乡沟通与协调发展，支持消费新模式、新业态向乡村市场辐射。

第四，激发各类市场主体活力，促进战略性新兴产业发展。一是要切实降低地方政府对市场的干预程度，充分发挥市场主体作用，实现“有为政府”和“有效市场”的深度耦合。二是继续深化市场改革，发挥市场资源配置功能，以消除产权性质差异化带来的不利影响，地方部门应该主动改善营商环境，建立健全市场机制，为企业开展创新活动营造良好的市场环境。

第六章 数字消费与战略性新兴产业高质量发展：以新一代信息技术产业为例

第一节 文献综述与理论分析

当前，新一轮科技革命与产业变革的浪潮席卷全球，各国产业发展千帆竞发，百舸争流。战略性新兴产业作为驱动产业结构转型、引领经济持续增长的关键领域，对我国在百年变局中跨越发展旧瓶颈、构筑竞争新优势至关重要。为此，“十四五”规划中明确提出，要推动战略性新兴产业融合化、集群化、生态化发展，抢占未来产业发展先机，这彰示着振兴战略性新兴产业已上升至国家战略层面。近年来，由于长期依赖于“两头在外、大进大出”式的外需驱动型发展模式，我国战略性新兴产业陷入了“高端产业，低端制造”的困境（周剑明、王鹏，2021）。与此同时，地缘竞争、新冠疫情等事件致使国际市场风险性锐增，国内市场需求成为更适合驱动战略性新兴产业发展的强劲引擎（任保全等，2016；黄先海、张胜利，2019）。习近平总书记在党的二十大报告中强调，我国需要将实施扩大内需战略同深化供给侧结构性改革有机结合起来，增强国内大循环内生动力和可靠性。为实现我国战略性新兴产业高质量发展的目标，将发展关注点由“外需驱动”转向“内需驱动”势在必行。

消费在提振经济活力、赋能产业升级方面始终发挥着举足轻重的作用。2021 年，我国最终消费支出拉动 GDP 增长 5.3%，对经济增长贡献率达 65.4%。与此同时，我国消费升级持续推进，新型消费稳定增长，居民消费表现出数字化、品质化、个性化的发展趋势（陈建等，2022）。特别是在数字经济背景下，数字消费已成为我国社会总体消费的重要组成部分（朱岩、石言，2019），整体水平与规模位居世界前列。2021 年，我国已连续 8 年成为全球第一大数字消费市场，实物商品网上零售额达 13 万亿元，占社会消费品零售总额比重近三成，形成了独具特色的大国市场。数字消费的蓬勃生机必然能在我国以内需市场驱动战略性新兴产业高质量发展过程中发挥着关键作用。研究数字消费发展能否推动我国战略性新兴产业高端化发展，以及梳理明确数字消费对该产业高端化发展的影响机制将具有重大的现实意义。

一、文献综述

1. 数字消费的相关研究

关于数字消费的研究，国内外学者虽然给予了一定的关注，但仍缺乏统一的内涵界定、清晰的经济效用分析及全面的衡量指标体系。

首先是内涵界定。根据居民消费的演变历程来说，数字消费并不是一个横空出世的词汇。从 20 世纪初在我国开始兴起的网络购物，到软件、信息、电子书籍、电子音乐等虚拟产品的消费，再到近些年雨后春笋般出现的远程教育、在线医疗、网络约车等消费新态势，数字消费呈现出了与社会发展息息相关的丰富意蕴与多元属性。但截至目前，学术界尚未能对数字消费的丰富涵义提出统一、全面的界定。顾名思义，数字消费是指具有数字内涵的消费（朱岩、石言，2019），但何为数字内涵却更值得商榷。部分学者从消费对象角度切入，将数字消费理解为对数字产品或数字服务的消费（刘司可等，2022；杨巨、彭浩，2022）；另一部分学者则从消费路径角度切入，认为数字化消费是“依托互联网和数字技术来满足人们各种需求的过程”(张峰、刘璐璐,2020)。综合现有的研究,本章将数字消费的“数字内涵”具体化为消费内容数字化与消费方式数字化两部分:消费内容数字化是指居民的消费内容从有形商品向无形商品转变,消费需求从衣、食、住、行等物质性产品向游戏、影视、音频等虚拟性产品升级,使得数据成为居民消费的实质;消费方式数字化则指传统消费依托互联网、大数据、区块链、5G 等现代数字技术在产品零售、文化娱乐、教育健康、商务金融等领域深度转型升级,衍生出线上线下高度融合的新业态、新模式。

其次是经济效用分析。学术界暂无直接探讨数字消费经济效用的文章,但有关平台经济、数字经济、电子商务、消费互联网的文献仍为本章提供了很好的参考。综合相关研究,数字消费的经济效用主要可归结为两点。一是数字消费对于交易效率与市场容量的促进作用。一方面,数字消费中的消费内容数字化与消费方式数字化共同在互联网平台中构建了全天候、跨地域的消费渠道,破除了时间、空间差异对商品交换的桎梏(杨继瑞等,2015),从而弥合了市场分割,扩充了市场容量(戚聿东、褚席,2021)。另一方面,数字化、智能化、透明化的交易体系还能够减少商品交换过程的信息不对称性、降低买方对产品的搜寻成本(陈林、张家才,2020),进而大幅提升了市场中的交易效率与供需匹配率,增加成交量。除此之外,相比于传统消费,数字消费具有更强的社会互动性(朱岩、石言,2019),即互联网情境下的频繁互动(产品评价、交流讨论、好物推荐等)能使已购买者不断对潜在消费者产生消费示范作用,导致更多的潜在消费者转变为真实消费者并持续对未消费人群产生影响,形成消费增长的循环累积效应(董晓松,2016)。所以,数字消费不仅代表着居民消费的消费对象与消费渠道产生了变化,更意味着市场规模的扩大。二是数字消费对区域创新、产业升级的促进作用。一个地区数字(信息)消费的发展降低了该区域内信息搜寻、信息传递以及信息处理的成本(徐梦周等,2022),搭建了消费者与生产者沟通的桥梁,使生产者能明确市场需求、调整生产工艺、整合创新资源,也使消费者能够便捷地反馈建议甚至参与到产品的研发过程中（Del Vecchio，P 等，2020），因而，大大提高了区域创新的活力。除此之外，数字消费亦创造市场竞争的新格局。为了更好地响应、分析、整合消费者的数字消费需求，诸多企业纷纷踏上了数字化转型的道路，以求在激烈的替代式竞争（戚聿东、肖旭，2020）中攫取更大的市场份额，进而促进了相关产业与技术的发展（陈庆江等，2021）。

最后是衡量指标体系的构建。目前，有关数字消费的定量研究寥寥无几，少量研究采用了互联网普及率（杨巨、彭浩，2022），固定宽带普及率（范合君、吴婷，2020）等与网络基础设施相关的数据衡量数字消费。然而，此类数据实际上仅代表了数字消费的发展环境的优劣程度，且各地区的互联网普及率受到中国“新基建”政策等因素的强烈影响，并不能切实、直接地反映居民的数字消费行为。部分测度数字经济水平的文献提及了数字化交易的衡量指标，如刘军采用电子商务零售额及网上零售额衡量数字交易影响（刘军等，2020），伍国勇等采用农产品网络零售额、农村邮政每周投递数等衡量农村生活数字化水平（任国勇，2020），其共同点在于都仅考虑了消费方式的数字化，而未涉及对消费内容数字化的考量，数字消费水平的衡量指标体系亟待完善。

2. 战略性新兴产业的相关研究

战略性新兴产业是指对国民经济全局和长远发展具有重大引领带动作用的产业，其发展关乎我国能否在新的科技竞争中占据优势地位。自 2010 年以来，战略性新兴产业的范畴虽然历经多次变更，但新一代信息技术产业因其科技含量高、联动效应强等特点，始终被定义为我国的先导与支柱产业①，在战

① 2010 年，国务院首次明确指出了我国的战略性新兴产业为节能环保、新一代信息技术、生物、高端装备制造、新能源、新材料、新能源汽车等产业。2018 年颁布的《战略性新兴产业分类》中，我国的战略性新兴产业为新一代信息技术、高端装备制造、新材料、生物、新能源汽车、新能源、节能环保、数字创意以及相关服务业。2020 年，在《“十四五”规划》提出“聚焦新一代信息技术、生物技术、新能源、新材料、高端装备、新能源汽车、绿色环保以及航空航天、海洋装备等战略性新兴产业”，构筑产业体系新支柱。

略性新兴产业中具有典型性与代表性,所以本章将选择新一代信息技术产业作为研究样本。

技术供给端的驱动力与市场需求端的拉动力是战略性新兴产业高质量发展的重要来源(熊勇清等,2015)。过去,有关战略性新兴产业高质量发展的研究多从供给端角度切入,集中于研究金融支持(熊正德等,2011)、财政税收(李晶、井崇任,2013)、政府补贴(汪秋明等,2014)等因素对战略性新兴产业高质量发展的影响。学者们普遍认为,技术创新是战略性新兴产业高端化发展的关键因素。

随着贸易保护主义的抬头以及经济逆全球化的加剧,学术界逐步开始重视市场需求,尤其是国内市场需求对战略性新兴产业发展的影响效用。相关研究主要从两个角度展开探究:一是需求总量角度。国内学者先后从理论层面(谭洪波等,2012)与实证层面(黄先海、张胜利,2019)验证了国内市场需求的提升能够通过需求引致效应与竞争效应促进战略性新兴产业的研发创新活动,且本土市场规模的增加对于提高战略性新兴产业的全要素生产率具有显著的正向影响(申俊喜、叶春梅,2020)。二是需求质量角度。随着中国居民消费从生存型消费向发展型、享受型消费转变,本土市场需求的个性化、多样化水平不断提升,消费升级成为助推产业升级的关键引擎(石奇等,2009)。现有研究普遍以高层次消费支出占总消费支出比例衡量地区的消费升级水平,学者们认为国内消费升级能够通过恩格尔效应、鲍莫尔效应、创新引致效应、需求扩张效应等路径促进我国战略性新兴产业的高质量发展(吴金龙等,2022;杨天宇、陈明玉,2018;申俊喜等,2021)。但究竟哪类居民消费属于高层次消费支出,各个学者的答案却并不一致,由此得出的政策建议也欠缺针对性。

相比于已有研究,本章可能的边际贡献在于:第一,拓展完善了数字消费的内涵,具体化了数字消费中的“数字内涵”,构建了较为全面的数字消费水平衡量指标体系,弥补了该领域的研究不足;第二,在数字经济背景下,首次探究了数字消费对于战略性新兴产业高质量发展的影响，为需求侧推动供给侧改革的路径研究提供了新的思路。

二、理论机制分析

消费对生产具有引领、推动作用，消费的变化为生产创造新的需要，换言之，消费的变革等同于生产的变革。数字消费诞生于新一代信息技术产业的摇篮之中，蓬勃发展的同时也为新一代信息技术产品的生产提供了源源不断的动力及与日俱新的方向，推动着新一代信息技术产业的勃兴。具体而言，数字消费将通过“本土市场—规模效应”及“技术创新—网络效应”两条路径发挥作用。

第一，数字消费可以通过扩大本土市场需求规模所引致的一系列效应提高新一代信息技术产业的全要素生产率。

如前文所述，数字消费能通过优化交易流程、提升交易效率、增强交易示范作用等促进总体需求扩容，间接扩大新一代信息技术产业的市场需求。不仅如此，数字消费的发展壮大对新兴产业的市场规模扩张也具有直接促进作用。就消费内容数字化而言，大众在虚拟空间中所消费的网络游戏、数字音频、数字藏品、AI 互动、社交软件等产品或服务均由新一代信息技术产业提供或辅助生产，随着消费内容数字化的深入发展，市场对新一代信息技术产业数字产品与服务的需求规模也将大幅提升。就消费方式数字化而言，新一代信息技术产业亦是数字消费的发展载体，消费方式的数字化需要依托终端设备、5G 网络、数字平台、现代商贸物流等相关配套设施才能实现，所以，当数字化的消费方式成为主流，居民交易过程中对信息产品与服务的使用也将更为普遍，其需求规模随之扩大。

本土市场规模对产业高质量发展具有深刻的积极影响（Krugman，Paul R.，1990；Porter，2000），数字消费导致的新一代信息技术产业需求扩容将在资源配置、生产规模、产品范围三个方面助推其全要素生产率提升。首先，与日俱增的广阔市场将吸引逐利性的国内外投资（冯伟、李嘉佳，2018），致使资金、人才、技术、管理等生产要素源源不断地汇流至新一代信息技术产业，形成资源集聚，促进产业分工进一步深化。其次，市场规模扩大意味着竞争程度加剧，为博取更多市场份额与利益，企业将通过扩大生产规模以形成规模经济，从而提高全要素生产率水平（Kara，A.等，2005）。最后，数字消费的特性使得企业能够通过主营业务积累大量的客户资源，从而低成本地开展各种新业务，拓宽产品范围，增加利润来源（荆文君、孙宝文，2019）。如腾讯公司依凭以即时通讯为主要业务的微信平台，衍生了游戏、音频、资讯等附加业务，小米公司通过手机领域积淀的用户群成功向智能家居领域进军。已有的客户资源有助于提高新产品的接受度，从而降低宣传成本与试错成本，最终形成互联网时代的范围经济，提高企业的生产效率。综上所述，数字消费通过本地市场规模的扩大引发的一系列效应，推动新一代信息技术产业全要素生产率水平提升。

第二，数字消费可以引领需求升级、激励企业创新，进而推动新一代信息技术产业全要素生产率提升。

数字消费是促进新一代信息技术产业市场需求升级的重要力量。一方面，消费内容数字化使大众得以摆脱实体的限制和约束，在虚拟空间中追求更多元化、个性化的情感满足（林晓珊，2022），逐新趣异，新益求新。譬如大众对新闻快讯的需求在摆脱了报刊等实体约束后，衍生出了 APP 推送、AI 播报、短视频解析、直播互动、论坛讨论等丰富多彩的新形式。另一方面，消费方式数字化正与社交娱乐、医疗教育、艺术欣赏等多种场景相连接，数字消费的深入发展使大众对配套设备的稳定性、便捷性、实用性、智能性、趣味性等方面产生了更高的期待，持续创造着消费新热点和增长动力。

需求端的数字化革新可通过赋能技术创新（Zweimuller & Brunner，2005）推动新一代信息技术产业向高端化发展。首先，在数字经济时代，不断升级的替代式竞争环境（戚聿东、肖旭，2020）倒逼企业致力于通过技术创新来提高生产效率，获取竞争优势（冯伟、李嘉佳，2018）。以购物平台的竞争为例，平台单位时间内不断攀升的订单数量对软件的稳定性、云端服务器的承载力及数据库的运行效率等方面产生了更高的要求，企业只有通过技术创新，抢先推出符合大众期待的新产品与新服务，才能形成真正的核心竞争力，维持市场地位。其次，作为中高层次需求，数字消费的蓬勃发展能够吸引外商直接投资，为国内市场引进更先进的技术装备与更成熟的管理模式，产生知识溢出的同时（李杏、Chan，M.W.Luke，2009），也通过挤占原有的市场份额加剧竞争激烈程度，倒逼本土企业加快创新步伐（冯伟、李嘉佳，2018）。最后，数字消费使消费者参与到产品的研发流程中，构成了供需联动、迭代发展的创新网络，不仅拓宽了创新主体的规模，也提升了产品的创新回报收益率，进一步激励了企业创新（徐梦周、吕铁，2019）。故此，数字消费的发展能够有效促进新一代信息技术产业的创新能力，进而推动企业全要素生产率水平的提升。

综上，本章提出以下假设：

假设1：数字消费对新一代信息技术产业全要素生产率水平提升具有积极的促进作用。

假设2：数字消费通过本土市场—规模效应推动新一代信息技术产业全要素生产率水平提升。

假设3：数字消费通过技术创新—网络效应推动新一代信息技术产业全要素生产率水平提升。

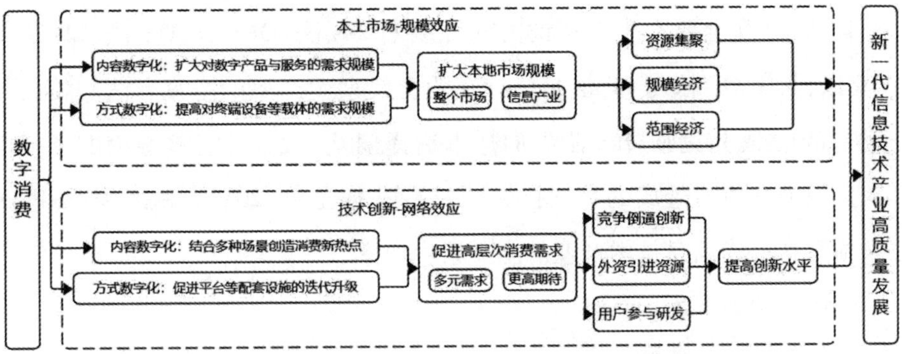

图6-1　数字消费促进新一代信息技术产业高质量发展的机制传导

第二节　模型设定、变量测算与数据来源

一、基本计量模型设定

为检验消费数字化对新一代信息技术产业全要素生产率的直接作用机制，构建基准回归模型如下：

$$TFP_{ijt} = \beta_0 + \beta_1 Digconsum_{jt} + \beta_s X_{ijt} + u_i + u_t + \varepsilon_{ijt} \qquad (1)$$

(1)式中，i 表示新一代信息技术企业，j 表示省份、t 表示年份。TFP_{ijt} 为新一代信息技术企业的全要素生产率水平；$Digconsum_{jt}$ 为各省份第 t 年的数字消费发展水平；β_1 表示本省数字消费发展水平对新一代信息技术企业全要素生产率的估计系数；β_0 表示模型截距项；向量 X_{ijt} 为影响新一代信息技术企业全要素生产率的一系列控制变量；u_i 、u_t 分别表示个体固定效应和时间固定效应；ε_{ijt} 表示随机干扰项。

二、变量选取与测算方法

1. 被解释变量：全要素生产率(TFP)

目前，测算全要素生产率的方法主要有 FE 法、OLS 法、OP 法、LP 法及 GMM 法，其中 OP 法与 LP 法是估计企业全要素生产率的主流方法。相比与 OP 法，LP 法既能克服 OLS 法中的样本选择偏差问题，又能够避免由于投资额缺失值或 0 值所造成的数据损失(鲁晓东、连玉君，2012)，故本章采用 LP 法来估算新一代信息技术产业的全要素生产率。

具体模型如下所示：

$$\ln Y_{it} = \varphi_0 + \varphi_1 \ln K_{it} + \varphi_2 \ln L_{it} + \varphi_3 \ln M_{it} + \varepsilon_{it} \qquad (2)$$

其中，i 表示新一代信息技术企业、t 表示年份；Y 为产出，使用企业营业

收入衡量；K 为资本投入，使用企业固定资产净值衡量；L 为劳动投入，使用企业职工人数衡量；M 为中间投入，使用购买商品、接受劳务支付的现金衡量。

2. 核心解释变量：数字消费水平（Digconsum）的测算

基于对现有文献的总结以及对数字消费内涵的考虑，结合数据的可得性，本章从消费内容数字化水平、消费方式数字化水平两个维度对数字消费水平指数进行了分解，构建了如表 6-1 所示的省级数字消费水平衡量指标体系。相比于部分文献使用互联网普及率（杨巨、彭浩，2022）测算数字消费的普及程度，本章分别使用郭峰等（2020）人编纂的数字支付使用深度与数字支付覆盖广度分别表示消费内容数字化与消费方式数字化的普及程度。

表 6-1　数字消费水平衡量指标体系

衡量维度	指标层	指标解释	指标属性
消费内容数字化水平	软件消费水平	软件业务总量/地区生产总值	正向
	通讯消费水平	电信业务总量/地区生产总值	正向
	信息消费水平	人均教育娱乐文化支出	正向
	数字支付使用深度	北京大学数字普惠金融指数二级指数，包含对货币基金、信贷、保险等业务的衡量	正向
消费方式数字化水平	网络消费水平	网络零售额/社会消费品零售总额	正向
		电子商务销售额/地区生产总值亿元	正向
	物流发展水平	快递业务收入/人口数	正向
	数字支付覆盖广度	北京大学数字普惠金融指数二级指数，包含对支付宝账户注册数等的衡量	正向

本章选用熵值法测度各省市数字消费发展水平及两个子维度的发展水平。熵值法是一种客观赋权方法，它通过计算指标的信息熵，根据指标的相对变化程度对系统整体的影响来决定指标的权重，即相对变化程度大的指标具

有较大的权重。相比其他方法，熵值法可消除主观人为的干扰，使测度结果更加科学合理（朱喜安、魏国栋，2015）。

为保证各指标权重的一致性及数据在横向与纵向上的可比性，本章在熵值法处理过程中将各省份不同年份的数据视为单独的个体，具体计算过程如下：

（1）使用极值处理法对原始数据进行无量纲化处理：

$$X'_{fk} = \frac{X_{fk} - min\{X_k\}}{max\{X_k\} - min\{X_k\}} \tag{3}$$

其中，X_{fk} 代表第 f 位个体、第 k 项指标的原始值，X'_{fk} 为无量纲化处理后的数值。

（2）计算第 f 位个体、第 k 项指标的比重 P_{fk} ，（ $0 \leqslant P_{fk} \leqslant 1$）

$$P_{fk} = \frac{X'_{fk}}{\sum_{j=1}^{n} X'_{jk}} \tag{4}$$

（3）计算第 k 项指标的信息熵值，其中 n 为样本总数：

$$e_k = \frac{-1}{\ln n} \sum_{f=1}^{n} P_{fk} \ln P_{fk} \tag{5}$$

（4）计算信息熵冗余度：

$$d_k = 1 - e_k \tag{6}$$

（5）计算第 k 项指标的权重：

$$W_k = \frac{d_k}{\sum_{f=1}^{m} d_k} \tag{7}$$

（6）最后利用加权求和公式，获得各省各年份的数字消费发展水平的综合指数及分类指数：

$$digconsum_f = \frac{\sum_{k=1}^{n} W_k X'_{fk}}{\sum_{k=1}^{n} W_k} \tag{8}$$

我国30个省(区、市)数字消费水平的具体测度结果及均值如表6-2所示①,数值越大代表地区数字消费水平越高。可见,上海、北京、浙江以及广东的数字消费发展水平远高于其他地区。与此同时,排名第一的北京的数字消费平均水平(0.531)是排名倒数的新疆(0.093)、黑龙江(0.101)等的5倍以上,意味着中国数字消费的发展水平还存在着较大的地域差距。

表6-2　2015—2021年中国各省区市数字消费水平一览表

地区名称	2015年	2016年	2017年	2018年	2019年	2020年	2021年	平均值	排名
北京	0.343	0.389	0.484	0.522	0.615	0.656	0.707	0.531	1
上海	0.313	0.377	0.434	0.488	0.537	0.563	0.667	0.483	2
浙江	0.204	0.263	0.320	0.385	0.474	0.540	0.614	0.400	3
广东	0.179	0.227	0.292	0.348	0.424	0.453	0.485	0.344	4
天津	0.142	0.175	0.208	0.263	0.347	0.358	0.418	0.273	5
江苏	0.134	0.158	0.198	0.227	0.272	0.292	0.335	0.231	6
福建	0.106	0.130	0.166	0.207	0.248	0.262	0.319	0.205	7
山东	0.068	0.099	0.134	0.177	0.204	0.234	0.284	0.171	8
重庆	0.069	0.095	0.130	0.166	0.207	0.236	0.278	0.169	9
辽宁	0.114	0.111	0.138	0.164	0.199	0.201	0.241	0.167	10
海南	0.046	0.070	0.107	0.177	0.215	0.223	0.268	0.158	11
陕西	0.068	0.091	0.118	0.154	0.203	0.219	0.238	0.156	12
四川	0.057	0.076	0.109	0.147	0.189	0.227	0.258	0.152	13
湖北	0.056	0.077	0.113	0.146	0.180	0.183	0.243	0.142	14
湖南	0.051	0.071	0.107	0.137	0.171	0.195	0.230	0.137	15
安徽	0.035	0.059	0.090	0.130	0.177	0.203	0.252	0.135	16
贵州	0.022	0.048	0.086	0.129	0.183	0.217	0.228	0.130	17
河北	0.029	0.052	0.082	0.124	0.167	0.205	0.248	0.130	18

① 由于数据可得性问题,计算数字消费指数时未包括西藏自治区及港澳台地区数字消费情况。

续表

地区名称	2015年	2016年	2017年	2018年	2019年	2020年	2021年	平均值	排名
吉林	0.044	0.067	0.096	0.138	0.165	0.167	0.213	0.127	19
宁夏	0.030	0.045	0.081	0.125	0.167	0.192	0.234	0.125	20
江西	0.034	0.050	0.083	0.122	0.165	0.186	0.227	0.124	21
广西	0.020	0.037	0.066	0.114	0.163	0.198	0.231	0.118	22
云南	0.035	0.037	0.073	0.116	0.162	0.198	0.204	0.118	23
青海	0.049	0.046	0.064	0.108	0.149	0.185	0.222	0.118	24
河南	0.030	0.048	0.078	0.114	0.146	0.171	0.219	0.115	25
甘肃	0.014	0.035	0.066	0.112	0.158	0.191	0.222	0.114	26
内蒙古	0.042	0.059	0.082	0.110	0.143	0.147	0.178	0.109	27
山西	0.027	0.045	0.071	0.113	0.148	0.162	0.192	0.108	28
黑龙江	0.027	0.045	0.080	0.105	0.140	0.135	0.178	0.101	29
新疆	0.018	0.028	0.049	0.080	0.125	0.162	0.190	0.093	30

根据各地区总指数及分类指数结果可进一步计算出数字消费的全国平均变动趋势。如图 6-2 所示，我国数字消费指数及分类指数在 2015—2019 年间逐年稳健增长，在 2019—2020 年因疫情的突然暴发增长幅度略有下降，但在 2020 年疫情防控常态化后，数字消费需求迅速增长。2015—2021 年，消费内容数字化指数的年均增长率为 26.35%，略高于数字消费的年均增速 24.15%，对数字消费水平增长的贡献率为 55.69%。而消费方式数字化指数的年均增长率为 21.90%，贡献率为 44.31%。① 说明近年来，消费内容数字化的增长是全国数字消费水平较为重要的增长来源。

① 数字消费年均增长率 = $\sqrt[t-1]{I_t} - 1 \times 100\%$，其中 I_t 表示最末年的数字消费指数，t 表示年份数。消费内容数字化对数字消费水平的贡献率 = $\frac{(\text{最末消费内容数字化指数} - \text{最初年消费内容数字化指数}) \times \text{消费内容数字化指数权重}}{(\text{最末年数字消费指数} - \text{最初年数字消费指数})} \times 100\%$，以此类推。

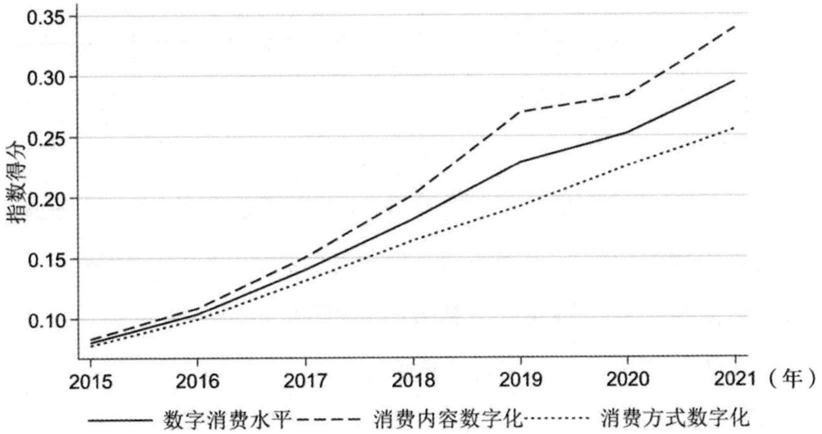

图 6-2　2015—2021 年数字消费全国综合指数

3. 控制变量

一是企业规模(Size)。企业规模代表了劳动力、生产资料的集中程度,大型企业能够通过更细致的劳动分工与更大的生产规模降低生产成本,从而提高生产效率(孙晓华、王昀,2014),用企业员工数的自然对数表示。

二是固定资产比率(Fixed)。对固定资产的过度投资将导致效率损失,使企业难以在瞬息万状的市场中灵活地调整资源配置(盛明泉等,2020),用固定资产净额占总资产之比表示。

三是资产负债率(Lev)与资产收益率(Roa)。两者共同反映了企业的融资约束情况(闫志俊、于津平,2017),在资金短缺时,企业难以实施最优的投资与生产决策,进而导致要素配置扭曲、全要素生产率下降(任曙明、吕镯,2014)。此外,资产收益率较高的企业更看重长远发展,在变革企业管理、加大研发创新等方面具有更强的自我激励。本章用企业负债总额与资产总额之比表示资产负债率,用净利润除以资产总额表资产收益率。

四是政府补助(Gov)。一方面,政府补助能够缓解融资约束对企业造成的冲击,助力企业生产率平稳增长(任曙明、吕镯,2014);另一方面,政府补助也消减了企业自主提升运营效率与生产效率的积极性（闫志俊、于津平，2017），且企业往往会试图通过寻租手段攫取补贴名额，最终造成资源配置的无效率，选取上市公司披露在财务报表附注中的政府补贴总额与营业收入之比表示。

五是股权集中度（Hol）。股权集中度对于生产效率的影响很特别，具体而言，股权集中程度的提高，既可能通过壕沟防御效应提高代理成本，降低生产效率，也可能通过利益协同效应提升投资绩效、促进企业创新（陈德萍、陈永圣，2011），本章用前五大股东持股比例表示。

三、数据来源

本章所采用的省市数据来自中国经济信息网统计数据库以及国家统计局，企业数据来自国泰安数据库与中国专利数据库。对于省份数据，考虑到统计口径和数据可得性等问题，本章从总样本中剔除了西藏、香港、澳门和台湾等省（区、市）的样本，并将实证研究的时间维度定为 2015—2021 年。对于公司数据，目前各个数据库暂无有关新一代信息技术产业的分类标准，本章借鉴刘亦文等人（刘亦文、欧阳莹，2020）的做法，将《战略性新兴产业分类（2018）》中新一代信息技术产业的细分行业目录与《国民经济行业分类（GB/T 4754—2017）》进行对照，发现所属于新一代信息技术产业的 83 个细分门类中，计算机、通信和其他电子设备制造业（C39）占 28 个，软件和信息技术服务业（I64）占 18 个，互联网和相关服务（I65）占 15 个，其余的行业所占细分门类数均不大于 5，所以，文本采用了行业代码为 C39、I64、I65 的上市公司作为研究新一代信息技术产业的样本。

为避免统计偏差带来的估计偏误，本章剔除了股票代码 ST、*ST、PT 等被特别处理以及 3 年内主营业务发生重大变更的公司，并对企业营业收入、企业固定资产净值等连续性变量进行了上下 1%的缩尾处理。同时为避免通货膨胀等因素的影响，本章以 2015 年为基期，使用相应的指数对产值类、资产类、工资类数据进行平减。各变量的描述性统计如表 6-3 所示。

表 6-3　各变量描述性统计

变量名称	变量符号	观察值	平均值	标准差	最小值	最大值
全要素生产率	TFP_lp	2944	8.18	0.84	5.423	12.130
企业规模	Size	2811	7.41	1.18	5.011	10.763
固定资产比率	Fixed	2811	0.13	0.12	0.002	0.515
资产负债率	Lev	2811	0.35	0.18	0.045	0.820
资产收益率	Roa	2811	0.04	0.09	−0.385	0.214
政府补助	Gov	2916	0.02	0.02	0.000	0.126
股权集中度	Hol	2811	0.49	0.14	0.194	0.793

第三节　实证结果与分析

一、基准回归结果分析

Hausman 检验结果表明，本章使用固定效应模型更为可靠。在表 6-4 中，第(1)列为控制了地区与年份固定效应，未包含控制变量的回归结果，可见，数字消费水平(Digconsum)对新一代信息技术企业全要素生产率产生了正向影响，并且在 1%的显著性水平上通过了检验，支持了本章理论模型提出的假说。为了检验估计结果的稳健性，在第(2)至(7)列中逐步加入企业规模等控制变量后，核心解释变量的估计系数始终显著为正且波动较小，表明估计结果具有良好的稳健性。控制变量的结果显示，当新一代信息技术企业的企业规模(Size)越大，资产负债率(Lev)越高，资产收益率(Roa)越高，其全要素生产率水平也越高。而固定资产比率(Fixed)与政府补贴(Gov)则会通过降低资源配置效率而抑制新一代信息技术企业全要素生产率的提升。

表 6-4 数字消费对新一代信息技术产业 TFP 影响的基准分析

变量	(1) TFP_lp	(2) TFP_lp	(3) TFP_lp	(4) TFP_lp	(5) TFP_lp	(6) TFP_lp	(7) TFP_lp
Digconsum	1.112*** (3.01)	0.941*** (2.77)	0.927*** (2.82)	0.993*** (2.89)	1.015*** (3.06)	0.889*** (2.70)	0.888*** (2.71)
Size		0.237*** (5.32)	0.255*** (6.19)	0.247*** (5.97)	0.217*** (5.46)	0.208*** (5.32)	0.208*** (5.32)
Lev				0.400*** (3.31)	0.700*** (5.82)	0.677*** (5.73)	0.677*** (5.80)
Fixed			-1.381*** (-6.09)	-1.433*** (-6.30)	-1.218*** (-5.52)	-1.170*** (-5.38)	-1.170*** (-5.35)
Roa					1.120*** (8.33)	1.117*** (8.70)	1.118*** (8.61)
Gov						-3.865*** (-6.25)	-3.864*** (-6.22)
Hol							-0.019 (-0.08)
常数项	7.683*** (113.16)	5.982*** (18.61)	6.043*** (20.16)	5.978*** (19.70)	5.989*** (20.58)	6.169*** (21.68)	6.180*** (18.42)
个体固定效应	YES	YES	YES	YES	YES	YES	YES
年份固定效应	YES	YES	YES	YES	YES	YES	YES
样本量	2944	2811	2811	2811	2811	2786	2786
R^2	0.221	0.294	0.340	0.350	0.405	0.439	0.439

二、稳健性检验

1. 更换被解释变量

为进一步检验结论的稳健性，本章把被解释变量替换为由 ols 法、fe 法、op 法以及 GMM 法测算的企业全要素生产率，结果如表 6-5 第(1)至(4)列所示。可知，更换全要素生产率的衡量方式后，被解释变量 Digconsum 的估计系数仍然在 1%水平上显著为正，表明数字消费水平能够显著促进新一代信息技术企业全要素生产率的提升，这一结论与基准回归一致。

表 6-5　稳健性检验结果

变量	更换被解释变量				主成分分析法	剔除直辖市
	(1) TFP_fe	(2) TFP_op	(3) TFP_gmm	(4) TFP_ols	(5) TFP_lp	(6) TFP_lp
Digconsum	0.993*** (3.06)	1.022*** (3.04)	0.878*** (2.66)	1.001*** (3.08)		1.266*** (3.29)
DigPrin					0.782** (2.52)	
常数项	6.568*** (18.78)	6.777*** (18.92)	6.148*** (18.38)	6.607*** (18.81)	6.144*** (18.29)	5.703*** (14.24)
控制变量	YES	YES	YES	YES	YES	YES
个体固定效应	YES	YES	YES	YES	YES	YES
年份固定效应	YES	YES	YES	YES	YES	YES
样本量	2786	2786	2786	2786	2786	2071
R^2	0.455	0.370	0.432	0.444	0.439	0.434

2. 更换解释变量

由于不同测算方法获得的数字消费水平不同可能导致回归估计的结果存在差异，故仅由熵值法测算的数字消费变量进行回归存在偶然性。为增强本章实证研究的稳健性，本章选用主成分分析法（Principal Component Analysis，简称 PCA）重新测算各省的数字消费水平（digconsumPCA）。作为另一种常见的客观赋权法，PCA 的优势在于能用较少的独立性指标来替代较多的相关性指标，从而解决指标间信息重叠的问题，回归结果见表 6-5 第（5）列。可见，用主成分分析法算出的数字消费水平对企业全要素生产率的影响仍然显著为正。

3. 剔除直辖市

由于中国的直辖市在经济发展、产业结构、人口规模、地方政策等方面与各省存在较大的差异,能够在直辖市生存发展的企业或许本身就具有较高的全要素生产率。为避免这一原因导致的偏误,故进一步剔除位于北京、上海、天津、重庆四市的样本数据,重新估计的结果如表 6-5 列(6)所示。在剔除位于直辖市企业的样本后,数字消费(Digconsum)对新一代信息技术企业全要素生产率提升仍产生了积极的影响。

三、内生性检验

数字消费与新一代信息技术产业全要素生产率之间可能存在双向因果关系。一方面,数字消费能够通过本地市场效应和创新引致效应引领新一代信息技术产业高质量发展;另一方面,新一代信息技术产业也能通过优化数字消费环境、提供基础设施等促进数字消费的发展。为克服内生性问题,本章选用地区公共图书馆藏书量(Book)与滞后一期的数字消费水平(L.Digconsum)作为各省数字消费水平的工具变量,并采用两阶段最小二乘法(2SLS)再次回归,以进一步确保结果的稳健性。

从相关性上看,居民消费习惯的形成与周围环境具有密切的关系(吴自强,2015),受笃信好学、兼容开放的地区文化影响的居民更善于吸收新事物、新知识与新观念(胡际权,2005),故可更顺畅地从传统消费过渡到数字消费,本章参考已有研究(李晓娣、张小燕,2019),使用公共图书馆藏书量衡量地区的人文水平。且就外生性而言,公共图书馆藏书量与该地区新一代信息技术企业的生产效率无任何直接关联,符合工具变量的选取要求。表 6-6 中汇报了各工具变量的回归结果。由第(1)(2)列可知,作为工具变量的公共图书馆藏书量(Book)与滞后一期的数字消费水平(L.Digconsum)的估计系数均在1%水平上显著,表明本章构造的工具变量与数字消费呈显著正向关系;由第(3)(4)列可知,核心解释变量的估计系数始终在 1%水平上显著,再次印证了本章研究结论的稳健性。

表 6-6　两阶段最小二乘法（2SLS）回归结果

变量	(1) first Digconsum	(2) second TFP_lp	(3) first Digconsum	(4) second TFP_lp
Digconsum		1.500*** (3.97)		2.445*** (3.16)
L.Digconsum	0.686*** (15.47)			
Book			1.27e-5*** (7.00)	
控制变量	YES	YES	YES	YES
个体固定效应	YES	YES	YES	YES
年份固定效应	YES	YES	YES	YES
样本量	1853	1853	2627	2627
R^2		0.433		0.417
Kleibergen-Paap rk LM 统计量		199.608		26.484
P 值		[0.000]		[0.000]
Cragg-Donald Wald F 统计量		1383.969		246.697
Kleibergen-Paap rk Wald F 统计量		239.441		48.990
Stock-Yogo weak ID test(10%)		16.38		16.38

四、异质性检验

1. 地区异质性检验

由于资源禀赋和政策力度的差异，中国不同地区的市场规模、创新水平、对新事物的吸纳能力等水平参差不齐，因而，各地企业对数字消费发展的敏感程度也不相同。为此，本章将样本分为东部地区与中西部地区两个子样本，分别对基准模型进行回归，回归结果如表 6-7 第（1）（2）列所示。经比较发现，数字消费在东部地区对于新一代信息技术企业的全要素生产率提升具有显著的促进作用,而在中西部地区这一作用并不显著。出现这一结果的原因可能有两点:一是东部地区的数字消费的发展速度与发展规模都远高于中西部地区,更能享受到数字消费发展带来的“数字红利”,而中西部地区由于数字消费的发展较为滞后,数字消费暂未达到能够对产业产生显著影响的规模;二是我国的新一代信息技术产业多集中于东部地区,产业集聚能够进一步提升企业对数字消费发展的敏感度,扩大了数字消费对于企业全要素生产率的影响;反之,中西部地区由于新一代信息技术企业较少,分布较为分散,对于新消费趋势的反应较为迟钝,故而容易错失数字消费创造的最佳发展机遇。

2. 股权性质异质性检验

战略性新兴产业具有明显的技术和资本密集型特征,而不同所有制类型的企业在技术水平、资本积累、人才储备、战略选择等方面均存在较大的差异,这种差异可能会导致企业在面临市场需求变化时产生差异性的市场反应。为此,本章根据企业所有制类型将样本划分为国有企业、非国有企业两个子样本,分别对基准模型进行回归。回归结果如表6-7第(3)(4)列所示。可以看出,非国有企业核心解释变量 Digconsum 的估计系数在1%水平上显著为正,而国有企业的核心解释变量不具备统计意义上的显著性。出现这一结果的原因可能在于:非国有企业生产经营方式灵活,融资渠道多样,对外部环境的变化更为敏感,故其受到数字消费带来的本地市场效应及创新引致效应的影响较强;而国有企业的经营策略受政治性因素影响大,人力、资本及管理体制相对固化,存在改革惰性,对于外部环境的变化难以及时地进行调整,故而数字消费对国有企业生产率的影响并不显著。

表 6-7　异质性检验回归结果

变量	(1) 东部 TFP_lp	(2) 中西部 TFP_lp	(3) 国企 TFP_lp	(4) 非国企 TFP_lp	(5) 方式数字化 TFP_lp	(6) 内容数字化 TFP_lp
Digconsum	1.002*** (3.06)	0.569 (0.25)	-0.175 (-0.23)	1.121*** (3.08)		
Digconsum1					0.611** (2.51)	
Digconsum2						0.684** (2.28)
常数项	6.390*** (19.25)	5.333*** (6.57)	5.560*** (4.31)	6.380*** (21.29)	6.204*** (18.57)	6.232*** (18.15)
控制变量	YES	YES	YES	YES	YES	YES
个体固定效应	YES	YES	YES	YES	YES	YES
年份固定效应	YES	YES	YES	YES	YES	YES
样本量	2316	470	451	2335	2786	2786
R^2	0.463	0.388	0.494	0.460	0.438	0.435

3. 分类指标异质性检验

数字消费发展评价指标由消费方式数字化水平与消费内容数字化两个子指标构成，故本章将进一步分析数字消费的哪一个维度对新一代信息技术企业全要素生产率的增长产生了贡献，回归结果如表 6-7 第(5)(6)列所示。结果显示，消费方式数字化(Digconsum1)与消费内容数字化(Digconsum2)的系数均在 5%的水平上显著为正，这说明消费方式数字化与消费内容数字化均对新一代信息技术企业全要素生产率的提升发挥了重要作用。与此同时，消费内容数字化的估计系数略大于消费方式数字化的估计系数，这可能是由于近年来消费内容数字化保持了更高的增长水平，代表了数字消费的发展方向，对新一代信息技术产业赋予了更强的动态影响。

五、机制检验

为进一步检验本土市场效应和创新引致效应在数字消费助推新一代信息技术产业全要素生产率提升过程中的传导作用，本章构建了以下模型：

$$M_{ijt} = \kappa_0 + \kappa_1 Digconsum_{jt} + \kappa_s X_{ijt} + u_i + u_t + \varepsilon_{ijt} \quad (9)$$

$$TFP_{ijt} = \gamma_0 + \gamma_1 M_{ijt} + \gamma_s X_{ijt} + u_i + u_t + \varepsilon_{ijt} \quad (10)$$

其中 M_{ijt} 为代表本土市场效应和创新引致效应的中介变量，具体包括企业本土市场需求规模（Demand）与企业技术创新水平（Innovation），其余与基准回归模型的假定一致。

对于本土市场效应，本章采用企业营业收入减去海外营业收入的对数值衡量企业的本土市场规模（Demand），数值越大，表明企业面临的本土市场规模越大（邱斌、尹威，2010；任保全等，2016）。除此之外，本章还使用了企业营业收入的对数值（DemandR）作为该机制的稳健性检验（徐乙尹等，2022）。对于创新的引致效应，本章采用企业当年专利申请总数加 1 的对数（杜勇等，2017）来衡量其创新水平（Innovation），并使用企业研发投入的对数值（InnovationR）作为稳健性检验（余明桂等，2016）。

数字消费发展对新一代信息技术产业机制检验的回归结果如表 6-8 所示。由第（1）和（2）列的结果可知，数字消费水平的估计系数在 10%水平上显著为正，与此同时，市场需求规模对新一代信息技术企业全要素生产率水平的估计系数在 1%水平上显著为正，说明数字消费的确能够扩大新一代信息技术产业的本土市场需求，从而助推企业全要素生产率的提升，假设 2 成立。由第（3）和（4）列的结果可知，数字消费水平及技术创新水平所对应的估计系数均在 5%水平上显著为正，表明技术创新效应在数字消费促进新一代信息技术企业全要素生产率水平提升的过程中发挥着显著的传导作用，数字消费通过激励企业创新间接提升了其生产效率，假设 3 成立。

表 6-8　机制检验

变量	本土市场效应		创新引致效应	
	(1) **Demand**	(2) **TFP_lp**	(3) **Innovation**	(4) **TFP_lp**
Digconsum	1.766* (1.65)		1.381** (2.05)	
Demand		0.314*** (2.98)		
Innovation				0.017** (2.12)
常数项	15.415*** (31.87)	1.508 (0.86)	-1.296** (-2.03)	6.331*** (18.75)
控制变量	YES	YES	YES	YES
个体固定效应	YES	YES	YES	YES
年份固定效应	YES	YES	YES	YES
样本量	1848	1848	2784	2784
R^2	0.312	0.601	0.111	0.433

在替换机制分析的衡量指标后，在表 6-9 中，核心解释变量及中介变量的回归系数仍保持显著为正，即数字消费通过扩大本地市场规模、提高企业创新水平促进新一代信息技术产业全要素生产率提高发展的结论具有较好的稳健性。

表 6-9　替换中介变量的机制检验

变量	本土市场效应		创新引致效应	
	(1) **DemandR**	(2) **TFP_lp**	(3) **InnovationR**	(4) **TFP_lp**
Digconsum	0.663** (2.09)		0.669** (2.22)	
DemandR		0.969*** (102.82)		
InnovationR				0.289*** (7.02)

续表

变量	本土市场效应		创新引致效应	
	(1) DemandR	(2) TFP_lp	(3) InnovationR	(4) TFP_lp
常数项	15.872*** (46.36)	−9.164*** (−50.89)	8.122*** (20.27)	3.942*** (8.35)
控制变量	YES	YES	YES	YES
个体固定效应	YES	YES	YES	YES
年份固定效应	YES	YES	YES	YES
样本量	2786	2786	2774	2774
R^2	0.519	0.974	0.440	0.510

第四节　结论与政策建议

一、研究结论

面对全球经济持续衰退、地缘竞争愈发激烈、国际冲突事件频发的复杂局面，中国过去的出口导向型策略难以为继，以内需型发展模式提升产业发展的自主性与可持续性势在必行。数字消费蕴含着巨大而持久的动能，是以内需市场驱动战略性新兴产业高质量发展过程中不可忽视的关键锁钥。本章从需求侧视角出发，系统分析了数字消费对中国新一代信息技术产业高质量发展的作用效果和作用机制，并利用国家统计局中的各省相关数据、国泰安数据库及中国专利数据库中的上市公司数据测算了 2015—2021 年中国各省数字消费水平和新一代信息技术产业的全要素生产率水平，对数字消费影响新一代信息技术产业全要素生产率的直接效应和作用机制进行了实证检验。研究发现：

（1）近年来，中国数字消费水平不断提升，已成为助推新一代信息技术产业高质量发展的重要动力，且这一结论在替换各类指标、剔除部分样本、进行内生性检验等情形下依然稳健。

(2)本土市场-规模效应与技术创新效应是数字消费促进新一代信息技术企业全要素生产率水平提升的关键路径。

(3)就分类指数的影响而言，消费方式数字化与消费内容数字化都对新一代信息技术产业高质量发展产生了显著的积极作用，且消费内容数字化的促进作用更强。

(4)进一步研究发现，数字消费对新一代信息技术产业的影响存在明显的区域异质性与股权性质异质性，具体表现为数字消费在东部地区对新一代信息技术产业全要素生产率的促进作用显著，而中西部地区则不明显；非国有企业相比于国有企业更能吸收到数字消费发展的红利。

二、政策建议

首先，顺应消费升级的旺盛趋势，营造良好的数字消费环境，让民众想消费、敢消费、多消费，驱动数字消费深度发展。一是通过政策宣传普及数字消费观念，通过价值引导培养数字消费习惯，通过革新传统消费理念提升大众对于数字消费的接受程度。二是优化和完善数字消费发展的制度体系，健全网络交易监督管理办法，建立有效的数据安全监管规则，完善数字内容产权保护机制，维护公正透明的数字消费秩序，推动虚拟产品在真实世界中的价值体现，让数字消费维权有依据、有保障。三是引导线上线下消费模式深度融合，构建在线健身、在线医疗、在线教育等消费新业态，在衣、食、住、行等各个领域实行消费榜单与诚信商户公示，通过标杆品牌的树立提振大众数字消费的信心。

其次，引领企业牢牢把握数字消费的发展红利，最大限度地发挥需求端的引导作用，切实提高信息企业的自主创新水平，进而提升产业的生产效率。一是通过政策激励，引导企业由外需单驱动模式向内需为主、外需相辅的双驱动模式发展；进一步完善市场机制，降低融资门槛，为新一代信息技术企业能够依托数字消费需求在资源配置、生产规模、产品范围等方面做出最优决策创造条件。二是推进创新要素和产业资源集聚发展，深化产学研融合应用，畅通消费者参与产品研发生产的渠道，进一步为新一代信息技术企业创新构筑供需联动的生态环境。三是鼓励企业不断丰富产品与服务形式，走出舒适圈、吹响冲锋号，既要引导企业在发展较早、熟悉程度较高的消费方式数字化领域稳中求进，更要激励企业积极关注日新月异的消费内容数字化趋势，不断挖掘新的消费热点，尤其在高层次消费领域要形成"敢当拓荒牛、争做千里马"的奋斗风气。

最后，政府应针对企业的地区异质性、产权异质性实施针对性、差异化的战略决策。针对东部地区，应加大力度鼓励高技术、高附加值的产业发展，发挥新兴产业的引领带动作用。针对中西部地区，应优化产业布局，引导新兴产业集群化发展，增强数字消费的溢出效应；通过加强人才引进、技术引进等政策提高当地企业对数字消费趋势的理解与把握，打造特色产业群。除此之外，现阶段政府相关部门应继续支持非国有战略性新兴企业的发展，通过宽松的政策帮助其实现关键核心领域的技术突破，以创新带动产业高质量发展。同时革新市场体制，保障非国有企业与国有企业的公平竞争，弭除国有企业的创新惰性，强化国有企业对市场的敏锐度，推进供给侧改革。

第七章　收入分配、消费升级与战略性新兴产业高质量发展：基于共同富裕的研究背景

第一节　文献综述与理论机制

一、文献综述

共同富裕是中国特色社会主义的本质要求，是长期逐步实现的动态发展过程。从字面意义看，共同富裕首先以“富裕”为基础，旨在做大“蛋糕”，实现经济高水平发展；其次强调“共同”，侧重于分好“蛋糕”，彰显社会公平正义。推进收入分配公平是促进共同富裕的题中之义，党的十九大报告把提高人民收入水平放在推进共同富裕的重要地位，并将“实现城乡区域发展差距和居民生活水平差距显著缩小”确立为 2035 年的远景目标之一，强调实现经济增长与居民收入增长同步，持续提高低收入群体收入，扩大中等收入群体比重，形成橄榄型的分配结构。经典消费理论认为，收入是影响消费的决定性因素，凯恩斯的收入决定理论不仅说明收入水平决定消费水平，而且收入差距决定消费的持续增长。尽管我国整体收入水平有所提高，2021 年居民人均可支配收入达到 35128 元，但是收入差距仍居高不下，导致收入分配关系失衡，难以

支撑新一轮的消费升级。由此可见，扎实推进共同富裕，形成合理的收入分配结构不仅事关社会公平和稳定，而且有助于畅通国内大循环，带动战略性新兴产业结构升级（程玉鸿、程驰，2021）。

战略性新兴产业作为具有重大引领作用的知识技术密集型产业，探究其发展影响因素已成为学术界研究的重要内容。随着国内市场潜能逐渐被挖掘，学者们关注的焦点从供给侧转向需求侧。在 Krugman（1980）提出较大本土市场规模有利于产业实现规模效应后，国内学者开始检验中国产业发展中的本土市场效应。郝凤霞（2011）指出国内市场规模的快速成长为战略性新兴产业发展带来了持续创新的压力，强化了产业的国际竞争力，即战略性新兴产业在培育过程中存在本地市场规模效应的证据。申俊喜和叶春梅（2020）通过对比国内市场规模和国际市场规模对战略性新兴产业全要素生产率的影响，发现国内市场规模的促进效果更加全面，进一步说明了扩大内需的必要性。相比于消费规模的扩张，消费结构升级为提升战略性新兴产业全要素生产率提供了新的动力选择，是产业结构演进的根本动因。潘锡泉（2019）指出，顺应消费升级趋势，不仅为产业升级提供了重要导向和强大驱动力，同时也是倒逼企业创新的内生动力。申俊喜等（2021）强调在新发展格局下，充分发挥消费升级的基础性作用，可以通过市场竞争效应和投资引致效应促进企业创新，推动战略性新兴产业高端化发展。

西方经济学理论认为收入是影响消费的决定性因素，促进消费升级可以通过提高收入水平和改善收入差距两个途径。从收入水平方面看，经典收入假说明确指出收入提升是增加消费需求的基本条件，居民收入的持续增长为消费升级提供了空间。王雪琪等（2016）研究表明随着我国城镇居民收入的不断提高，发展享受型消费支出增加，带动居民消费需求层次提升。孙久文和李承璋（2022）研究发现收入提高一方面通过收入效应增加居民消费规模，另一方面通过结构自主变迁效应优化消费结构，最终促使消费升级。从收入差距方面看，蒋姣和赵昕东（2021）研究发现收入不平等的加剧会抑制居民的消费需求,主要表现为抑制发展型和享受型消费支出,从而阻碍消费升级。Brown et al.(2011)以中国偏远的农村地区为对象,研究发现由于攀比效应的存在,收入差距扩大反而使得低收入者支出增加,从而显著地了促进居民消费。李书宇和赵昕东(2019)进一步研究发现收入不平等对家庭消费的积极与消极作用并存,即收入差距整体上对消费升级的影响呈倒U型。

在经济学体系中,生产问题和分配问题始终占据着重要地位。作为居民可支配收入的重要来源,劳动报酬增加会助推产业结构升级(刘丽、任保平,2012),并且收入增长会通过激发消费升级,对产业结构升级产生积极的作用(陈洁,2020)。从另一个角度看,收入差距也会对产业结构产生影响。郑万吉和叶阿忠(2015)认为城乡收入差距扩大阻碍了产业结构升级,主要体现在收入差距扩大导致消费结构断层,进而不利于产业升级。王勇和沈仲凯(2018)则认为收入差距与产业结构之间呈现倒U型关系,适当的收入差距有利于产业升级。宋文飞等(2018)进一步从供给侧和需求侧分别探究了收入差距对企业全要素生产率的作用机制,发现收入差距通过城市化、工业化、人力资本、消费需求及结构等渠道对企业全要素生产率产生非线性影响。

综上所述,已有文献从需求侧研究了战略性新兴产业的发展,也探究了收入分配与消费升级、产业结构升级的关系,为本章研究提供了基本思路,但仍然存在一些研究空白。一是生产和分配问题的研究视角多聚焦于制造业,而缺少收入分配对战略性新兴产业发展的研究。战略性新兴产业具有重大引领作用,是获取产业竞争力的关键。二是已有文献局限于从单一的收入水平或收入差距维度研究分配对消费升级、产业升级的影响,而未将二者放入同一个研究框架下进行分析。本章利用2007—2019年战略性新兴产业上市公司数据和各省市数据,探究了收入分配对战略性新兴产业企业全要素生产率的影响及内在机理,不仅推进了战略性新兴产业发展的研究,从以往的需求端进一步溯源到收入分配环节,填补了收入分配与战略性新兴产业的研究空白;而且深化了共同富裕的研究,共同富裕是社会主义现代化的目标,推进共同富裕要求提高收入水平、缩小收入差距,形成橄榄型收入分配格局,同时,推进共同富裕有利于畅通国内大循环,带动战略性新兴产业高质量发展。

二、理论机制

1. 收入分配与战略性新兴产业发展

恩格斯在《反杜林论》中指出,分配并不仅仅是生产和交换的消极的产物;它反过来也影响生产和交换。在共同富裕背景下,我国收入分配格局的改善不仅体现在居民收入水平的可持续增加,更重要的是逐步缩小收入差距,使其保持在合理的范围内。收入分配问题是当前中国经济面临的一个重要挑战,优化收入分配结构是畅通国内大循环、促进产业结构调整升级和经济高质量发展的必要前提。

收入分配状况是劳动力作为一种特殊商品在劳动力市场的反映。从收入水平视角看,随着我国居民收入水平的持续提高,吸引了大批海外高层次人才,产生创新要素集聚效应,为技术创新推动战略性新兴产业发展提供了动力。对于战略性新兴产业而言,产业发展是生产率提升的过程,关键在于提高企业的技术创新能力(曾繁华、王飞,2014)。具体来看,国内收入的持续增长不仅增强了海外留学人才的归国意愿,而且吸引了外国高技术人才,促使大量能适应高端产业需要的高素质劳动力在国内聚集。一方面,高端人才带来了先进的技术和管理经验,为企业注入了创新动能,推动了低技术产业向高技术新兴产业的演化;同时有助于企业内部形成专业化的分工,提升生产率。另一方面,高素质劳动力在区域内的聚集会加强彼此间的合作,通过干中学效应和知识溢出效应提高企业研发能力,发展技术偏向型产品,带动新兴产业发展(谢平,2020)。此外,边际储蓄倾向递增理论指出随着收入的增长,居民储蓄倾向增加。储蓄投资机制进一步将储蓄转化为国民投资,有助于缓解企业因资金约束产生的创新能力和创新意愿不足等问题,进而带动相关产业发展(李斯林等,2022)。收入增长激发了企业的投资热情,尤其是对具有高回报率和重大发展需求的战略性新兴产业的投资热情持续高涨,带动了新兴产业发展,具体表现为:首先,大量资金投入引导企业加快设备更新和技术改造投资,为企业开展创新活动提供了必要的高端要素投入,提高了企业创新能力;其次,企业投资增加给潜在进入者传递市场前景良好的信号,吸引大量潜在竞争者进入,加剧市场竞争,增强企业创新意愿,促使企业加快创新以抢占先机。最终提升战略性新兴产业的创新绩效,促进全要素生产率提高,形成收入增长的投资效应。据此,本章提出假设 1。

假设 1:收入水平与战略性新兴产业企业全要素生产率之间呈正相关关系。

从收入差距视角看,收入分配对产业升级的影响体现在两个方面。其一,是劳动力的配置效应。经典的迁移理论表明,收入差距的扩大是推动劳动力要素流动的重要力量。一方面,收入差距扩大加速了劳动力要素的流动,通过人才要素集聚效应促进了产业结构转型升级。追求更高边际报酬是生产要素流动的内在动力,相比于传统产业,战略性新兴产业拥有更高的边际报酬,不断吸引高质量劳动力要素流入,优化劳动力要素配置,扩大生产规模,进而使产业结构趋于协调(殷凤、陈宪,2013)。另一方面,收入差距扩大吸引了大量劳动力要素向新兴产业流动,导致产业内部要素资源错配,生产效率低下,从而使产业发展陷入低端锁定(高辰颖,2018)。此外,持续扩大的收入差距抑制了贫困居民的劳动力质量提升,阻碍了劳动力向新兴产业的流动,制约了新兴产业规模的进一步扩张。其二,是劳动力的生产率效应。锦标赛理论认为,劳动者之间的收入差距可以有效激发个体积极性,诱使劳动者努力工作,提升企业生产效率。公平理论认为收入分配的不公平使职工产生不满情绪,从而减少劳动投入,消极怠工。具体影响效应为:对于具有激励功能的劳动要素来说,当收入分配过于平均时,“干多干少一个样,干好干坏一个样”的“大锅饭”制度抑制了劳动者的积极性,阻碍了产业升级。适当的收入分化反而会挖掘劳动者的生产潜能,对生产率产生激励效应。一旦收入差距过大,低收入群体丧失了劳动积极性,同时高收入群体也会满足于已有的收入,形成"福利病",导致劳动生产率降低,不利于产业结构调整(周卫民,2016)。由此可见,收入差距对产业结构的影响并不是一成不变的,合理的收入差距会通过有效配置劳动力要素和激发生产积极性,推动战略性新兴产业高端化发展。据此,本章提出假设2。

假设2:收入差距与战略性新兴产业企业全要素生产率之间呈非线性关系。

2. 收入分配、消费升级与战略性新兴产业发展

在需求主导的经济中,居民消费升级决定了产业升级(冯明法,2014)。而作为产业结构升级的基础性因素,消费结构又是由收入分配结构决定的。因此,收入分配结构的改善会通过加速消费升级,带动战略性新兴产业迈向中高端。

(1)收入水平、消费升级与战略性新兴产业发展

首先,收入的持续增长扩大了社会有效消费需求,产生规模效应。经典的消费理论提供了相关依据:绝对收入假说认为当期消费取决于当期的绝对收入水平;持久收入假说认为消费者会对预期到的长期收入做出消费反应;生命周期假说认为理性消费者会根据自己一生的收入安排消费与储蓄。由此可见,随着居民可支配收入的提高,预算约束放宽,社会有效需求扩大,居民为了实现效用最大化会增加消费,消费行为得到释放(孙久文、李承璋,2022)。由市场需求所形成的本土市场规模,有助于生产者建立成本竞争优势,实现生产环节的规模经济,加快产业结构升级。本土市场效应具体表现为:本土市场规模扩大会吸引大量企业集聚,加剧市场竞争。而不断扩大的市场份额是逐利性的企业竞相争夺的目标,因此,企业会进行技术创新降低单位生产成本,建立竞争优势,并通过批量生产带动新兴产业规模扩张,形成新的增长极。

其次,收入的持续增长激发了消费结构升级,产生结构变迁效应。马斯洛

需求层次理论认为,人的需求是由低层次到高层次依次出现的,呈现出生存需求—发展需求—自我价值实现的金字塔型。从短期看,收入水平提升会刺激当前高档商品的消费欲望,增加发展享受型消费支出,改善生活质量。从长期看,收入的持续增长使消费层次出现明显的跳跃,居民消费结构不断高端化,实现消费升级(秦海林、高轶玮,2019)。恩格尔效应指出,高需求收入弹性产品的需求比重增加,在消费结构中占据主要地位,从而带动与之相对应的新兴产业发展(杨天宇、陈明玉,2018)。具体机制为:当居民的消费结构升级时,消费层次由"吃饱穿暖"为代表的传统消费模式向"医疗保健、教育文化娱乐"为代表的新兴消费模式转变。而生产的最终目的是满足消费,因此,企业会以居民消费偏好为导向,进行生产。通过市场优胜劣汰的竞争机制,那些与消费者需求相匹配的新兴产业会获得更大的市场份额,产生规模经济,在国民经济中占据主导地位(袁小慧等,2015)。据此,本章提出假设3。

假设3:收入水平提高通过带动消费升级促进战略性新兴产业企业全要素生产率。

(2)收入差距、消费升级与战略性新兴产业发展

收入差距扩大对消费结构有二重效应:其一是正向影响。相对收入假说强调人的消费不仅受到自身因素的约束,还会受到周围人的消费状况的影响,产生攀比效应。当收入差距扩大时,攀比效应诱致低收入群体增加地位商品等炫耀性消费,享受型消费支出增加。其二是负向影响。相对收入的激励效应促使低收入群体增加人力资本、社会资本投资,减少炫耀性消费(李江一、李涵,2016)。预防性储蓄理论指出,收入差距扩大使消费者面临的不确定性增加,从而降低消费意愿,增加储蓄,不利于消费升级(杭斌、修磊,2016)。绝对收入假说认为,不同收入阶层的边际消费倾向具有异质性,随着人均可支配收入的增加,居民的边际消费倾向呈递减趋势。当收入差距过大时,分配结构呈金字塔型分布,高收入阶层由于边际消费倾向较低导致购买愿望不足,低收入阶层由于收入不足导致潜在消费需求难以转化为现实需求,停留在低端消费,从而造成消费结构断层,进一步导致高端产品与服务市场难以形成较大的规模,产业结构升级乏力(杨来科,2000)。

此时,缩小收入差距可以有效弱化社会主要矛盾,降低消费不平等,并通过消费升级优化要素的配置,赋能新兴产业高端化发展,产生鲍莫尔效应。具体机制为:消费升级引导新兴产业技术的创新和进步以满足新兴消费需求,加速了生产要素在产业间的流动,使生产要素向新兴产业集聚,带动产业规模化发展。正如 Baumol(1967)所说,当技术进步带来的某一产业生产率提高时,会吸引高回报率的资本而挤出低回报率的劳动,形成产业结构的高端化。因此,高回报率的资本要素从低端制造业流入新兴产业,战略性新兴产业规模得以扩大。在规模经济的作用下,产业生产率提升,进一步吸引资本要素的流入,实现良性循环,战略性新兴产业结构逐步趋于合理。也就是说,合理的收入分配结构将有利于消费结构的升级,从而促进产业结构的合理化;过于平均或过于分化的收入分配结构将阻碍消费升级,不利于形成协调、高级的产业结构。据此,本章提出假设 4。

假设 4:收入差距扩大通过消费升级对战略性新兴产业企业全要素生产率产生非线性影响。

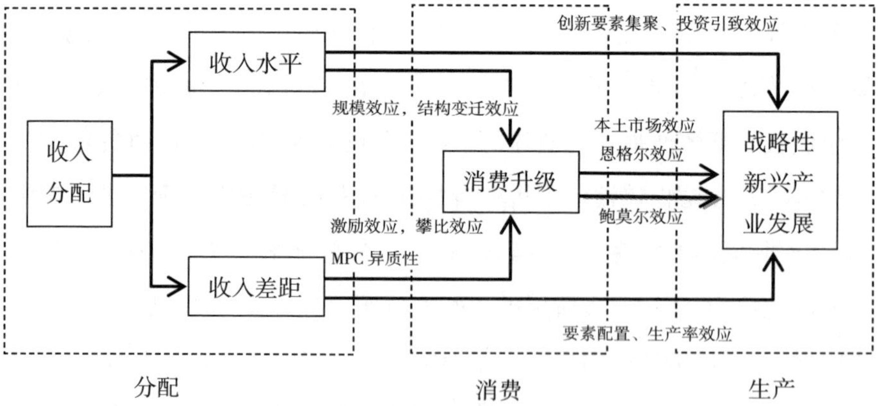

图 7-1 理论机制图

第二节　研究设计

一、模型设定

为了验证收入分配与战略性新兴产业发展的关系，本章基于理论机制构建实证模型如下：

$$tfp_{it} = \alpha_0 + \alpha_1 \ln income_{jt} + \lambda X_{it} + v_i + v_j + v_k + v_t + \varepsilon_{it} \tag{1}$$

$$tfp_{it} = \alpha_0 + \alpha_1 gini_{jt} + \lambda X_{it} + v_i + v_j + v_k + v_t + \varepsilon_{it} \tag{2}$$

模型（1）（2）分别检验收入水平、收入差距与企业全要素生产率的线性关系。其中，下标 i 为企业标识，j 为地区标识，t 为年份标识。tfp_{it} 为战略性新兴产业企业全要素生产率，$\ln income_{jt}$ 为各省市收入水平，$gini_{jt}$ 为各省市收入差距，X_{it} 为影响企业全要素生产率的其他变量，包括企业规模（size）、资本劳动比率（lnkl）、资产报酬率（roa）、现金流（cfo）、企业性质（state）、地方政府支出规模（lngov）。v_i、v_j、v_k、v_t 分别代表个体、地区、产业和时间固定效应，ε_{it} 为随机误差项。

考虑到收入差距的双重效应，即较小的收入差距有利于企业有效配置劳动力要素，激发生产积极性，从而提升全要素生产率；但当收入差距超过特定阈值时，收入差距的扩大将导致资源错配，抑制生产积极性，从而使得收入差距与企业全要素生产率之间呈现先上升后下降的倒 U 型关系。因此，本章在模型（2）的基础上加入收入差距的二次项，检验收入差距与企业全要素生产率之间的非线性关系，并识别收入差距对企业全要素生产率的影响以及发生变化的阈值。实证模型设定如下：

$$tfp_{it} = \alpha_0 + \alpha_1 gini_{jt} + \alpha_2 gini_{jt}^{\ 2} + \lambda X_{it} + v_i + v_j + v_k + v_t + \varepsilon_{it} \tag{3}$$

二、变量定义及测算

1. 战略性新兴产业发展

较高的全要素生产率是战略性新兴产业发展的重要体现，参考鲁晓东和连玉君（2012）的做法，分别以 OP 和 LP 方法测算战略性新兴产业企业全要素生产率。OP 法能够解决同时性偏误和样本选择偏误，从而得到更加精确的估计结果，因此，本章将 OP 法测算的企业全要素生产率作为被解释变量，LP 法测算的企业全要素生产率作为稳健性检验。

（1）OP 法。对下列模型进行估计：

$$\ln Y_{it} = \beta_0 + \beta_k \ln K_{it} + \beta_l \ln L_{it} + \beta_i \ln I_{it} + \beta_a age_{it} + \beta_s state_{it} + \beta_e EX_{it} + \sum_m \delta_m year_m + \sum_n \lambda_n reg_n + \sum_k \xi_k ind_k + \varepsilon_{it} \tag{4}$$

其中，Y_{it} 表示产出，用营业总收入表示；K_{it} 表示资本投入，用固定资产净额表示；L_{it} 表示劳动投入，用应付职工薪酬表示；I_{it} 表示投资变量，用购建固定资产无形资产和企业长期资产支付的现金表示；age_{it} 为企业年龄；$state_{it}$ 为企业是否为国有企业的虚拟变量；EX_{it} 为企业是否参加出口的虚拟变量；$year_m$、reg_n、ind_k 分别是企业年份、省份和产业的虚拟变量。将所有名义变量都折算成以 2000 年为基期的实际变量，运行 stata 得到企业全要素生产率，记为 tfp_op。

（2）LP 法。对下列模型进行估计：

$$\ln Y_{it} = \alpha_0 + \alpha_k \ln K_{it} + \alpha_l \ln L_{it} + \alpha_m \ln M_{it} + \varepsilon_{it} \tag{5}$$

其中，M_{it} 为中间品投入，用企业购买商品、接受劳务支付的现金表示，其他变量含义不变。利用 stata 计算出企业全要素生产率，记为 lntfp_lp。

2. 收入分配

在共同富裕背景下，改善收入分配结构，一是稳步增加不同群体的收入水平,实现居民收入与经济增长基本同步;二是缩小不同收入群体的收入差距,扩大中等收入阶层规模,形成橄榄型的收入分配格局。因此,本章将从收入水平和收入差距两个维度衡量收入分配。

(1)收入水平(lnincome)。采用各省市人均可支配收入的自然对数衡量收入水平。

(2)收入差距(gini)。参考田卫民(2012)的研究,采用普遍使用的基尼系数衡量居民收入差距。在我国各省市统计年鉴中,城镇和农村居民收入分组的数据格式并不一致,因此先利用公式 $G = 1 - \frac{1}{PW}\sum_{i=1}^{n}(W_{i-1} + W_i) * P_i$ 分别计算各省市城镇和农村的基尼系数,其中,P 为总人口,P_i表示第 i 组的人口,W 为总收入,W_i为累计到第 i 组的收入。之后利用式(6)计算各省市基尼系数,其中,G_c、G_r 分别是城镇和农村基尼系数,P_c、P_r 分别是城乡人口比重,u_c、u_r 分别是城乡人均可支配收入,u 是各省市人均可支配收入。

$$G = P_c^2 \frac{u_c}{u} G_c + P_r^2 \frac{u_r}{u} G_r + P_c P_r \frac{u_c - u_r}{u} \tag{6}$$

3. 控制变量

考虑到其他可能影响企业全要素生产率的因素,参照已有文献,加入控制变量如下:(1)企业规模(size),以企业员工人数的自然对数衡量。一般而言,企业员工人数越多,规模越大,越容易产生规模效应,提升企业生产率。(2)资本劳动比率(lnkl),以固定资产金额/员工人数的自然对数衡量。合理的要素配置有利于分工,提升企业全要素生产率。(3)资产报酬率(roa),以净利润占总资产比重衡量,体现了企业的资产获益能力和产出水平。(4)现金流(cfo),以企业经营活动产生的现金流量净额与营业总收入之比衡量,体现了企业的融资约束。普遍研究认为融资约束抑制了企业的发展。(5)企业性质(state),为虚拟变量。当企业为国有企业时,取值为 1,否则取值为 0。

(6)地方政府支出规模(lngov),以政府一般公共预算支出的自然对数衡量。政府支出规模越大,越能为当地新兴产业提供良好的发展环境。具体如表7-1所示。

表7-1 主要变量描述性统计

变量名称	变量符号	平均值	标准误	最小值	最大值
全要素生产率	*tfp_op*	7.56828	0.9067254	3.413334	10.0992
	lntfp_lp	8.312012	0.9744358	5.655967	11.05346
收入水平	*lnincome*	9.403461	0.4855041	8.306696	10.76098
收入差距	*gini*	0.3934397	0.0525347	0.2631386	0.5161821
企业规模	*size*	20.96055	1.383548	15.88745	25.13487
资本劳动比率	*lnkl*	12.09335	1.119468	8.798018	16.45803
资产报酬率	*roa*	0.0369368	0.0743479	−0.6557295	0.3471339
现金流	*cfo*	0.0820007	0.1673903	−0.7075624	0.8603128
企业性质	*state*	0.3101043	0.462549	0	1
地方政府支出规模	*lngov*	15.97661	0.6037226	14.0749	17.3914

三、样本与数据来源

本章研究的数据时段为2007—2019年,微观数据来源于Wind数据库与CRMAR数据库,宏观数据来源于中国经济信息网统计数据库和各省市统计年鉴,基尼系数部分数据来源于田卫民(2012)和盛中明(2021)。考虑到缺少企业的战略性新兴产业分类,本章对数据进行了如下处理:①以《国家战略性新兴产业分类(2018)》为指导,手动对全国上市公司经营范围进行筛选,初步筛选出战略性新兴产业上市公司2181家。②根据经营范围对上市公司进行战略性新兴产业归类。其中新一代信息技术产业475家、高端装备制造业477家、新材料产业447家、生物产业343家、新能源汽车产业61家、新能源产业192家、节能环保产业186家上市公司。③由于2013年统计口径发生改变，本章对 2007—2013 年的消费支出和人均可支配收入进行了调整，使前后数据具有可比性。④西藏地区由于数据缺失未纳入统计；同时剔除了主要变量缺失、员工人数过少的企业样本，并以相应的价格指数对相关数据进行了平减处理。

四、典型事实

1. 战略性新兴产业企业全要素生产率的典型事实

图 7-2 报告了 2007—2019 年战略性新兴产业企业全要素生产率均值的变化趋势。tfp_op 从 2007 年的 7.38 上升到 2019 年的 7.67，lntfp_lp 从 2007 年的 8.10 上升到 2019 年的 8.50，tfp_op 始终小于 lntfp_lp，但均呈稳健上升趋势。

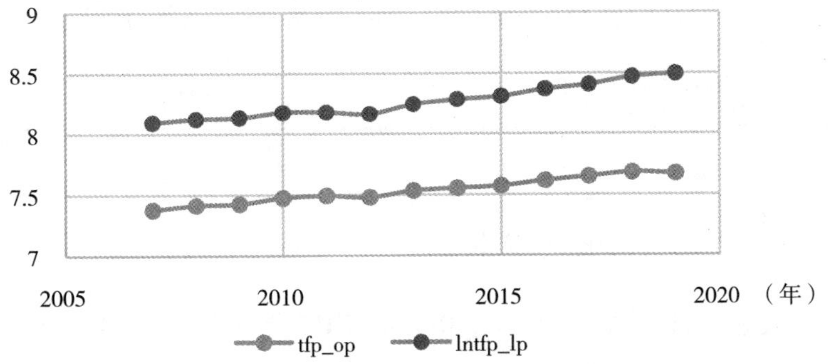

图 7-2　2007—2019 年企业全要素生产率均值的演变趋势

以企业营业总收入占比为权重，对 tfp_op 加权得到七大战略性新兴产业全要素生产率，见表 7-2。除新能源汽车产业外，其他产业总体上发展态势良好，全要素生产率得到了较大的提升。新能源汽车产业全要素生产率的变动趋势呈波浪形，发展十分不稳定，并且其全要素生产率水平均值处于低位，说明产业发展受到阻碍。从全要素生产率增长速度来看，高端装备制造业发展迅猛，全要素生产率增长了 8%，并且近两年来产业全要素生产率处于领先地位。从全要素生产率均值来看,排在第一位的是节能环保产业,产业发展遥遥领先,其次是新一代信息技术产业和新能源产业,排在末位的是生物产业。

表 7-2 战略性新兴产业全要素生产率

产业	2007年	2008年	2009年	2010年	2011年	2012年	2013年	2014年	2015年	2016年	2017年	2018年	2019年	平均值
新一代信息技术产业	8.98	9.00	8.97	9.07	9.06	9.02	9.04	8.97	8.94	9.00	9.25	9.28	9.28	9.07
高端装备制造业	8.58	8.72	8.80	8.92	8.99	8.93	9.07	9.06	9.05	9.06	9.13	9.26	9.26	8.99
新材料产业	8.76	8.84	8.77	9.02	9.06	8.99	9.08	9.00	8.90	8.96	9.03	9.11	9.12	8.97
生物产业	8.50	8.47	8.50	8.70	8.71	8.64	8.81	8.83	8.75	8.79	8.93	9.01	9.05	8.75
新能源汽车产业	8.63	8.53	8.46	8.57	8.99	8.87	8.97	8.94	9.03	8.99	8.95	9.00	8.95	8.84
新能源产业	8.69	8.75	8.82	9.01	9.10	9.14	9.18	9.13	9.04	9.06	9.12	9.14	9.21	9.03
节能环保产业	8.72	9.06	9.19	9.27	9.26	9.15	9.22	9.17	9.09	9.14	9.22	9.29	9.27	9.16

2. 收入分配格局的典型事实

为简便起见,仅选取 2007 年、2011 年、2015 年和 2019 年四个年份估计收入分配密度函数,见图 7-3。左边为收入水平核密度图,2007—2019 年居民收入水平密度函数的均值不断向右移动,意味着居民收入水平均值不断提高。2019 年的峰值明显变大,表明居民收入水平逐渐向均值收敛。右边为收入差距核密度图,2007—2019 年居民收入差距密度函数的均值和峰高均经历了先缩小后增加的过程,表明 2007—2015 年居民收入差距均值逐渐缩小的同时收入差距向两端发散;2015—2019 年居民收入差距均值有所增大,但收入差距高度向中心收敛,逐渐形成橄榄型的收入分配格局。

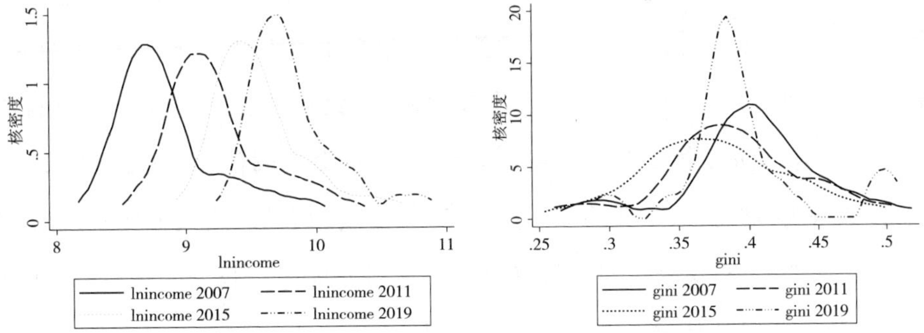

图 7-3　各省市居民收入水平和收入差距核密度图

第三节　实证结果与分析

一、基准回归分析

本章采用固定效应模型对回归方程进行估计，结果见表 7-3。其中，第(1)(2)列为收入水平回归结果，第(1)列回归系数显著为正，表明在不加入任何控制变量的情况下，收入水平对企业全要素生产率产生显著的正向影响。第(2)列在第(1)列的基础上加入了控制变量和固定效应，收入水平回归系数减小，但依旧显著为正，表明在其他条件不变时，收入水平仍然可以显著地提升企业的全要素生产率，证实假设 1 成立。

第(3)(4)列为收入差距回归结果，第(3)列收入差距回归系数显著为负，表明在不加入任何控制变量的情况下，收入差距扩大会显著地抑制企业的全要素生产率。第(4)列在纳入控制变量和固定效应后，收入差距回归系数未通过显著性检验，意味着收入差距与企业全要素生产率之间不存在显著的线性关系。第(5)(6)列为加入收入差距二次项的回归结果，收入差距一次项回归系数均显著为正，二次项回归系数均显著为负，表明收入差距与企业全要素生产率之间存在显著的倒 U 型关系，证实假设 2 成立。具体体现为：当收入差距较小时，收入差距的扩大将提升企业全要素生产率，带动产业发展；但当收入差距扩大到一定程度时，将会抑制企业全要素生产率，阻碍产业发展。基于第（6）列收入差距一次项和二次项的回归系数，计算得到收入差距的阈值为0.377。目前，全国收入差距均值为0.393，高于阈值，即在2007—2019年间，中国战略性新兴产业主要位于倒U型曲线的右端，收入差距扩大会抑制产业发展。说明我国应该采取有效的措施适当地缩小收入差距，助推战略性新兴产业高端化发展。

不难看出，无论核心解释变量是收入水平还是收入差距，控制变量的显著性和正负性并未发生改变。企业规模、资产报酬率回归系数显著为正，表明企业规模的扩大以及资产报酬率的提高会对企业全要素生产率产生显著的促进作用，主要表现为规模效应和较高的资金利用效率。资本劳动比率回归系数显著为负，可能原因在于资本劳动比率过高导致了要素配置不合理，降低了企业生产效率。现金流回归系数显著为负，原因在于融资约束造成投资不足，限制了企业创新能力和意愿。企业性质回归系数显著为负，表明相比于非国有企业，国有企业的全要素生产率水平更低，可能是对国有企业生产的过度投资以及资源政策的倾斜造成了企业资源配置效率低下。地方政府支出规模回归系数为正，但未通过10%的显著性检验，说明政府支出对企业全要素生产率的促进效果并不显著，可能存在门槛效应。

表7-3　基准回归结果

变量	*tfp_op* (1)	*tfp_op* (2)	*tfp_op* (3)	*tfp_op* (4)	*tfp_op* (5)	*tfp_op* (6)
lnincome	0.310*** (0.013)	0.190** (0.090)				
gini			−3.660*** (0.166)	0.089 (0.314)	3.438* (1.916)	5.465*** (2.090)
$gini^2$					−10.077*** (2.697)	−7.250*** (2.797)

续表

变量	*tfp_op* (1)	*tfp_op* (2)	*tfp_op* (3)	*tfp_op* (4)	*tfp_op* (5)	*tfp_op* (6)
size		0.646*** (0.009)		0.642*** (0.010)		0.643*** (0.010)
lnkl		-0.148*** (0.009)		-0.139*** (0.009)		-0.140*** (0.009)
roa		0.697*** (0.076)		0.724*** (0.087)		0.722*** (0.087)
cfo		-0.134*** (0.025)		-0.126*** (0.027)		-0.127*** (0.026)
state		-0.076** (0.030)		-0.068** (0.032)		-0.067** (0.032)
lngov		0.018 (0.050)		0.010 (0.060)		0.019 (0.060)
时间 地区 产业 个体	NO NO NO NO	YES YES YES YES	NO NO NO NO	YES YES YES YES	NO NO NO NO	YES YES YES YES
_cons	4.532*** (0.129)	-5.888*** (1.199)	8.880*** (0.060)	-4.233*** (0.982)	7.649*** (0.338)	-5.356*** (1.095)
N	17921	17912	13817	13808	13817	13808
R^2	0.031	0.774	0.036	0.770	0.037	0.771

注:***、**和*分别表示结果在1%、5%和10%水平下统计显著;括号内为对应系数的稳健标准误;下同。

二、稳健性检验

1. 更换被解释变量

采用LP法重新测算企业全要素生产率替换原被解释变量,回归结果见表7-4第(1)(2)列。第(1)列显示收入水平回归系数显著为正,说明收入提高能有效提升企业的全要素生产率。第(2)列收入差距的一次项和二次项回归系数分别显著为正和显著为负,说明收入差距对企业全要素生产率产生倒U型影响。与基准回归模型的结论基本一致,表明基准回归结果具有较强的稳健性,进一步证实了假设 1 和假设 2。

2. 子样本回归

尽管基础回归已经控制了年份固定效应,但 2008 年金融危机对公司经营发展造成巨大冲击,同时居民收入和消费状况也受到了很大影响。因此,本章分别剔除 2008 年、2007—2009 年数据以剔除金融危机影响,回归结果见表 7-4 第(3)—(6)列。在划分子样本后,收入水平的回归系数分别为 0. 254 和 0. 164,且显著;收入差距的一次项系数均显著为正,二次项系数均显著为负。表明在消除金融危机带来的影响后,本章的主要结论依然成立,即提升收入水平、保持合理的收入差距是战略性新兴产业发展的动力。

表 7-4　稳健性检验:更换被解释变量和子样本回归

变量	*lntfp_lp* 替换 Y (1)	*lntfp_lp* 替换 Y (2)	*tfp_op* 剔除 2008 年 (3)	*tfp_op* 剔除 07—09 年 (4)	*tfp_op* 剔除 2008 年 (5)	*tfp_op* 剔除 07—09 年 (6)
lnincome	0.119* (0.063)		0.254*** (0.096)	0.164* (0.097)		
gini		4.365*** (1.501)			5.437*** (2.096)	5.761** (2.286)
$gini^2$		−6.014*** (2.013)			−7.336*** (2.800)	−8.189*** (3.074)
size	0.722*** (0.007)	0.721*** (0.008)	0.658*** (0.009)	0.651*** (0.010)	0.641*** (0.010)	0.642*** (0.011)
lnkl	−0.170*** (0.007)	−0.167*** (0.007)	−0.151*** (0.008)	−0.157*** (0.008)	−0.143*** (0.009)	−0.149*** (0.010)
roa	0.602*** (0.057)	0.614*** (0.066)	0.373*** (0.053)	0.364*** (0.054)	0.707*** (0.088)	0.682*** (0.089)
cfo	−0.082*** (0.018)	−0.078*** (0.019)	−0.075*** (0.021)	−0.063*** (0.019)	−0.119*** (0.027)	−0.096*** (0.025)
state	−0.039* (0.020)	−0.034 (0.022)	−0.079** (0.034)	−0.079** (0.035)	−0.068** (0.032)	−0.077** (0.035)

续表

变量	*lntfp_lp* 替换 Y (1)	*lntfp_lp* 替换 Y (2)	*tfp_op* 剔除 2008 年 (3)	*tfp_op* 剔除 07—09 年 (4)	*tfp_op* 剔除 2008 年 (5)	*tfp_op* 剔除 07—09 年 (6)
lngov	0.009 (0.035)	0.006 (0.044)	0.017 (0.048)	0.004 (0.048)	0.016 (0.058)	0.003 (0.057)
固定效应	YES	YES	YES	YES	YES	YES
_cons	-5.937*** (0.836)	-5.643*** (0.788)	-6.674*** (1.260)	-5.513*** (1.321)	-5.220*** (1.078)	-4.955*** (1.113)
N	16760	12844	17190	15732	13193	11949
R^2	0.913	0.911	0.794	0.786	0.770	0.766

三、内生性检验

考虑到收入分配与企业全要素生产率之间可能存在的内生性问题,本章做了两个方面的尝试。第一,考虑的是省份层面的收入分配对地区内微观企业全要素生产率的影响效应,在一定程度上会消除二者之间可能的逆向因果关系所导致的内生性问题。原因在于:收入分配格局的形成属于政府层面的政策行为,必然会影响到地区内所有企业的行为,并且地区内单个企业的行为不太可能会影响政府层面的政策制定。第二,参考钞小静和廉园梅(2019)的研究,使用基层工会组织数量作为居民收入水平的工具变量,首先中国工会可以有效维护劳动者权益,其次我国工会组织较少受到企业的影响,满足工具变量的外生性条件。参考尹志超等(2020)的研究,采用少儿抚养比和老年抚养比作为收入差距的工具变量,抚养比对地区收入差距产生显著影响,同时企业全要素生产率对地区层面的人口结构而言是相对外生的。

回归结果见表 7-5 中第(1)(2)列为收入水平工具变量的 2SLS 回归结果。第(1)列基层工会组织数量回归系数显著为正,说明工会具有显著的工资溢价效应。第(2)列收入水平回归系数显著为正,再次验证了收入增长对战略性新兴产业发展的带动作用。第(3)—(5)列为收入差距工具变量的

2SLS 回归结果。第(3)列少儿抚养比、老年抚养比的一次项系数在 1%水平下显著,第(4)列少儿抚养比、老年抚养比的二次项系数也通过了显著性检验,表明内生变量与工具变量之间具有较强相关性。第(5)列收入差距的回归结果与基准回归一致,且通过了 10%显著性检验,表明收入差距对企业全要素生产率产生显著的倒 U 型曲线效应。对比基准回归结果,2SLS 中核心解释变量及其平方项系数的绝对值显著变大,说明若忽略收入水平和收入差距与企业全要素生产率之间可能存在的内生性问题,会严重低估收入分配结构对战略性新兴产业发展的影响,体现了工具变量的合理性。此外,各模型 KPLM 对应 p 值为 0,可以拒绝工具变量识别不足的原假设;Cragg-Donald Wald F 值大于 Stock-Yogo 10%偏误的临界值,因此不存在弱工具变量问题;收入差距 2SLS 模型中 Hansen 检验 p 值为 0. 99,大于 0. 1,表明不存在过度识别约束。

表 7-5 内生性检验:2SLS

变量	*lnincome* (1)	*tfp_op* (2)	*gini* (3)	$gini^2$ (4)	*tfp_op* (5)
lnlau	0.140*** (0.003)				
lnincome		0.409*** (0.138)			
cdr			1.140*** (0.067)	0.842*** (0.050)	
oadr			0.156*** (0.044)	0.001 (0.033)	
cdr^2			-1.856*** (0.129)	-1.318*** (0.099)	
$oadr^2$			0.074 (0.137)	0.370*** (0.105)	
gini					7.179* (3.934)

续表

变量	*lnincome* (1)	*tfp_op* (2)	*gini* (3)	$gini^2$ (4)	*tfp_op* (5)
$gini^2$					-9.383* (5.334)
size	-0.002** (0.001)	0.687*** (0.007)	-0.001 (0.000)	-0.000 (0.000)	0.684*** (0.008)
lnkl	0.002* (0.001)	-0.159*** (0.006)	0.000 (0.000)	0.000 (0.000)	-0.151*** (0.007)
roa	0.020*** (0.006)	0.380*** (0.053)	0.002 (0.002)	0.002 (0.002)	0.353*** (0.063)
cfo	-0.003 (0.002)	-0.072*** (0.021)	0.000 (0.001)	0.000 (0.001)	-0.067*** (0.025)
state	-0.006 (0.004)	-0.094*** (0.022)	-0.002 (0.001)	-0.001 (0.001)	-0.087*** (0.026)
lngov	-0.140*** (0.009)	0.018 (0.034)	-0.052*** (0.003)	-0.037*** (0.002)	-0.026 (0.039)
固定效应	YES	YES	YES	YES	YES
_cons	9.450*** (0.141)		1.017*** (0.048)	0.602*** (0.035)	
N	17914	17770	13810	13810	13663
R^2	0.984	0.794	0.691	0.693	0.789

第四节　进一步研究

一、机制分析

通过上述实证结果分析,收入分配对战略性新兴产业企业全要素生产率的影响不言而喻,本部分将从需求端出发,分析收入水平与收入差距影响企业全要素生产率的消费升级渠道。参考 Baron and Kenny(1986)提出的逐步回归法,建立如下回归方程:

$$consum\_eles_{jt} = \beta_0 + \beta_1 \ln income_{jt} + \lambda X_{it} + v_i + v_j + v_k + v_t + \varepsilon_{it} \tag{7}$$

$$tfp_{it} = \lambda_0 + \lambda_1 \ln income_{jt} + \lambda_2 consum\_eles_{jt} + \lambda X_{it} + v_i + v_j + v_k + v_t + \varepsilon_{it} \tag{8}$$

$$consum\_eles_{jt} = \beta_0 + \beta_1 gini_{jt} + \beta_2 gini_{jt}^{\ 2} + \lambda X_{it} + v_i + v_j + v_k + v_t + \varepsilon_{it} \tag{9}$$

$$tfp_{it} = \lambda_0 + \lambda_1 gini_{jt} + \lambda_2 gini_{jt}^{\ 2} + \lambda_3 consum\_eles_{jt} + \lambda X_{it} + v_i + v_j + v_k + v_t + \varepsilon_{it} \tag{10}$$

具体检验步骤为：首先进行基准回归检验，已知回归系数显著；其次用模型(7)(9)分别检验收入水平、收入差距与消费升级的关系，探究中介效应存在性；若回归系数显著，最后用模型(8)(10)检验中介效应显著性。

本章借鉴黄隽和李冀恺(2018)的方法，使用扩展线性支出系统模型(ELES)计算出居民八大类消费支出的需求收入弹性，以需求收入弹性是否大于1为标准将八大类消费支出划分为基础消费支出和高层次消费支出，并以高层次消费支出占总消费支出的比重作为居民消费升级的代理变量。ELES基本模型为 $C_i = a_i + b_i Y + \varepsilon_i$，其中Ci为第i类消费支出，Y为居民可支配收入，$a_i$、$b_i$ 为待估计参数。进一步转化需求收入弹性公式，得到 $EM_i = \frac{\partial X_i / X_i}{\partial Y / Y_i} = b_i \frac{Y}{X_i P_i} = b_i \frac{Y}{C_i}$，其中 X_i 为第i类消费品的实际需求，P_i 为其价格。经计算得到居住、生活用品及服务、交通和通信、教育文化和娱乐、医疗保健五类消费支出的平均收入需求弹性大于1，将其划分为高层次消费支出。因此，消费升级为上述消费支出之和占总消费支出的比重。

在新消费背景下，消费需求、结构、方式的转变引导战略性新兴产业发展，为中介检验结果提供了充足的参考依据。具体表现为：第一，信息消费成为我国新兴消费的重要领域。互联网时代下，通信网络、电子器件及设备成为人们日常交往必不可少的产品，需求规模的不断扩大促进了新一代信息技术产业发展。第二,健康消费进入高速发展的快车道。随着居民生活水平及健康意识的提升,对医疗保健、养老卫生服务、康复照护等领域逐渐重视,带动了生物医药产业的发展。第三,绿色消费开始成为消费的主流。随着低碳环保理念不断融入生活,绿色出行、清洁能源以及高效节能产品受到了广泛的推崇,进一步带动了新能源汽车业、新能源产业和节能环保产业的发展。第四,后疫情时代,新消费给战略性新兴产业发展带来了机遇与挑战。线上办公、网课、在线医疗等新型消费模式催生了"互联网+"等新一代信息技术的业态创新;医疗设备、疫苗药品的供不应求刺激了生物产业的研发创新;无接触配送以及企业自动化生产需求使机器人被广泛应用,推进了高端装备智能化。

表 7-6 报告了中介效应回归结果。第(1)列收入水平系数显著为正,可以认为消费升级的中介效应是存在的,表明收入的持续增长通过收入效应和结构变迁效应提升消费层次,带动消费升级。第(2)列消费升级回归系数显著为正,收入水平回归系数未通过显著性检验,表明消费升级在收入增长促进新兴产业发展的过程中发挥了完全中介效应,假设 3 成立。恩格尔效应和本土市场效应为这一事实提供了很好的解释:收入增长带动了居民高层次消费的需求,引起相关产业结构的变动,带来新兴产业的规模扩张。

第(3)列收入差距的一次项及二次项系数分别显著为正和显著为负,即收入差距的扩大对消费升级产生双重影响。具体表现为收入分配过于平均化将导致消费结构趋同,收入差距过大将导致消费结构断层,合理的收入差距是推动消费结构升级的关键。第(4)列收入差距的一次项和二次项以及消费升级的回归系数均通过了显著性检验,表明收入差距对企业全要素生产率的直接效应是显著的,证实消费升级在收入差距影响企业全要素生产率的路径中发挥了部分中介效应,假设 4 成立。

表 7-6　消费升级的中介效应

变量	*consum_eles* (1)	*tfp_op* (2)	*consum_eles* (3)	*tfp_op* (4)
lnincome	0.220*** (0.006)	0.070 (0.104)		
gini			2.795*** (0.170)	4.220** (2.148)
$gini^2$			-2.911*** (0.242)	-5.954** (2.837)
consum_eles		0.544** (0.245)		0.445* (0.259)
size	-0.000 (0.000)	0.646*** (0.009)	-0.001 (0.000)	0.643*** (0.010)
lnkl	0.000 (0.000)	-0.148*** (0.009)	0.000 (0.000)	-0.140*** (0.009)
roa	0.002 (0.003)	0.696*** (0.076)	0.006 (0.004)	0.719*** (0.087)
cfo	-0.000 (0.001)	-0.134*** (0.025)	-0.001 (0.001)	-0.127*** (0.026)
state	-0.002 (0.002)	-0.075** (0.030)	-0.001 (0.001)	-0.066** (0.032)
lngov	-0.065*** (0.002)	0.053 (0.052)	-0.055*** (0.002)	0.043 (0.060)
固定效应	YES	YES	YES	YES
_cons	-0.402*** (0.063)	-5.669*** (1.200)	0.719*** (0.037)	-5.676*** (1.100)
N	17914	17912	13810	13808
R^2	0.977	0.774	0.977	0.771

二、异质性分析

1. 经济发展阶段异质性

改革开放以来，中国经济处于高速增长阶段，随着传统的经济发展方式越来越不可持续，2014 年中央经济工作会议指出，要以提高经济质量为中心，把调整经济发展方式放在重要地位,自此中国经济发展进入新常态阶段。因此,本章将样本期间分为2007—2013年和2014—2019年两个时间段进行检验。表7-7第(1)(2)列结果显示在2007—2013年的经济高速增长阶段,居民收入水平提升对新兴产业企业全要素生产率产生显著的促进作用;在2014—2019年的经济新常态阶段,居民收入水平对企业全要素生产率产生正向影响,但不显著。换言之,随着经济的发展,居民收入基数增大,收入增长促进战略性新兴产业发展的边际效应递减。第(3)—(6)列结果显示在经济高速增长阶段,收入差距与企业全要素生产率呈正相关关系;在经济新常态阶段,收入差距与企业全要素生产率呈倒U型关系,且均值大于拐点,产业发展正处于收入差距影响企业全要素生产率的下行阶段,与基准回归一致。

总体而言,经济发展初期我国经济追求数量型增长,收入增长为扩大内需奠定了物质基础,从而为产业发展提供了广阔的空间。当经济进入新常态,提升经济发展质量成为目标,缩小收入差距、推进共同富裕、解决发展不平衡不充分问题成为高质量发展的首要任务。

表7-7　经济发展阶段异质性

变量	*tfp_op* 2007—2013 (1)	*tfp_op* 2014—2019 (2)	*tfp_op* 2007—2013 (3)	*tfp_op* 2007—2013 (4)	*tfp_op* 2014—2019 (5)	*tfp_op* 2014—2019 (6)
lnincome	0.393** (0.177)	0.460 (0.350)				
gini			0.403 (0.737)	1.806 (3.764)	-0.136 (0.414)	3.574* (2.100)
$gini^2$				-1.752 (4.762)		-5.000* (2.835)
size	0.655*** (0.024)	0.651*** (0.017)	0.657*** (0.027)	0.657*** (0.027)	0.649*** (0.019)	0.649*** (0.019)
lnkl	-0.148*** (0.018)	-0.161*** (0.011)	-0.141*** (0.020)	-0.141*** (0.020)	-0.158*** (0.012)	-0.158*** (0.012)

续表

变量	tfp_op 2007—2013 (1)	tfp_op 2014—2019 (2)	tfp_op 2007—2013 (3)	tfp_op 2007—2013 (4)	tfp_op 2014—2019 (5)	tfp_op 2014—2019 (6)
roa	0.000*** (0.000)	0.028 (0.023)	0.000*** (0.000)	0.000*** (0.000)	0.071 (0.055)	0.072 (0.055)
cfo	-0.000 (0.001)	-0.068*** (0.020)	-0.000 (0.001)	-0.000 (0.001)	-0.066*** (0.022)	-0.066*** (0.022)
state	-0.033 (0.057)	-0.052** (0.027)	-0.041 (0.066)	-0.041 (0.066)	-0.055* (0.033)	-0.057* (0.033)
lngov	0.207** (0.085)	0.060 (0.048)	0.202** (0.100)	0.202** (0.100)	0.045 (0.056)	0.051 (0.057)
固定效应	YES	YES	YES	YES	YES	YES
_cons	-11.202*** (2.327)	-9.218** (3.640)	-7.815*** (1.804)	-8.092*** (1.960)	-4.588*** (1.039)	-5.359*** (1.123)
N	7057	10855	5984	5984	7824	7824
R^2	0.718	0.769	0.731	0.731	0.771	0.772

2. 城乡异质性

由于我国长期存在二元经济体制，城乡居民收入分配结构存在较大差异，对地区内产业发展的影响效应有所不同，且地区内部收入差距主要来源于城乡间收入差距。因此，本章从城市居民收入水平、农村居民收入水平以及城乡间收入差距三个角度考察了城乡异质性。本章借鉴王少平和欧阳志刚(2007)的做法，使用泰尔指数衡量城乡间收入差距(Theil)。

$$T_{jt} = \sum_{x=1}^{2}\left(\frac{y_{jxt}}{y_{jt}}\right)\ln\left(\frac{y_{jxt}}{y_{jt}}\Big/\frac{p_{jxt}}{p_{jt}}\right) \tag{11}$$

其中，x=1,2 表示城市或农村地区，y_{jxt} 表示 j 地区城市或农村的收入，y_{jt} 表示 j 地区的总收入，p_{jxt} 表示 j 地区城市或农村的人口数量，p_{jt} 表示 j 地区的总人口。

回归结果见表 7-8，需要说明的是，城乡、区域异质性考察中收入差距的二次项系数均不显著，因此没有报告和分析相应的结果。第(1)(2)列显示城市、农村居民收入水平回归系数均显著为正,说明城市、农村居民收入增长均有利于提升企业全要素生产率。相比之下,城市居民收入水平回归系数为0.212,小于农村居民收入水平回归系数0.318,表明提升农村居民收入更能够带动产业发展。进一步说明不断增加居民收入,尤其是增加低收入群体的收入,不仅有利于扩大中等收入阶层,形成橄榄型的分配结构;而且有利于释放低收入群体的消费潜力,促进产业结构升级。第(3)列结果表明城乡之间收入差距与企业全要素生产率呈显著的负相关关系,城乡间收入差距不断扩大,制约了农村居民消费规模和质量,造成了城乡消费结构断层,从而不利于产业协调发展。因此,不断推进乡村振兴战略,缩小城乡间收入差距,有利于推动农村居民消费结构向城市居民消费结构靠近,实现产业结构转型升级。

3. 区域异质性

鉴于中国区域经济发展的不平衡性,同时为了比较不同区域的收入分配与企业全要素生产率关系的差异,本章根据地区经济发展水平的不同,将地区平均分为欠发达地区和发达地区,回归结果如下。第(4)(5)列显示相比于发达地区,收入增长对欠发达地区企业全要素生产率的带动效果更加显著。由于欠发达地区经济发展相对落后,居民高端产品的消费需求存在不足,收入增长恰好催化了本土市场效应,释放了居民高端产品的消费潜力,通过加速消费结构升级来带动战略性新兴产业发展;发达地区本身具有经济发展优势,居民消费水平处于较高水平,反而削弱了收入增长对产业发展的带动效应。第(6)列显示收入差距对企业全要素生产率的影响在欠发达地区显著为负,缩小收入差距有助于欠发达地区形成特色产业优势,从而带动新兴产业发展。第(7)列显示收入差距对企业全要素生产率的影响在发达地区为正,但并不显著。可能原因在于:本章选取的2007—2019年的样本段有限,在该样本期内发达地区缩小收入差距这一战略举措取得了不错的成效,居民平均收入差距已经处于合理的范围内,从而对产业发展存在正向的促进作用。同时,收入差距扩大往往伴随着城镇化进程的加快,发达地区强大的要素集聚效应使得城市规模变大,并对周边城市产生辐射作用,带动区域产业协同发展,掩盖了收入差距的负向影响。

表 7-8 城乡、区域异质性

变量	(1) 城市	(2) 农村	(3) 城乡间	(4) 欠发达地区	(5) 发达地区	(6) 欠发达地区	(7) 发达地区
lncityincome	0.212* (0.117)						
lncountryincome		0.318*** (0.103)					
Theil			-1.181*** (0.371)				
lnincome				0.627** (0.307)	0.340** (0.132)		
gini						-1.044* (0.597)	0.299 (0.362)
size	0.659*** (0.009)	0.660*** (0.009)	0.659*** (0.009)	0.493*** (0.032)	0.529*** (0.017)	0.655*** (0.019)	0.641*** (0.011)
lnkl	-0.140*** (0.008)	-0.140*** (0.008)	-0.148*** (0.008)	-0.100*** (0.028)	-0.120*** (0.010)	-0.160*** (0.017)	-0.133*** (0.011)
roa	0.377*** (0.052)	0.372*** (0.052)	0.375*** (0.052)	0.000*** (0.000)	0.054*** (0.020)	0.914*** (0.200)	0.666*** (0.095)
cfo	-0.088*** (0.021)	-0.089*** (0.021)	-0.080*** (0.021)	0.018 (0.031)	0.002 (0.002)	-0.208*** (0.053)	-0.097*** (0.030)
state	-0.075** (0.035)	-0.075** (0.034)	-0.085** (0.033)	-0.178*** (0.067)	-0.009 (0.041)	-0.191*** (0.052)	-0.013 (0.038)
lngov	-0.002 (0.052)	0.041 (0.052)	0.025 (0.049)	0.004 (0.145)	0.041 (0.062)	0.108 (0.133)	0.038 (0.071)
固定效应	YES	YES	YES	YES	YES	YES	YES
_cons	-6.203*** (1.466)	-7.518*** (1.323)	-4.424*** (0.774)	-7.264** (3.176)	-5.775*** (1.729)	-5.492*** (2.081)	-4.684*** (1.214)
N	15524	15524	17912	4230	13682	3113	10695
R^2	0.799	0.799	0.797	0.650	0.741	0.750	0.777

第五节　结论与政策建议

一、研究结论

本章利用2007—2019年的数据,以战略性新兴产业为研究对象,实证探析了中国各省市地区收入水平和收入差距对地区内微观企业全要素生产率的影响效应,并且基于需求端视角,探究了消费升级在其中的路径机制。结论如下:

(1)收入水平对战略性新兴产业企业全要素生产率产生显著的正向影响;收入差距与战略性新兴产业企业全要素生产率之间呈显著的倒U型关系,即一旦收入差距超过阈值,其对企业全要素生产率的影响由正变负。经计算发现,目前我国收入差距的均值仍大于阈值,对企业全要素生产率的影响处于抑制阶段。该结论在更换被解释变量、剔除金融危机影响、采用工具变量之后依然稳健成立。

(2)中介机制检验表明,收入增长通过规模效应和结构变迁效应来加速居民消费升级,消费升级进一步通过本土市场效应和恩格尔效应带动战略性新兴产业发展。收入差距扩大通过攀比效应、激励效应、增加预防性储蓄以及边际消费倾向递减效应对消费升级产生双重效应,进而通过鲍莫尔效应对新兴产业发展产生倒U型影响。

(3)异质性分析表明,在经济高速增长阶段,依靠提升居民收入水平推动产业发展,经济进入新常态,缩小收入差距是推动产业发展的重要力量。城乡异质性表明,与城市居民收入水平相比,提升农村居民收入水平对企业全要素生产率的促进效果更大,缩小城乡间收入差距也有利于提升企业全要素生产率。区域异质性表明,提升欠发达地区与发达地区收入水平均会带动产业发展,但前者的效果更好;欠发达地区收入差距与企业全要素生产率呈显著的负相关关系，发达地区收入差距与企业全要素生产率则呈正相关关系。

二、政策建议

综合上述研究结论，本章得到以下政策启示：

第一，畅通国内大循环，让消费升级成为战略性新兴产业高端化发展的驱动力。在双循环发展格局下，充分利用我国大国市场优势，发挥消费的基础性作用，是畅通生产、分配、交换、消费各个环节的重要措施。为此，应该加大对新消费基础设施的建设以及对传统消费基础设施的数字化改造升级，充分挖掘居民在住房、生活用品及服务、交通和通信、教育文化和娱乐、医疗保健等高需求收入弹性方面的消费潜力。同时，鼓励企业以市场需求为导向，以居民消费结构升级为创新动力，增强新消费的关键核心技术支撑。通过加大基础创新投入、加快芯片等核心技术研发以及推进人工智能产业化，为战略性新兴产业提供支撑。

第二，改善收入分配格局，促进共同富裕，带动消费升级。首先，持续提高居民收入水平，尤其是提升低收入群体的收入水平，充分释放他们的消费潜力。在具体制度安排上，坚持按劳分配原则，提高劳动报酬和居民收入在初次分配中的比重；调整最低工资水平，完善工资制度，健全工资合理增长机制，激发员工创新性和工作积极性。其次，缩小收入差距，将收入差距控制在合理的范围内，形成橄榄型的收入分配格局。在收入分配制度上，深化再分配制度改革，完善社会保障制度，提高居民消费意愿；健全税制体系，完善个人所得税制度，加强对高收入者的税收调节。发挥以慈善事业为核心的第三次分配作用，积极调动高收入群体参加慈善事业的积极性，加强监督管理，为慈善事业健康发展提供良好的社会环境。

第三，“因地制宜”，精准施策，推动战略性新兴产业高质量发展。首先，在经济发展初期，大力发展生产力，提升居民收入水平，为产业快速发展奠定基础；在经济新常态阶段，要更加注重缩小收入差距，推动消费由量到质的转变,以消费升级带动产业结构转型,实现经济高质量发展。其次,针对城乡二元结构,充分发挥城市、农村居民的收入增长效应,增加居民消费需求;尤其要切实推进乡村振兴战略,提升农村居民的收入水平,促进城乡融合发展,缩小城乡之间的差距,实现城乡要素的自由流动,优化产业资源配置。最后,提升各个地区的收入水平,尤其是提升欠发达地区居民收入水平,缩小地区间收入差距,实现区域协调发展;积极开发欠发达地区,缩小收入差距,鼓励发达地区保持合理的收入差距,实现率先发展,并带动欠发达地区发展。

第八章　新型城镇化、消费升级与战略性新兴产业高质量发展

第一节　文献综述与理论分析

一、文献综述

2020年5月，我国首次提出“加快构建以国内大循环为主体、国内国际双循环相互促进的新发展格局”，以求畅通国内大循环，充分利用国内市场资源推动经济高质量发展。新型城镇化作为“十四五”规划的重要发展战略，在推动形成国内大循环中具有重要的支撑作用。目前，我国正处于新型城镇化的快速发展时期，这个过程既可以为战略性新兴产业高质量发展提供有效供给，也能够为其创造巨大的市场需求。从供给方面来说，新型城镇化建设不仅可以为战略性新兴产业提供更为广阔的发展空间载体，而且促进了人才、资本和产业的区际互动，有助于形成合理的地域分工和专业化集聚，培育和挖掘各区域资源禀赋，充分发挥地区产业的比较优势，形成一批创新能力强、市场占有率领先、具有较强竞争优势的产业集群。从需求方面来说，2020年4月，国家发改委印发了《2020年新型城镇化建设和城乡融合发展重点任务》，重点强调要“加快实施以促进人的城镇化为核心、提高质量为导向的新型城镇化战

略”。具体而言,新型城镇化要不断实现由依赖城镇规模扩张向注重城镇发展质量提升转变、由依赖要素投入向注重全要素生产率提升转变,切实提升居民生活水平和居住环境质量(赵纲,2021)。由“人口城镇化”向“以人为本的新型城镇化”的转变中,要更加注重居民的生活质量,促进消费需求增长和消费结构不断升级。随着新型城镇化的发展,居民收入水平的提高,不仅增加了消费的支出规模,更注重了高层次需求的消费。由此可见,在新型城镇化战略的推进下,充分利用国内消费市场的“规模效应”和“质量效应”,激发企业实现规模经济和技术创新,对助推我国战略性新兴产业高质量发展具有重要的理论和现实意义。

关于新型城镇化与战略性新兴产业关系的研究鲜少,学者们大多讨论了城镇化与产业升级的关系,较为一致的观点认为城镇化发展能够推动产业转型升级。Michael 等(2012)认为城镇化发展促使劳动力和资本等要素集聚,提高了技术创新水平,进而推动产业结构优化。吴福象和沈浩平(2013)认为新型城镇化有助于形成合理的地域分工和专业化,促进人才和产业的区际互动,助推地区产业结构升级。孙叶飞等(2016)指出新型城镇化能够发挥“选择效应”优化产业结构、提升企业生产率。周敏等(2020)研究得出,新型城镇化加速要素流通,促使知识和技术的外溢,提高技术创新水平。

关于新型城镇化与消费升级的研究,基本可以分为三个方面。第一,城镇化有利于扩大消费需求。Fujita 等(2000)认为,由城镇化产生的外部经济可以通过“集聚效应”和“规模效应”促进需求扩张。范兆媛和周少甫(2018)通过实证分析得出,新型城镇化水平的提高能显著促进消费水平,其中,东部地区的影响更大而中部地区的影响不显著。第二,城镇化提高居民收入水平进而促进消费增长。王永军(2020)研究表明,新型城镇化通过影响消费的收入变动渠道即收入效应、财富效应与分配效应来驱动居民的消费需求增长。第三,城镇化改变居民消费习惯影响居民消费结构。城镇化使得农村人口进入城镇,城镇居民的消费模式对进城人员具有“示范效应”(Carroll,2000),从而带动居民不断追求更高层次的消费，从生存型消费向发展型、享受型消费转变。

关于消费升级与战略性新兴产业的研究，学者们从“需求端”入手，探讨了其中的关系。首先，“本土市场效应”理论（Krugman，1980），强调了拥有相对较大国内市场的国家更容易产生规模经济，更有利于产业发展，突出了内需拉动生产的重要性。冯伟（2015）指出，扩大内需有助于形成本土市场规模效应，提升企业生产效率。任保全等（2016）认为，相较于出口，本土市场需求更能提高战略性新兴产业全要素生产率，形成企业的竞争优势。其次，由本土市场需求进一步聚焦到“消费升级论”。杨天宇和陈明玉（2018）强调消费升级可以通过恩格尔效应和鲍莫尔效应带动产业升级，促使产业结构迈向中高端。崔耕瑞（2021）研究得出，消费升级引致的产品和服务需求的多样化、高级化将倒逼企业产品和服务的纵深发展。

通过文献梳理发现，现有文献大多讨论了新型城镇化与产业升级的关系，而忽视了产业升级关键的部分即战略性新兴产业发展与新型城镇化关系的研究。另外，即便研究新型城镇化与产业升级的关系也大多从供给侧入手，基于需求端的研究较为匮乏，鲜少以消费的视角讨论其中的关系。故本章将新型城镇化、消费升级、战略性新兴产业三者放入一个研究框架中，不仅从供给角度探讨新型城镇化对战略性新兴产业发展的直接影响效应，而且从需求角度讨论消费升级在其中的中介作用效应，以期丰富相关研究。

二、理论分析与研究假设

1. 新型城镇化与战略性新兴产业

与传统城镇化高速度、低质量的发展不同，新型城镇化主张以人为核心，注重效率与质量的双重提升。根据城市集聚经济理论，新型城镇化优化了区域内要素资源结构并形成了集聚效应和规模效应，由此改善了粗放型经济发展方式，提升了效率水平（刘富华、梁牧，2021）。同时，新型城镇化逐步打破了要素流动壁垒，加速要素流通和集聚，充分发挥市场配置要素资源的有效性，促进要素资源与产业结构的协调发展（刘淑茹、魏晓晓，2019）。随着新型城镇化的不断推进，战略性新兴产业作为对经济社会具有全局带动和重大引领作用的核心产业，会受到新型城镇化发展的深刻影响。

首先，产城融合发展为战略性新兴产业提供了良好的发展空间。产业转型升级、新兴产业培育需要相配套的城市功能支持（贺传皎等，2012）。而新型城镇化的发展使得基础设施不断改善，城市功能逐渐完善，有助于有效匹配产业需求与空间供给。新经济地理学理论认为，产业空间集聚导致技术溢出的外部性，有利于技术创新。产业园区的形成，城市群的发展，以立足产业需求对城市空间资源进行最大化挖掘，这为战略性新兴产业发展提供了良好的发展环境，便于各相关企业共享资源和联动发展，形成优势产业集聚。

其次，人口集聚效应为战略性新兴产业提供了充足的劳动要素供给。一方面，新型城镇化使得城市经济圈扩大，增加了劳动力需求，促进了劳动力要素的城乡流动；另一方面，新型城镇化发展提升了城市功能和公共服务，形成了更完善的就业环境，促进高层次人才集聚。由于高端产业部门工作条件好，发展空间大，高层次人才更倾向于进入高端新兴产业。而往往高层次人力资本集聚更能促进经济主体之间的交流，提高科技创新能力和创新产品增加的机会，从而有助于提高企业技术创新水平（Glaeser，2010）。因此，随着新型城镇化的推进，人力要素资源不断从农村流向城镇，满足城市劳动力和高层次人才的需求，人力资本作为新兴产业高质量发展的数量驱动力和创新驱动力，对战略性新兴产业全要素生产率的提高具有重要的支撑作用。

再次，金融资本发展为战略性新兴产业提供了强有力的金融支持。新型城镇化水平越高就越证明其拥有较为完善的金融体系，金融集聚因其资源的高流动性，往往会随着新型城镇化的发展带动资本要素的流动（章晓英、徐雅涵，2022）。战略性新兴产业具有高风险、高投入、高收益并存的特征，发展初期新技术新产品的研究开发,往往存在很大的不确定性和风险,导致新兴产业初期受资金束缚,面临融资约束。随着新型城镇化的不断推进,将闲置散落在全社会的资金以商业银行、股权融资、债权融资等形式汇集在一起形成金融集聚,扩大市场容量,为新兴产业发展提供了丰富便利的金融产品和融资渠道。从而新兴产业能够降低融资成本,提高融资效率,防范资本风险,这有利于战略性新兴产业后续的高质量发展(Zericho,2018)。

综上所述,新型城镇化优化了区域间土地资本、人力资本和金融资本等要素资源的流通,形成了"要素集聚效应",加快要素流动、集聚和需求扩张,使要素资源从低效率产业流向高效率产业,实现要素资源的合理配置,提高了企业的生产效率,从而推动新兴产业高质量发展。据此,本章提出假设1。

假设1:新型城镇化能够显著地提升战略性新兴产业的全要素生产率,促使其高质量发展。

2. 消费升级的中介效应

新型城镇化带动消费总量的扩张与消费结构的升级,并由消费升级拉动规模经济和技术创新,从而推动战略性新兴产业向更高质量发展。

首先,新型城镇化能促进消费规模的扩张,进而推动战略性新兴产业高质量发展。在新型城镇化的进程中,人口、资本等要素向城市集中,就业机会增加,居民收入提高和收入分配合理化将引致消费率提升和消费总量的增加。进一步,消费规模提升又会扩大产品市场需求,形成规模经济效应,节约生产成本,促使产业资源配置优化和经济效益增加,提升产业的生产效率(申俊喜等,2021)。同时,消费规模增加也将吸引更多企业进入市场,导致市场竞争加剧,此时企业为获得竞争优势,将通过多途径提升生产率水平,进而提高战略性新兴产业的全要素生产率。

其次,新型城镇化能促进消费结构升级,从而推动战略性新兴产业高质量发展。伴随基础设施的完善、生态环境的改善,新型城镇化带来的环境效应改善了居民的消费环境，拓宽了消费渠道，丰富了消费产品与服务，释放了巨大的消费潜力，居民更加追求高层次的消费，进而引导消费结构升级（王平、王琴梅，2016）。“需求引致创新”理论认为需求扩张能够激发企业创新（Scherer，1982）。居民消费结构升级将倒逼产品和服务升级，激发企业技术创新，不断推出新产品、新服务以适应更高层次的消费需求，形成差异化的竞争优势。此外，企业为了追求利润最大化，获取更大的市场份额，将会进一步开展技术创新，提高企业生产效率，从而抢占市场地位，推动新兴企业更高端发展。伴随新型城镇化的推进，拥有较强消费能力的中等收入阶层不断壮大，而中等收入以上阶层的消费升级对制造业和服务业升级具有更强的带动作用，随着消费升级的不断加剧，带动企业技术创新，从而推动新兴产业高质量发展。

总的来说，新型城镇化能够通过促进消费规模扩张，扩大市场需求，形成规模经济，进而提高企业生产效率；同时也能够通过带动消费结构升级，激发企业创新活力，形成竞争优势，从而推动产业高质量发展。据此，本章提出假设 2。

假设 2：新型城镇化能够显著地促进消费升级，进而提升战略性新兴产业的全要素生产率。

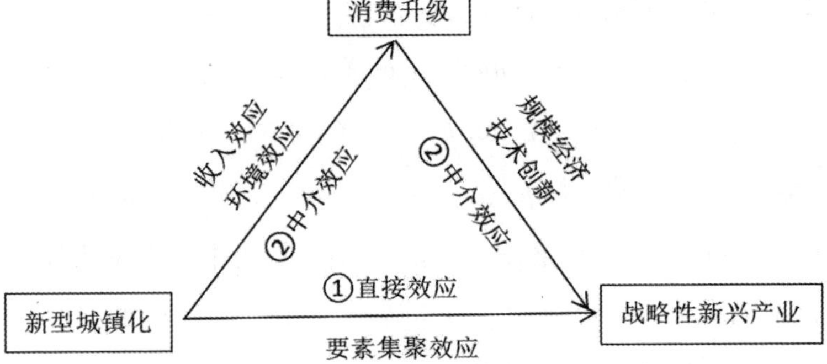

图 8-1　机制传导图

第二节　模型构建、数据说明

一、模型构建

1. 直接效应模型

根据上述分析，本章首先考察了新型城镇化驱动我国战略性新兴产业发展的直接影响，为此设定的基准回归模型如下：

$$lntfp_{it} = \alpha + \beta\, nurb_{ct} + \gamma\, X_{ict} + \lambda_j + \eta_t + \varepsilon_{ict} \tag{1}$$

式(1)中，i 表示战略性新兴企业，c 表示地区、j 表示战略性新兴产业的各细分行业、t 表示时间，β 和 γ 表示相应变量的估计系数；tfp_{icjt} 表示战略性新兴产业全要素生产率，$nurb_{ct}$ 表示新型城镇化水平，X_{it} 表示一系列控制变量；λ_j 表示行业固定效应，η_t 表示时间固定效应；ε_{ict} 表示误差项。

2. 中介效应检验

为进一步检验消费升级在新型城镇化与战略性新兴产业发展间的中介效应，本章借鉴温忠麟和叶宝娟(2004)提出的中介效应检验流程，结合 Hausman 检验结果，建立如下固定效应模型。

$$lntfp_{it} = \alpha_0 + \alpha_1\, nurb_{ct} + \alpha_s\, X_{ict} + \lambda_j + \eta_t + \varepsilon_{ict} \tag{2}$$

$$conup_{ct} = \beta_0 + \beta_1\, nurb_{ct} + \beta_s\, X_{ict} + \lambda_j + \eta_t + \epsilon_{ict} \tag{3}$$

$$lntfp_{it} = \gamma_0 + \gamma_1\, nurb_{ct} + \gamma_k\, conup_{ct} + \gamma_s\, X_{ict} + \lambda_j + \eta_t + \sigma_{ict} \tag{4}$$

其中，$conup_{ct}$ 为中介变量，表示消费升级。γ_k 为中介变量系数。α_0、β_0、γ_0 为常数项，α_1、β_1、γ_1 为解释变量系数，ε_{ict}、ϵ_{ict}、σ_{ict} 为随机扰动项。其余变量均与上文一致，故此不再赘述。

在检验中介效应时，第一步要检验方程(2)中是否 α_1 显著，若 α_1 不为零且显著,则认为通过了第一步检验。第二步要通过验证方程(3)中 β_1 和方程(4)中 γ_k 的显著性来判断中介效应是否显著。当新型城镇化的系数 α_1 、β_1 和 γ_1 显著不为零时,中介变量的系数 γ_k 显著不为零时,认为存在部分中介效应;当新型城镇化的系数 α_1 、β_1 显著而 γ_1 不显著时,认为存在完全中介效应。

二、变量选择

1. 被解释变量

战略性新兴产业全要素生产率(tfp)。全要素生产率体现出战略性新兴产业的发展状况,全要素生产率水平的提升反映了高质量发展的成效。测度全要素生产率的方法较多,主要有参数法、非参数法和半参数法。本章参考鲁晓东和连玉君(2012)估算全要素生产率的方法即 LP 法进行测算:

$$lnY_{it} = \alpha_{0t} + \alpha_{1t}\, lnL_{it} + \alpha_{2t}\, lnK_{it} + \alpha_{3t}\, lnM_{it} + \varepsilon_{it} \quad (5)$$

Y 是营业总收入;L 为劳动投入,用应付职工薪酬衡量;K 为资本投入,用固定资产净额衡量;M 是中间投入,用购买商品、接受劳务支付的现金衡量。下标 i 为战略性新兴产业企业,t 为时间;ε_{it} 为误差项。

以上衡量指标,以 2005 年为基期,营业总收入、购买商品、接受劳务支付的现金使用工业生产者出厂价格指数(PPI)进行平减;应付职工薪酬使用消费者价格指数(CPI)进行平减;固定资产净额使用固定资产投资价格指数(IPI)进行平减。

使用 LP 法进行测算,得到图 8-2 战略性新兴产业企业年均全要素生产率变化情况。从整体上看,2009—2019 年年均战略性新兴产业企业全要素生产率呈上升趋势。其中 2009—2011 年小幅度逐年增长;2011—2012 年较小幅度的下降;2012—2019 年大幅度逐年增长。2012 年是我国制造业向服务业经济结构转型的拐点,此后更加注重教育、医疗、交通信息等服务,相关新兴产业企业发展增速加快,这与测算出的战略性新兴产业企业全要素生产率的年均变化趋势相一致。

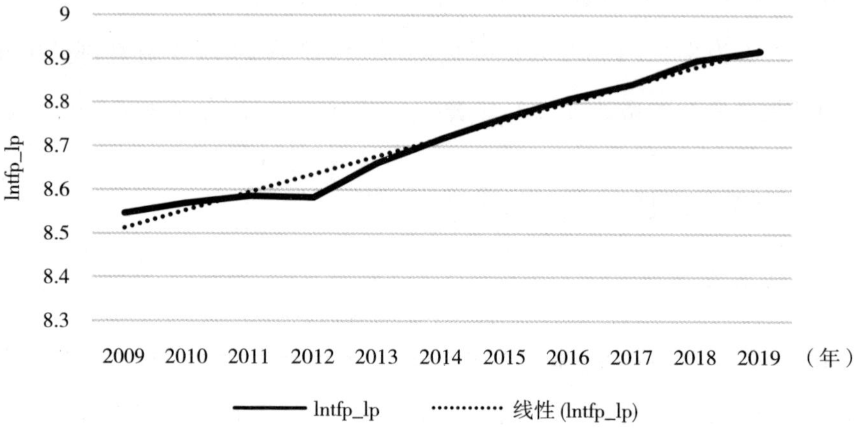

图 8-2　2009—2019 年年均战略性新兴产业企业全要素生产率变化趋势

分产业测算结果如表 8-1 所示。九大战略性新兴产业全要素生产率除新能源汽车产业外其他产业均整体处于上升趋势。其中数字创新产业、新一代信息技术产业发展较好，近年来，依托信息技术的发展，数字创意迅速崛起；高端设备制造业、新材料产业、生物产业、新能源产业、节能环保产业整体上呈逐年均匀增长的趋势；而新能源汽车产业整体处于下降趋势，发展缓慢，可能与我国当前行业规模较小，企业投入较大，但产出小于预期相关；相关服务业也发展缓慢，效率较低，我国传统服务业比重大，服务业粗放型特征较为明显；整体上看，我国战略性新兴产业保持较高的增长态势，新业态、新模式不断涌现，数字经济成为拉动经济增长的新引擎，但仍有部分产业需要调整发展模式，提高创新效率。

表 8-1　2009—2019 年九大战略性新兴产业年均全要素生产率

产业	2009年	2010年	2011年	2012年	2013年	2014年	2015年	2016年	2017年	2018年	2019年	平均值
新一代信息技术产业	9.008	8.956	8.902	8.927	8.984	9.109	9.210	9.242	9.253	9.307	9.321	9.162

续表

产业	2009年	2010年	2011年	2012年	2013年	2014年	2015年	2016年	2017年	2018年	2019年	平均值
高端装备制造业	8.769	8.766	8.788	8.787	8.891	8.924	8.892	8.950	9.025	9.081	9.111	8.937
新材料产业	7.886	8.007	8.053	8.049	8.106	8.115	8.181	8.230	8.305	8.389	8.387	8.191
生物产业	7.863	7.872	7.899	7.907	7.976	7.993	8.036	8.067	8.087	8.154	8.179	8.031
新能源汽车产业	7.818	7.796	7.703	7.561	7.605	7.473	7.491	7.473	7.391	7.349	7.373	7.458
新能源产业	8.231	8.324	8.378	8.338	8.384	8.469	8.533	8.547	8.585	8.609	8.684	8.486
节能环保产业	8.355	8.291	8.238	8.222	8.350	8.395	8.463	8.508	8.583	8.639	8.650	8.467
数字创意产业	9.089	9.155	9.242	9.257	9.401	9.543	9.677	9.793	9.792	9.814	9.852	9.578
相关服务业	7.323	7.413	7.498	7.520	7.583	7.670	7.649	7.707	7.851	7.936	7.977	7.664

2. 核心解释变量

新型城镇化水平(nurb)。新型城镇化应该包括人口、经济、社会、环境等多个方面,衡量城镇化的方法主要有城镇人口比例法和构建综合指标法。本章依据王际宇(2015)的方法,结合新型城镇化的特点构建新型城镇化综合水平指标体系。本章选取4个一级指标和13个二级指标,一级指标包括人口发展、经济基础、社会功能、环境质量。人口发展体现城镇人口比重的提高,农村人口向城镇人口集聚;经济基础体现经济的高效发展、结构优化升级;社会功能体现城乡协调、社会基础功能完善;环境质量体现环境治理高效、生态宜居。借鉴王新越(2014)的测度方法,即熵值法。表8-2为本章构建的新型城镇化综合水平的指标,熵值法具体使用步骤如下:

(a)指标选取。设有h个年份,m个城市,n项指标,则 $x_{\lambda ij}$ 为第 λ 个年份第i个城市的第j项指标的指标值。

(b)数据标准化。标准化可以消除评价指标单位、量纲差异对结果的可能产生的影响,本章选择极值法进行标准化,其中对正负指标分别做以下处理。对于正向指标:$z_{\lambda ij} = (x_{\lambda ij} - x_{min}) / (x_{max} - x_{min})$;对于负向指标:$z_{\lambda ij} = (x_{max} - x_{\lambda ij}) / (x_{max} - x_{min})$ 。

(c)确认指标权重:$p_{\lambda i_j} = z_{\lambda i_j} / \sum_{\lambda=1}^{h} \sum_{i=1}^{m} z_{\lambda i_j}$ 。

(d)计算熵值:$E_j = - k \sum_{\lambda=1}^{h} \sum_{i=1}^{m} p_{\lambda i_j} ln\, P_{\lambda i_j}$,其中 $k = 1/\ln(h \times m)$ 。

(e)计算熵值冗余度:$Dj = 1 - E_j$ 。

(f)计算各指标权重:$w_j = D_j / \sum_{j=1}^{n} D_j$ 。

(g)计算得出综合水平指数:$U_{\lambda i} = z_{\lambda ij} \times w_j$ 。$U_{\lambda i}$ 代表新型城镇化综合发展水平。

表 8-2　新型城镇化评价指标体系

	一级指标	二级指标	单位	指标属性
新型城镇化发展水平	人口发展	人口城镇化率	%	正
		城市人口密度	人/平方公里	正
	经济基础	人均 GDP	元	正
		人均地方财政收入	亿元	正
		第二、三产业增加值占 GDP 比重	%	正
	社会功能	城乡消费水平比	(农村=1)	负
		每万人拥有公共交通车辆	标台	正
		每千人拥有医院床位数	张	正
		城镇基本养老保险覆盖率	%	正
		每百人拥有图书馆藏书量	册	正
	环境质量	城市生活垃圾无害化处理	%	正
		建成区绿化覆盖率	%	正
		人均公园绿地面积	平方米	正

3. 中介变量

消费升级(conup)。消费升级主要体现在消费结构的升级,即消费需求从生存型、发展型向享受型过渡。目前,现有文献中对于消费升级的测度有以下几种方法:一是根据统计比例度量:恩格尔系数、新恩格尔系数、发展系数、低中高三个消费层次占比的加权平均等;二是根据弹性来测度:扩展线支出模型(ELES)、近乎完美的需求系统模型(AIDS)。本章借鉴魏勇等(2017)的方法,采用扩展线支出模型(ELES)测算八大类消费支出的需求收入弹性,进而以平均需求收入弹性为界划分基本商品消费和高档商品消费,并以高档商品支出占比的变动情况作为消费升级的度量指标。根据 ELES 模型,得出以下基本表达式:

$$c_i = a_i + b_i y + \varepsilon_i \tag{6}$$

其中,a_i、b_i 为待估计参数,ε_i 为随机扰动项,c_i 为第 i 种商品的总支出,y 为居民可支配收入。从而可得需求收入弹性计算公式:

$$EM_i = \frac{\partial x_i / x_i}{\partial y / y} = b_i \frac{y}{x_i p_i} = b_i \frac{y}{c_i} \tag{7}$$

其中,x_i 为第 i 种商品实际需求,p_i 为其价格。依据表 8-3,居民八大类支出中居住、交通通信、医疗保健、文化娱乐四项的需求收入弹性大于总平均值 0.981 为高档商品,而食品、衣着、生活用品、其他四项的需求收入弹性小于总平均值 0.981 为基本商品。则本章以居住、交通通信、医疗保健、文化娱乐四项消费支出占居民总消费支出的比值来衡量消费升级。

表 8-3　2009—2019 年居民八大类消费需求收入弹性

年份	食品	衣着	居住	生活用品	交通通信	文化娱乐	医疗保健	其他
2009	0.456	0.259	2.893	0.914	1.433	1.038	1.041	0.305
2010	0.466	0.250	3.053	0.869	1.509	0.968	1.034	0.312
2011	0.464	0.242	3.234	0.854	1.479	1.004	1.048	0.300
2012	0.474	0.245	3.367	0.874	1.484	0.975	1.061	0.293
2013	0.495	0.255	3.207	0.872	1.493	0.941	1.034	0.296
2014	0.552	0.313	1.665	0.898	1.393	1.019	1.081	0.416

续表

年份	食品	衣着	居住	生活用品	交通通信	文化娱乐	医疗保健	其他
2015	0.561	0.322	1.698	0.915	1.361	0.995	1.049	0.417
2016	0.568	0.337	1.680	0.904	1.315	0.963	1.024	0.433
2017	0.594	0.358	1.671	0.918	1.291	0.982	1.025	0.429
2018	0.616	0.373	1.605	0.915	1.209	0.997	1.044	0.436
2019	0.621	0.391	1.607	0.951	1.166	1.015	1.006	0.433
均值	0.533	0.304	2.335	0.898	1.376	0.991	1.040	0.370
总均值	0.981							

4.控制变量和虚拟变量

一是企业规模(size),用企业员工人数的对数来衡量。企业的规模大小往往反映企业发展水平,一般而言企业员工数越多,企业规模越大。二是资本负债率(lev)和资本收益率(roe)两个控制变量,借鉴盛明泉(2021)的方法,用总负债与总资产之比衡量资本负债率,用净利润与总资产之比衡量资产收益率。两者能反映上市公司的融资情况,其中资本负债率体现企业的偿还能力,资本收益率体现企业运用资本获得收益的能力,一般而言,资本负债率越低、资本收益率越高,说明企业所面临的融资约束程度越低,越有利于生产率的提升。三是营运能力(opc),借鉴李昂(2019)的方法,用总资产周转率来表示。企业的总资产周转率可以反映企业对其资产的管理和利用效率,一般营运能力较强的企业,其自身生产率也会较高。四是虚拟变量所有制性质(soe),借鉴胡海峰(2020)的做法,公司所有制形式为国有属性时 soe=1,否则 soe=0。不同所有制类型可能会影响企业的生产经营环境,进而影响企业的创新绩效与生产效率,一般而言,国有企业依靠国家支持,具备高层次的科技创新团队,有利于国有企业科技创新,推动企业发展。本章除控制上述企业层面控制变量外,还控制与新型城镇化水平和企业发展相关的地区层面的控制变量,设定如下:五是金融发展水平,用金融机构年末贷款总额与 GDP 之比来衡量。一般认为金融发展水平越高的地区其新型城镇化水平和企业发展水平均较高。

三、数据说明

本章战略性新兴产业企业数据来源于国泰安数据库。鉴于目前并没有形成统一的对于上市公司的战略性新兴产业分类标准，本章依照《战略性新兴产业分类(2018)》，根据主营业务范围对上市企业进行手动筛选，并根据其经营范围进行战略性新兴产业归类。删除了ST、*ST类公司，并删除了投入产出中间变量存在空缺值的企业数据。经筛选本章最终得到2274家战略性新兴产业企业，其中新一代信息技术行业467家，高端装备制造业432家，新材料产业417家，生物产业326家，新能源汽车产业62家，新能源产业185家，节能环保产业179家，数字创意产业156家，相关服务业51家。

新型城镇化的相关数据来源于《中国统计年鉴》和各省统计年鉴。构建的新型城镇化指标体系中，由于西藏地区缺失值较多故剔除；同时对于其他省份缺失数据，通过手动翻阅各省历年统计年鉴获得，仍存在缺失的值采用插补法填补。

消费升级的相关数据来源于《中国统计年鉴》。由于2013年进行了城乡一体化改革，2013年前的居民消费数据通过城镇和农村人口占比计算得到。为了消除价格因素的影响，全国及各省消费的相关数据均以2005年为基年用消费价格指数(CPI)平减。

企业层面控制变量来源于国泰安数据库，地区层面控制变量来源于《中国金融统计年鉴》《中国城市统计年鉴》。

表8-4　各变量的描述性统计

变量	变量名称	均值	标准差	最小值	最大值
被解释变量	全要素生产率(lntfp_lp)	8.753	1.048	5.039	13.131
核心解释变量	新型城镇化水平(nurb)	0.550	0.126	0.157	0.780

续表

变量	变量名称	均值	标准差	最小值	最大值
中介变量	消费升级(conup)	0.522	0.069	0.349	0.669
控制变量	企业规模(size)	7.520	1.260	2.303	12.598
	资本负债率(lev)	0.405	0.384	0.008	27.920
	资本收益率(roe)	0.042	0.175	-6.776	12.763
	营运能力(opc)	0.659	0.494	0	12.373
	所有权性质(soe)	0.330	0.470	0	1
	金融发展水平(fin)	1.453	0.488	0.655	2.585

第三节　实证结果与分析

一、直接效应估计

在 Hausman 检验下,本章选择固定效应模型进行回归更为合适。基准回归结果如表 8-5 所示。其中,第(1)列仅包含核心解释变量新型城镇化(nurb),第(2)—(7)列逐项加入控制变量和虚拟变量。

具体来看,第(1)列在仅包含核心解释变量(nurb)回归系数在 1%水平上显著为正,表明新型城镇化优化了区域间人力资本、金融资本等要素资源的流通,有利于提升企业生产效率,提高企业的全要素生产率。第(2)—(6)列分别加入控制变量企业规模(size)、资本负债率(lev)、资本收益率(roe)、营运能力(opc)、虚拟变量所有权性质(soe)及金融发展水平(fin)后,核心变量新型城镇化(nurb)回归系数仍在 1%水平上显著为正。由第(7)列可以看出,企业规模(size)的系数显著为正,表明规模越大的企业更容易形成规模经济从而提高全要素生产率。资产负债率(lev)系数显著为正,表明虽然企业偿还债务的能力较低,但其举债经营有利于扩大生产规模,从而提高产业全要素生产率。资本收益率(roe)的系数显著为正,表明资本收益率越高的企业融资约束程度更低,其全要素生产率更高。营运能力(opc)的系数显著为正,表明企业资产的管理和利用效率更高，更有利于战略性新兴产业的高质量发展。所有权性质（soe）的系数显著为正，表明企业所有权性质对战略性新兴产业全要素生产率具有显著影响。金融发展水平（fin）的系数显著为正，表明地区金融发展水平越高，地区企业越能得到金融支持，更有利于战略性新兴产业发展。

表 8-5　新型城镇化对战略性新兴产业发展的基准回归结果

变量	(1) lntfp_lp	(2) lntfp_lp	(3) lntfp_lp	(4) lntfp_lp	(5) lntfp_lp	(6) lntfp_lp	(7) lntfp_lp
nurb	0.344*** (0.079)	0.671*** (0.053)	0.714*** (0.058)	0.712*** (0.058)	0.593*** (0.050)	0.731*** (0.047)	0.509*** (0.066)
size		0.592*** (0.005)	0.578*** (0.008)	0.578*** (0.009)	0.517*** (0.007)	0.488*** (0.006)	0.488*** (0.006)
lev			0.264** (0.107)	0.294*** (0.110)	0.231*** (0.086)	0.192*** (0.072)	0.192*** (0.072)
roe				0.333*** (0.126)	0.172** (0.075)	0.183** (0.074)	0.183** (0.075)
opc					0.777*** (0.035)	0.782*** (0.035)	0.783*** (0.035)
soe						0.269*** (0.014)	0.263*** (0.014)
fin							0.069*** (0.014)
常数项	8.875*** (0.053)	3.786*** (0.054)	3.735*** (0.054)	3.709*** (0.054)	3.646*** (0.048)	3.692*** (0.047)	3.696*** (0.030)
年份固定	YES	YES	YES	YES	YES	YES	YES
行业固定	YES	YES	YES	YES	YES	YES	YES
N	17106	17106	17106	17106	17106	17106	17106
R^2	0.046	0.544	0.553	0.556	0.678	0.690	0.691

注：上标 *、**、*** 分别表示回归结果在 10%、5%、1%水平上的显著性；括号内为对应估计变量系数的稳健标准误；下同。

二、稳健性检验

1. 更换被解释变量

由于战略性新兴产业全要素生产率的测算方法不同可能导致得到不同的回归结果，故本章借鉴鲁晓东和连玉君（2012）的方法，即 OLS 法和 OP 法测算企业 tfp，进行稳健性检验。回归结果见表 8-6。第（1）—（3）列分别以 LP、OLS、OP 法测算的 tfp 进行回归，比较发现，三者测算方法下核心解释变量（nurb）系数的符号与显著性一致，即新型城镇化对战略性新兴产业全要素生产率的影响仍然是显著的正向关系，表明研究结论是稳健的。

表 8-6 更换衡量指标的稳健性检验

变量	（1） lntfp_lp	（2） tfp_ols	（3） tfp_op
nurb	0.509*** （0.066）	0.470*** （0.068）	0.326*** （0.068）
size	0.488*** （0.006）	0.566*** （0.007）	0.411*** （0.006）
lev	0.192*** （0.072）	0.218*** （0.079）	0.208*** （0.074）
roe	0.183** （0.075）	0.176** （0.075）	0.159** （0.078）
opc	0.783*** （0.035）	0.757*** （0.034）	0.709*** （0.037）
soe	0.263*** （0.014）	0.310*** （0.014）	0.248*** （0.014）
fin	0.069*** （0.014）	0.070*** （0.014）	0.077*** （0.015）
常数项	3.696*** （0.030）	3.957*** （0.050）	3.993*** （0.048）
年份固定	YES	YES	YES
行业固定	YES	YES	YES
N	17106	17106	17106
R^2	0.691	0.719	0.606

2. 内生性检验

考虑到新型城镇化与战略性新兴产业全要素生产率之间可能存在的内生性问题：一是遗漏解释变量，故本章检验了固定效应模型，并加入企业和地区层面相关的控制变量；二是两者可能存在双向因果关系，故本章利用新型城镇化的工具变量检验内生性问题。为了排除内生性问题的影响，首先，借鉴蔡兴(2019)的做法，选择社会保险综合参保率(soci)作为新型城镇化的工具变量进行两阶段最小二乘(2SLS)估计，社会保险综合参保率用城镇基本养老保险、基本医疗保险、失业保险、工伤保险和生育保险参保率的平均值衡量。其次，运用动态面板估计方法(即GMM方法)来处理内生性问题。回归结果如表8-7所示。

由表8-7中第(1)(2)列的2SLS检验可以看出，第(1)列为第一阶段结果，可以得出社会保险综合参保率回归系数在1%水平上显著为正，表明工具变量社会保险综合参保率与新型城镇化水平呈显著正相关；第(2)列为第二阶段结果，新型城镇化的回归系数显著为正，研究结果与前文一致。同时经过弱工具变量检验，第一阶段F检验统计量远大于临界值，因此拒绝原假设，即不存在弱工具变量的问题。由表8-7第(3)列的系统GMM检验可以看出，Sargan检验拒绝了原假设，表明不存在过度识别问题；AR(2)检验也拒绝了原假设，表明扰动项不存在二阶自相关。对比表8-5基准回归结果，各变量的回归系数符号和显著性没有实质性变化，说明即使存在内生性问题也不会影响实证结果，进一步证实了本章的研究结论。

表8-7　内生性检验

变量	2SLS		系统GMM检验
	(1) nurb	(2) lntfp_lp	(3) lntfp_lp
$lntfp\_lp_{-1}$			0.565*** (0.058)

续表

变量	2SLS		系统 GMM 检验
	(1) nurb	(2) lntfp_lp	(3) lntfp_lp
nurb		0.172* (0.103)	0.562** (0.221)
soci	0.215*** (0.002)		
size	-0.002*** (0.0004)	0.488*** (0.006)	0.455*** (0.070)
lev	-0.002 (0.002)	0.191*** (0.071)	0.096 (0.171)
roe	0.002 (0.003)	0.183** (0.076)	1.616*** (0.374)
opc	0.006*** (0.0009)	0.786*** (0.035)	0.293** (0.114)
soe	-0.008*** (0.001)	0.254*** (0.014)	0.370 (0.259)
fin	0.097*** (0.001)	0.124*** (0.020)	0.077* (0.045)
常数项	0.533*** (0.005)	3.773*** (0.051)	
年份固定	YES	YES	
行业固定	YES	YES	
N	17106	17106	17106
R^2	0.792	0.690	
第一阶段 F 值	8887.4		
AR(2)			0.280
Sargan 检验			0.118

三、中介效应估计

新型城镇化促使消费规模扩张和消费结构升级，进而推动战略性新兴产业发展。为此，本章通过构建中介效应模型，估计新型城镇化通过消费升级对战略性新兴产业产生的间接影响，结果如表 8-8。

表 8-8 的第(1)(2)列报告了方程(2)的回归结果,未加入中介变量时,新型城镇化的系数在 1%的水平上显著为正,表明新型城镇化对战略性新兴产业全要素生产率具有正向促进作用。第(3)(4)列报告了方程(3)的回归结果,新型城镇化的系数在 1%的水平上显著为正,表明新型城镇化可以促使消费规模扩张和消费结构升级。第(5)(6)列报告了方程(4)的回归结果,加入中介变量消费升级,消费升级的系数在 1%水平上显著为正,表明存在部分中介效应,新型城镇化能够通过促使消费升级,进而推动战略性新兴产业的高质量发展。验证了假设 2 成立。由新型城镇化的发展,消费增长和结构升级所引起的需求,促使我国企业形成规模经济,激发创新潜力,从而降低企业成本以此提高全要素生产率。

结合实际而言,居民高层次消费与战略性新兴产业密切相关。随着居民消费水平的提高,居民对于使用人工智能机器、乘坐飞机高铁等高端设备的需求日益增加,促使高端制造业、新材料产业的创新升级。居民越来越注重医疗健康,尤其在疫情之下,对于新药物、新疫苗的需求,生物产业更需要不断更新升级。居民绿色环保意识不断增强,越发注重绿色生活、绿色出行,绿色消费占比增加,绿色节能环保逐渐成为新的发展业态,新能源产业、新能源汽车产业也不断发展。居民日益增长的多样化、多层次精神文化需求,促使现代信息技术与文化创意产业的高度结合,信息技术与实体经济的深度融合,“互联网+”时代的到来,使得新一代信息技术产业、数字创意产业、相关服务业等产业进一步发展。

表 8-8　中介机制检验

变量	(1) lntfp_lp	(2) lntfp_lp	(3) conup	(4) counp	(5) lntfp_lp	(6) lntfp_lp
nurb	0.344*** (0.079)	0.509*** (0.066)	0.192*** (0.002)	0.173*** (0.002)	0.173* (0.098)	0.410*** (0.070)
conup					0.894*** (0.289)	0.834*** (0.173)

续表

变量	(1) lntfp_lp	(2) lntfp_lp	(3) conup	(4) counp	(5) lntfp_lp	(6) lntfp_lp
size		0.488*** (0.006)		-0.0006*** (0.0002)		0.489*** (0.006)
lev		0.192*** (0.072)		0.0003 (0.0005)		0.192*** (0.072)
roe		0.183** (0.075)		0.001 (0.001)		0.181** (0.075)
opc		0.783*** (0.035)		-0.0004 (0.0005)		0.783*** (0.035)
soe		0.263*** (0.014)		0.003*** (0.0005)		0.262*** (0.014)
fin		0.069*** (0.014)		-0.035*** (0.002)		0.050*** (0.014)
常数项	8.875*** (0.053)	3.696*** (0.030)	0.363*** (0.001)	0.397*** (0.003)	7.863*** (0.118)	3.391*** (0.080)
年份固定	YES	YES	YES	YES	YES	YES
行业固定	YES	YES	YES	YES	YES	YES
N	17106	17106	17106	17106	17106	17106
R^2	0.046	0.691	0.835	0.839	0.047	0.691

四、异质性检验

1. 地区异质性检验

为了考察中国不同地区新型城镇化对战略性新兴产业全要素生产率的影响以及消费升级的中介效应是否具有差异，本章将中国 30 个省(区、市)①样本分为东部和中西部两个区域进行回归分析，结果见表 8-9。

由第(1)列可知，东部地区新型城镇化的系数在 1%水平上显著为正，中西部地区新型城镇化的系数在 1%水平上显著为负。东部地区人力、资本等要素流通更高效，更有利于满足企业的人力和资金需求，其生产效率更高发展

① 由于数据可得性问题，未包括西藏自治区及港澳台地区。

更快。第(2)列可知,东部地区新型城镇化的系数在1%水平上显著为正,中西部地区的系数在1%水平上显著为负。表明新型城镇化促进了东部地区消费升级。东部地区经济发展迅速,居民不仅仅满足于生存型消费,更追求发展型、享受型消费,对于更高层次的消费需求扩大,而中西部地区大多以生存型消费为主,很难形成消费升级。第(3)列可知,东部地区新型城镇化和消费升级的系数均在1%水平上显著为正,但中西部地区新型城镇化的系数显著为负且消费升级的系数不显著。原因在于中国的区域发展存在严重的区域差异,以北上广为代表的东部地区具有区位条件、资源禀赋、经济基础的比较优势,因此,城镇化程度远超中西部地区。东部地区居民收入远高于中西部地区,随着收入的不断提高,对于更高层次的产品需求增加,这将推动东部地区产业的技术创新、结构升级。同时东部地区的资源优势,本土需求规模更大,使得产业更易形成规模效应,提高生产效率,以加快战略性新兴产业的发展。而中西部地区,仍然面对区域市场壁垒,产业发展存在诸多阻碍。综合东部地区第(1)—(3)列可知,消费升级在我国东部地区新型城镇化与战略性新兴产业发展的关系中存在中介效应。具体而言,东部地区,新型城镇化估计系数显著性明显下降,且消费升级的系数显著为正,表明消费升级在东部地区的中介效应为部分中介。而在中西部地区第(3)列中,消费升级变量系数不显著,而新型城镇化系数显著为负,因此,进行Sobel检验以验证消费升级的中介效应是否存在。根据Sobel检验结果,P值等于0.158,接受原假设,表明中西部地区消费升级不是新型城镇化与战略性新兴产业发展关系中的中介因素。

表8-9　地区异质性检验

变量	东部地区			中西部地区		
	(1) lntfp_lp	(2) conup	(3) lntfp_lp	(1) lntfp_lp	(2) conup	(3) lntfp_lp
nurb	0.712*** (0.115)	0.046*** (0.007)	0.660*** (0.116)	-0.687*** (0.225)	-0.160*** (0.010)	-0.765*** (0.230)

续表

变量	东部地区			中西部地区		
	(1) lntfp_lp	(2) conup	(3) lntfp_lp	(1) lntfp_lp	(2) conup	(3) lntfp_lp
conup			1.124*** (0.214)			-0.490 (0.339)
size	0.468*** (0.009)	-0.0005** (0.0002)	0.469*** (0.009)	0.531*** (0.012)	-0.0002 (0.0003)	0.531*** (0.012)
lev	0.256* (0.132)	0.0006 (0.0008)	0.255* (0.131)	0.153** (0.061)	0.002*** (0.0006)	0.155** (0.061)
roe	0.381*** (0.095)	0.003 (0.003)	0.377*** (0.095)	0.109* (0.056)	-0.0002 (0.001)	0.109* (0.056)
opc	0.746*** (0.042)	-0.0003 (0.0006)	0.746*** (0.043)	0.885*** (0.046)	-0.003*** (0.0008)	0.884*** (0.046)
soe	0.328*** (0.020)	0.0008 (0.0006)	0.327*** (0.020)	0.131*** (0.020)	0.007*** (0.0007)	0.134*** (0.020)
fin	0.045** (0.018)	0.035*** (0.001)	0.006 (0.019)	-0.024 (0.033)	-0.027*** (0.001)	-0.037 (0.034)
常数项	3.745*** (0.064)	0.386*** (0.003)	3.311*** (0.106)	3.853*** (0.113)	0.480*** (0.005)	4.088*** (0.193)
年份固定	YES	YES	YES	YES	YES	YES
行业固定	YES	YES	YES	YES	YES	YES
N	11963	11963	11963	4831	4831	4831
R^2	0.693	0.852	0.694	0.701	0.858	0.701

2. 所有制性质异质性检验

由于企业的性质不同可能面临的发展条件不同，从而对战略性新兴产业的发展影响存在异质性，故下文分企业所有权性质讨论其异质性以及消费升级的中介效应差异，结果如表 8-10 所示。由第(1)列可知，对于国有企业和非国有企业，核心变量新型城镇化(nurb)的系数都在 1%水平上显著为正，而在国有企业中，其估计系数更大。表明新型城镇化对国有企业和非国有企业的战略性新兴产业企业发展都具有正向促进作用，并且相较于非国有企业，新型城镇化对国有战略性新兴产业企业发展的促进作用更大。战略性新兴产业是引导未来经济发展的重要力量，近年来国家更加注重培育和发展战略性新兴产业，其中尤其是国有企业，在中国经济发展中发挥着顶梁柱的作用，国家采取大量的政策支持和财政补贴，银行放贷更倾向于国有企业，国有企业的金融支持更大，这有利于国有企业采纳更高水平的创新技术，雇佣更高层次的创新人才，获得企业竞争优势。第（2）列可知，新型城镇化的系数均显著为正，新型城镇化显著促进消费升级，整体而言随着新型城镇化的不断推进，基础设施的完善、消费环境的改善，使得居民愈发注重生存以外的更高层次的消费。综合第（1）—（3）列可知，对于非国有企业，消费升级在新型城镇化与战略性新兴产业发展的关系中存在中介效应，新型城镇化估计系数和显著性明显下降，且消费升级的系数显著为正，表明消费升级在非国有企业中的中介效应为部分中介。而国有企业第（3）列中，中介变量消费升级估计系数为正但不显著，继而采用 Bootstrap 法检验间接效应是否显著，结果拒绝原假设，表明中介效应显著，即新型城镇化可以通过促进消费升级驱动战略性新兴产业高质量发展。同时，系数 β_1 和 γ_k 乘积的符号与 γ_1 一致且显著，表明消费升级在国有企业中的中介效应为部分中介。

表 8-10　企业所有制性质异质性检验

变量	国有企业			非国有企业		
	（1）lntfp_lp	（2）conup	（3）lntfp_lp	（1）lntfp_lp	（2）conup	（3）lntfp_lp
nurb	0.711***（0.108）	0.134***（0.004）	0.654***（0.117）	0.305***（0.079）	0.113***（0.004）	0.197**（0.083）
conup			0.433（0.315）			0.951***（0.204）
size	0.517***（0.009）	0.00004（0.0003）	0.517***（0.009）	0.456***（0.008）	−0.0008***（0.0002）	0.457***（0.008）
lev	0.574***（0.090）	0.003*（0.002）	0.573***（0.090）	0.128*（0.060）	−0.00001（0.0004）	0.128**（0.060）
roe	0.415**（0.188）	−0.0002（0.001）	0.415**（0.188）	0.079（0.060）	0.003（0.002）	0.076（0.059）

续表

变量	国有企业			非国有企业		
	(1) lntfp_lp	(2) conup	(3) lntfp_lp	(1) lntfp_lp	(2) conup	(3) lntfp_lp
opc	0.781*** (0.043)	-0.0001 (0.0007)	0.781*** (0.043)	0.789*** (0.053)	0.0003 (0.0006)	0.789*** (0.053)
soe						
fin	0.105*** (0.025)	0.015*** (0.0009)	0.098*** (0.026)	0.050*** (0.016)	0.027*** (0.0007)	0.025 (0.017)
常数项	3.422*** (0.081)	0.362*** (0.003)	3.265*** (0.141)	4.092*** (0.062)	0.370*** (0.003)	3.740*** (0.098)
年份固定	YES	YES	YES	YES	YES	YES
行业固定	YES	YES	YES	YES	YES	YES
N	5544	5544	5544	11250	11250	11250
R^2	0.708	0.861	0.708	0.628	0.839	0.629

第四节 结论与政策建议

一、研究结论

面对新冠疫情的冲击和国际贸易摩擦的加剧,中国战略性新兴产业的发展正面临着前所未有的挑战,新型城镇化作为“十四五”规划的重要发展战略之一,其要素资源的集聚效应对产业发展具有重要影响,同时,随着“双循环”新发展格局的提出,立足“需求端”视角探讨两者间的作用机制尤为重要。本章选取2009—2019年中国战略性新兴产业上市公司数据,测算了企业全要素生产率并实证检验了新型城镇化对战略性新兴产业企业全要素生产率提升的影响以及消费升级在两者中的中介作用;并进一步检验地区和企业所有制异质性以及消费升级的中介效应是否存在差异。研究结果发现:

第一,新型城镇化对战略性新兴产业高质量发展具有显著的促进作用,新型城镇化不断推进,促使土地、人力、资本要素流通,加剧形成要素集聚效应,促使战略性新兴产业高质量发展。

第二,消费升级在新型城镇化对战略性新兴产发展的影响中存在中介效应。具体表现为:新型城镇化带来的收入效应和环境效应,使得消费规模扩张和消费结构升级,进而企业形成规模效应和竞争优势,驱使战略性新兴产业高质量发展。

第三,对于区域异质性,新型城镇化战略能够促进东部地区的战略性新兴产业高质量发展,而在中西部地区则表现为阻碍,消费升级的中介效应也仅在东部地区显著。

第四,对于所有制异质性,相较于非国有企业,新型城镇化战略对国有企业战略性新兴产业高质量发展的正向促进作用更大,但消费升级在国有企业和非国有企业中均为部分中介效应。

二、政策建议

基于以上研究结论,为进一步推动我国战略性新兴产业的高质量发展,本章提出以下几点建议:

首先,政府应当加快推进新型城镇化战略,促使人力资本、金融资本等要素资源从农村流向城镇,从传统产业流向新兴产业,打破空间壁垒,推动区域间要素互动。

其次,在新型城镇化战略的推进中,政府应当更加注重基础设施的建设,建立良好的消费环境,激发市场消费。尤其在双循环发展格局下,应当充分挖掘国内市场庞大的消费需求,助推企业形成规模经济效应和竞争优势,提高生产效率。

再次,政府需要因地制宜地实施新型城镇化战略,对中西部较为落后的地区要更加注重基础设施的建设,增加人才引进和金融资本支持;对东部地区在稳步推进新型城镇化战略的同时,要更加注重积极引导居民消费升级,通过需求引致创新,激发企业生产潜力,推动战略性新兴产业高质量发展。

最后,政府在政策支持和财政补贴国有企业的同时,也要加强非国有战略性新兴产业企业的发展支持;银行等融资机构应当降低非国有战略性新兴产业企业的融资门槛,缓解非国有企业的资金约束,增强对企业的金融支持,为企业发展提供后续动力,从而推动我国战略性新兴产业的高质量发展。

第九章　市场一体化、消费升级与战略性新兴产业高质量发展

第一节　相关文献与理论分析

在新一轮科技革命和产业变革的趋势下，加快布局和发展战略性新兴产业成为我国实现高质量发展，服务构建新发展格局的重要举措。然而，突如其来的新冠疫情导致经济全球化遭遇逆流，各种贸易壁垒和保护主义倾向明显增强，我国战略性新兴产业的发展路径面临着诸多挑战。市场经济条件下，需求是推动科技创新的动力源泉，无论是内需或是外需一般都会促进创新驱动发展。但二者的不同之处在于，源自国内的市场需求将会培育出本国企业的自主品牌和科技创新，提升本国企业在全球产业链中的地位，有利于推动传统产业的转型升级，为战略性新兴产业提供有效的实现道路和发展路径。因此，在扩大内需的战略基点上推动战略性新兴产业发展是我国实施以国内大循环为主发展格局的巨大优势所在。

然而，当前我国仍存在着比较严重的市场区域分割问题，导致我国超级市场规模的优越性难以充分展现。随着经济规模的快速壮大、经济发展水平的不断提高，缺乏国内统一大市场的弊端愈发凸显。2022 年 4 月，国务院发布了《关于加快建设全国统一大市场的意见》，明确指出，要加快建立全国统一

的市场制度规则，打通制约经济循环的关键堵点，以高质量供给创造和引领需求，促进商品要素资源在更多范围内畅通流动。构建新发展格局离不开国内统一大市场的形成，唯有加快建立全国统一的市场制度规则，打造全国统一大市场，国内市场主导国民经济循环的特征才会愈益明显，经济增长的内需潜力才会充分释放。

在经济高质量发展阶段，以消费为中心的现代增长轨道成为我国经济发展的新动能，消费规模壮大和消费结构升级已经逐渐成为驱动内需增长的主导力量。市场一体化能够为消费升级提供良好的制度环境，破除阻碍消费需求的体制机制障碍，有利于构建扩大消费需求的长效机制；而多样化的消费需求也会促进企业的生产活动向纵深发展，倒逼传统制造业转型升级，进一步推动战略性新兴产业的发展。在我国高质量发展的进程中，推动国内统一大市场的建设对于优化资源配置，释放国内消费市场的巨大潜在需求，促进战略性新兴产业发展具有十分重要的现实意义。

一、文献梳理

1. 关于战略性新兴产业的研究

作为我国全面建设社会主义现代化国家新征程的重大战略部署，如何发展战略性新兴产业已经成为当今学术界的研究热点。国内外学者主要从供给侧和需求侧两方面来探讨战略性新兴产业的培育和发展问题。从供给侧来看，创新是战略性新兴产业发展的核心因素，持续提升技术、人才、资金的供给水平，营造创新要素自由流动的生态环境，能够为壮大战略性新兴产业提供持久动力。韩江波、李超（2023）强调，新兴产业具有研发周期长、风险大的特点，因此，发展新兴产业需要充分依靠政府、金融机构、科研中心等服务主体的发展力量，并在此基础上挖掘人才、资金等创新要素的支持。李晓华、吕铁（2010）指出，在实现战略性新兴产业规模化历程中，政府部门的当务之急就是要构建有利于创新的制度环境和激励机制，扶持战略性新兴产业的创新活动。万钢(2010)同样提出，要科学把握战略性新兴产业的发展规律，有效发挥科技支撑、政府引导和市场推动的共同作用，从根本上着手畅通新兴产业发展各个环节间的障碍。但需要承认的是，我国战略性新兴产业的发展历程中，存在过分依赖政府、依赖政策倾斜等问题，使得企业自身在构建核心技术方面缺乏足够的动力。

从需求侧来看，随着居民收入水平的提高，国内市场主导国民经济循环的特征愈加明显，相较于供给驱动的直接性和多元性，由市场需求引致的驱动动力对我国战略性新兴产业发展更具有指导性和持久性。郝凤霞(2011)提出，我国的自主创新能力与发达国家相比仍然具有较大差距，此时就需要根据国内市场需求和市场经济的特点来重新发展我国新兴产业的竞争优势。陆文娟(2020)从居民消费渠道变迁的角度出发，指出网络信息化水平提高以及交通设施建设的完善会明显改善居民消费水平，促进传统零售产业的转型升级。谢呈阳等(2021)基于消费升级和市场规模两个维度提出本地消费升级和市场规模扩张均能诱发全球价值链中高端环节向本地转移，从而推动制造业企业价值链攀升，加速高层次制造业的发展。陈文晖等(2020)强调需求侧政策是有效提升需求的重要手段，它能够直接提升产品或服务销量，完善产业链条，最终将潜在需求转化为有效需求，甚至创造新的需求，从而促进战略性新兴产业发展。

2. 关于市场一体化的研究

在市场一体化的研究中，与本章相关的探讨主要聚焦于市场一体化的测量及其对产业升级、消费升级等方面的影响。首先，现有文献中对市场一体化水平的度量方法主要有两种：一是相对价格法，利用两个地区商品零售价格指数的相对差异来度量一体化程度；二是利用引力模型来计算不同地区之间的空间经济联系强度。杜茂宝等(2018)利用价格法测算了京津冀城市群的商品市场和要素市场的一体化水平，并进一步采取变异系数法测算了整体市场的一体化程度，发现京津冀城市群商品市场一体化水平较高且呈现逐渐上升的变化态势，而要素市场一体化水平较低且波动范围大，整体市场一体化程度与要素市场一体化变动情况基本一致。范剑勇、林云（2011）则在引力模型的基础上，以区域间贸易的边界效应对国内产品市场一体化水平进行了评估，发现我国国内产品市场并没有处于严重的分割状态，通过消除外生的贸易壁垒能够进一步提高国内产品的市场一体化水平。

其次，关于市场一体化对产业升级影响机制的研究中，甘清华、陈淑梅（2021）提出市场一体化可以通过提升地区产业结构合理化、高级化和生态化水平进而促进产业的转型升级。孙昊、胥莉（2019）认为，较高的区域市场整合水平使得区域市场在“看不见的手”的作用下，实现要素的合理有效配置，对高新产业的 TFP 增长具有促进作用。冯艺、连俊华（2020）通过构建静态和动态面板模型，证实了市场一体化水平对企业技术创新存在显著的正向促进作用，深入推进市场一体化进程能够有效助力国家创新驱动发展战略的实施。柯蕴颖等（2022）利用双重差分法系统评估同样证实了城市群一体化发展能够有效提高区域产业的高级化和层次化水平，促进产业结构趋于合理化。

消费升级的实现需要良好的市场环境和系统的体制机制作为基础，因此，市场一体化是畅通经济良性循环体系、营造规范安全消费市场的必然选择。目前，我国消费环境仍然面临着市场竞争和交易秩序不规范，流通体系和基础设施不完善等问题。汪伟（2017）提出，市场在构建消费需求长效机制中发挥着决定性作用，深化市场改革能够破除阻碍消费需求的体制机制障碍，为消费增长提供良好的制度环境。刘志彪（2019）则认为，推进市场一体化能够促进形成国内强大市场，实现更充分的就业，提升居民的收入水平，满足居民对优质产品和服务的个性化需求，顺应居民消费升级趋势。张昊（2020）指出，统一市场的形成使得企业能够及时了解、跟踪消费者的需求偏好，促使企业以扩大有效供给和品质提升满足消费者的多样化需求，带动传统产业进行技术创新和产品升级，进一步激发了居民潜在的消费需求。雷娜、朗丽华（2020）强调，市场一体化能够打破区域间的贸易壁垒，刺激商品市场的竞争力度，提高消费者对于产品质量和技术含量的要求，迫使企业进行技术改革来满足多元化和多变性的消费需求。

通过对文献的梳理可以看出，以往的研究更多聚焦于市场一体化对消费升级或者产业升级影响机制的探讨，缺少市场一体化对于战略性新兴产业的相关研究。为了弥补以往研究中的不足，本章所做的创新之处主要在于以下两点：首先，构建了“市场一体化—消费升级—战略性新兴产业发展”的研究框架，重点分析市场一体化对战略性新兴产业高质量发展的影响以及其如何通过消费升级来发展战略性新兴产业；其次，进一步探讨了消费升级中介效应的路径差异，通过细分地理区域和市场类型考察消费升级的中介效应在市场一体化对战略性新兴产业发展影响中的异质性。

二、理论机制分析

1. 市场一体化对战略性新兴产业的影响机制分析

对于市场一体化内涵的概述，目前学术界较为权威的一种说法认为，在市场一体化的状态下，不同的区域市场之间不存在着妨碍市场交流的政治或贸易边界，在此区域内，无论是进行商品交换还是要素流动，都能够实现零成本流通（孙博恩，2021）。因此，本章在分析市场一体化对战略性新兴产业发展的影响时，为了探寻出全面且有效的市场一体化建设方向，借鉴苏剑、邵宇佳（2022）的做法，将国内市场划分为商品市场和要素市场，从多个市场维度来分析一体化水平与战略性新兴产业发展之间的关系。

（1）商品市场一体化与战略性新兴产业发展

商品市场一体化主要是指区域内同种商品价格受供求关系影响逐渐趋同的状态（李瑶瑶，2022）。商品市场一体化主要通过以下方式对战略性新兴产业发展产生影响。首先,商品市场一体化通过利益激励效应刺激新兴产业市场规模扩大。商品市场一体化能够释放潜在的市场需求,有利于激发新兴产品市场的良性竞争和多元化发展,对战略性新兴企业的创新活动和研发投入强度产生了巨大的利益激励,由此壮大了战略性新兴企业的市场总规模。其次,商品市场一体化能够通过激烈的市场竞争推动新兴产业高质量发展。在全国统一的商品市场中,商品的自由流通能够扩大居民消费自由选择的权力,激发市场竞争活力,迫使企业为了避免失败、实现基业长青而必须始终不断地创新,以创新驱动战略性新兴产业高质量发展。最后,商品市场一体化能够通过虹吸效应提升企业的创新能力。庞大的商品市场规模会对以人力资本为主的创新要素产生虹吸效应,促进本地企业通过要素集聚进行科技创新,为战略性新兴产业发展提供持久动力。

(2)要素市场一体化与战略性新兴产业发展

要素市场一体化能够实现生产要素与企业的跨区域匹配,促进企业经济效率的提升,为战略性新兴产业的发展提供重要的物质基础。首先,要素市场一体化有利于要素配置效率的提升。全国统一大市场促进了要素资源的跨地区流动,导致资源从低效率行业流入到高收益行业现象增多,进一步提高了整个社会的资源配置效率,有利于加快战略性新兴产业转型升级的步伐。其次,要素市场一体化所带来的专业化分工能够实现区域一体化协调发展。推进要素市场一体化可以将分散的小市场聚合为一,重塑国内区域间的分工布局,地区之间利用各自的禀赋优势发展特色产业,并通过全国统一大市场共享信息,分工协作,从而实现区域一体化协调发展和共同富裕。最后,统一的要素市场能够通过专业化分工和区域间合作形成空间协同创新联动机制。在构建全国统一大市场的进程中,市场规模的扩大能够促进不同地区间形成深度分工和功能互补,全方位提升了本地企业的创新能力,推动我国制造业企业向全球中上游价值链方向稳步发展,有助于实现我国战略性新兴产业相关前沿技术的研发和应用推广。

基于以上分析，本章就市场一体化与战略性新兴产业发展的关系提出理论假设1：

假设1：市场一体化有利于战略性新兴产业的高质量发展

2. 市场一体化、消费升级对战略性新兴产业的影响机制分析

发展战略性新兴产业的关键环节在于技术创新。市场一体化能够为消费升级提供良好的制度环境，破除阻碍消费需求的体制机制障碍，有利于"需求引致创新效应"逐渐显现；并进一步通过技术创新提高产品质量和优化供给结构，以创新驱动促进战略性新兴产业发展。

（1）商品市场一体化、消费升级与战略性新兴产业

首先，商品市场一体化能够克服信息不对称所造成的供需不匹配等结构性矛盾，打破生产信息约束所构成的贸易壁垒，便于生产者可以明确地替消费者以商业化的方式表达其内心的潜在需求，弥补了产品供给与消费偏好之间的鸿沟，通过扩大有效需求来驱动消费升级。随着需求规模的扩大，居民的个性化、多样化消费需求驱使企业进行产品研发和技术创新，这也成为诱导战略性新兴产业发展的关键动力。其次，商品市场一体化扩大了本土市场规模，为企业主体提供了全新的市场机遇和创新研发活动的利润收益，各种促进技术进步的创新发明不仅为世界提供了新种类的商品和服务，而且也为社会创造出了许多新的行业和需求，从根本上激励企业的自主创新活动和战略性新兴产业的兴起。

（2）要素市场一体化、消费升级与战略性新兴产业

一方面，要素市场一体化能够有效地提升居民的财产性收入。要素市场一体化通过科学合理的要素布局提高了社会生产率，大幅度降低了企业生产的单位产品成本，有效提高了居民的收入水平。不断提高的劳动者收入是扩大内需的出发点和直接途径，通过收入增长所带来的居民消费水平提高和消费结构改善为相关战略性新兴产业的发展创造了研发空间。另一方面，依托我国超级市场迅速成长的"本土市场效应"，能够通过对外贸易虹吸全球先进

生产要素,并借此来提升战略性新兴企业的研发设计能力。因此,消除区域之间的市场分割,构建统一的要素市场是提升企业自主创新能力以及实施高质量发展国家战略的基础和保障。

基于以上分析,本章就市场一体化、消费升级与战略性新兴产业发展的关系提出理论假设2、假设3:

假设2:市场一体化对于消费升级存在正向的促进作用

假设3:市场一体化通过消费升级进一步促进了战略性新兴产业发展

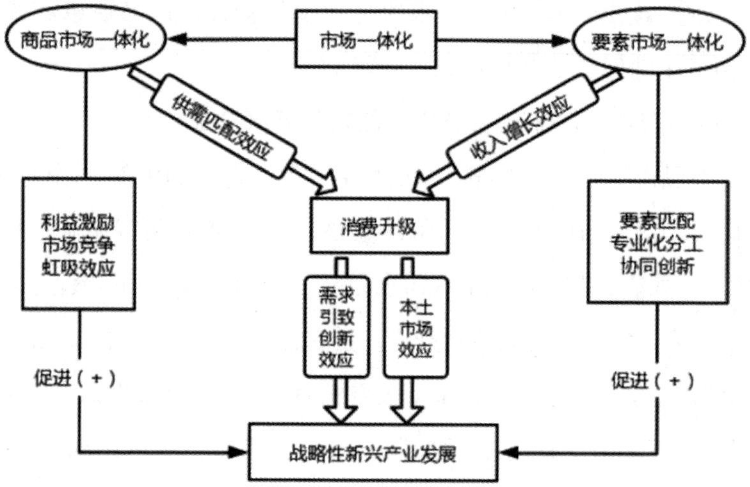

图9-1 理论机制流程图

第二节 研究设计

一、变量选取

1. 被解释变量

战略性新兴产业的全要素生产率TFP。自2009年我国提出要大力发展战略性新兴产业后,将全要素生产率引入战略性新兴产业领域是学术界对于测度研究方法的创新举措。目前对于企业全要素生产率的测度方法可以分为三类：参数估计法、非参数估计法以及半参数估计法。其中，OP 法和 LP 法被广泛应用于测算企业的全要素生产率。由于 OP 法的测算结果存在样本损失率较大的问题，本章选择 LP 方法下测算的 TFP 值来考察我国在 2013—2021 年战略性新兴企业的全要素生产率。借鉴王杰、刘斌（2014）的研究方法，首先需要建立 C-D 生产函数：

$$\ln y_{it} = \alpha_{0t} + \alpha_{1t}\ln l_{it} + \alpha_{2t}\ln k_{it} + \alpha_{3t}\ln m_{it} + \varepsilon_{it} \quad (1)$$

在该式中，y_{it} 表示产出，用企业营业收入衡量；l_{it} 表示劳动投入，用企业从业人员数量衡量；k_{it} 表示资本投入，用固定资产净值衡量；m_{it} 表示中间投入，用企业的营业成本+销售费用+管理费用+财务费用-折旧摊销-支付给职工以及为职工支付的薪酬来衡量（胡本伟，2014）。下标 i 表示战略性新兴企业，t 表示年份，ε_{it} 表示随机扰动项。本次计算的所有名义变量都是以 2013 年为基期的实际值，固定资产投资净值使用固定资产投资价格指数进行平减；中间投入和营业收入用工业生产者出厂价格指数进行平减。

利用 LP 法所计算的 2013—2021 年中国战略性新兴产业全要素生产率年均值和变化趋势情况如表 9-1 和图 9-2 所示。从总体上来看，我国战略性新兴产业全要素生产率在样本区间内呈现出逐渐增加的趋势。值得注意的是，在 2013—2017 年期间我国战略性新兴产业的增长幅度比较明显。究其原因可能是，因为自 2012 年国务院发布《“十二五”国家战略性新兴产业发展规划》之后，新兴企业的规模及实力均实现了质的提升，新兴产业的示范引领作用得到了有效发挥，使得战略性新兴产业成为经济高质量发展的重要动力源。但 2018 年之后，中美贸易摩擦战的打响在短期内遏制了我国战略性新兴产业的发展；但从长期来看，中美贸易摩擦也会催生和倒逼产业结构重塑，迫使我国的新兴企业加大自主创新投入，充分激发战略性新兴产业的创新活力。

对细分产业的分析可知，在 2013—2021 年期间，新能源汽车的全要素生产率在我国七大类战略性新兴产业中年平均值最高，接下来依次是新材料产

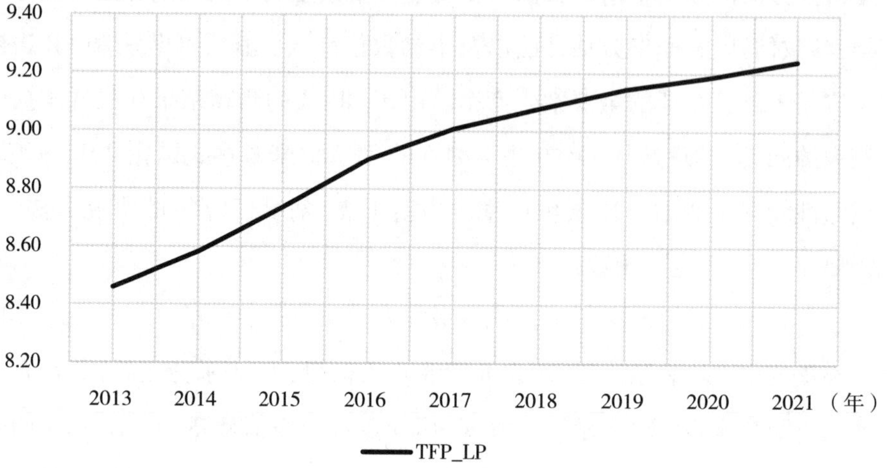

图 9-2　2013—2021 年中国战略性新兴产业全要素生产率变化趋势

业和新能源产业。自 2014 年陆续出台一系列补贴新能源汽车的优惠政策后，政府对新能源汽车行业进行了全方位优惠扶持，使得新能源汽车取得卓越成效的发展。在中国式现代化的新发展格局下，国内新材料行业也迎来了更多发展机遇，我国也加快了迈向新材料强国的步伐。另外，随着我国工业化体系的不断完善，完整工业产业链对能源需求愈加迫切，在"双碳"目标下，采用具有低污染、清洁、方便以及可再生的新能源，可以有效实现高质量的发展，因此，近年来新能源领域的发展备受市场关注。

表 9-1　2013—2021 年七大战略性新兴产业全要素生产率年均值

行业名称	2013 年	2014 年	2015 年	2016 年	2017 年	2018 年	2019 年	2020 年	2021 年	平均值
生物产业	8.461	8.614	8.684	8.825	8.854	8.960	9.030	8.998	9.017	8.829
新一代信息技术产业	8.292	8.452	8.679	8.893	8.979	9.034	9.091	9.136	9.147	8.864
高端装备制造产业	8.462	8.573	8.722	8.855	8.958	9.031	9.110	9.163	9.262	8.897
节能环保产业	8.533	8.586	8.665	8.698	9.002	9.006	9.174	9.271	9.267	8.918
新能源产业	8.684	8.329	8.630	8.806	8.786	8.972	9.141	9.197	9.273	8.926

续表

行业名称	2013年	2014年	2015年	2016年	2017年	2018年	2019年	2020年	2021年	平均值
新材料产业	8.690	8.766	8.804	9.001	9.191	9.289	9.321	9.388	9.530	9.098
新能源汽车产业	9.635	9.607	10.103	10.361	10.787	10.834	10.847	10.725	10.768	10.346

2. 核心解释变量

市场一体化总指数（seg_{it}）。本章对市场一体化的定义参照赵奇伟、熊性美(2009)的方法，将市场一体化的内涵拓展到商品市场一体化、劳动力市场一体化以及资本市场一体化三方面，借鉴桂琦寒、陈敏(2006)的方法，用相对价格法来计算出该地区的市场分割程度，并在市场分割指数的基础上对该值取倒数后开平方得出该地区的市场一体化分指数，最后参照周正柱(2018)的做法，运用变异系数法测算出市场一体化总指数。相对价格法的计算方法如下所示：

$$\Delta P_i = \frac{\left| \sum_j^n \left(\ln\left(\frac{P_i}{P_j}\right) - \ln\left(\frac{P_{i-1}}{P_{j-1}}\right) \right) \right|}{n} = \frac{\left| \sum_j^n \left(\ln\left(\frac{P_i}{P_{i-1}}\right) - \ln\left(\frac{P_j}{P_{j-1}}\right) \right) \right|}{n}$$

$$seg_i = \sqrt{1/\Delta P_i} \qquad (2)$$

其中，P_i、P_{i-1}、P_j、P_{j-1} 为 i 地区和 j 地区当期与上一期的商品零售价格指数，ΔP_i 为 i 地区与其他地区商品零售价格指数差异的平均值，即市场分割程度，seg_i 则表示 i 地区的市场一体化水平指数，seg_i 越大，市场一体化水平越高。本章统一采用相对价格法对商品市场一体化、劳动力市场一体化以及资本市场一体化进行测算。原始数据选择了《中国统计年鉴》中 2012—2021 年 30 个省份的环比价格指数数据，西藏因缺少若干年份的数据未被收入。此外，为了保持数据的完整性和可获得性，商品市场选取了食品烟酒、衣着、家用设备及其用品、医疗保健用品、交通和通讯工具、娱乐教育文化用品和居住这八大类消费品的消费价格指数;劳动力市场选取了国有单位职工平均工资、城镇集体单位职工平均工资和其他单位职工平均工资的职工平均实际工资指数;资本市场选取了建筑安装工程、设备工程和器具和其他资本品的固定资产投资价格指数。最后对市场一体化细分指数使用变异系数法来衡量各省份的市场一体化总指数。

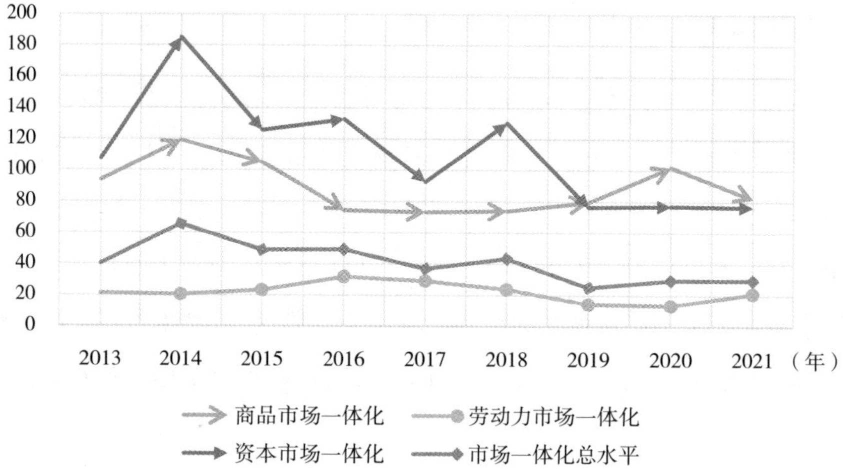

图 9-3　2013—2021 年我国市场一体化水平的变化趋势

结合图 9-3 的计算结果可知,我国整体的市场一体化呈现出先上升再下降随后又开始上升的非线性变化趋势,且整体的市场一体化水平在 2014 年出现了峰值;而细分市场中,劳动力市场和商品市场的一体化水平虽具有下降趋势但变化幅度较小,而资本市场的一体化水平在样本期间出现大幅度下降。从中国构建统一市场的实践看,在转轨经济中能够阻碍国内统一市场建设的因素,主要来自纵向与横向的政府治理机制。基于"锦标晋升"模式下,地方政府官员为了满足执政期内自身工作业绩和职业回报的需求,担负了促进当地经济增长的重大责任,这强化了地方市场分割的动机和行为。总体上来看,目前我国整体的市场一体化程度不高。

3. 中介变量

消费升级(c_{it})。消费升级体现在消费结构优化为目标的消费内容的改善,主要包含以下两点:一方面,一般商品向高层次商品或服务的消费对象转变;另一方面,体现为不同的项目支出占比。由此可见,消费升级的度量可以体现为消费结构中高层次消费支出占比的变化。因此,本章使用扩展线性支出系统模型中收入需求弹性的结果,用高层次商品和服务型消费支出占比来衡量居民消费升级。其中需求收入弹性具体的计算公式为:

$$EM_i = \frac{\partial x_i / x_i}{\partial y / y} = b_i \frac{y}{x_i p_i} = b_i \frac{y}{c_i} \tag{3}$$

其中, c_i 为第 i 种商品的总支出,y 为居民可支配收入, b_i 为待估计参数, x_i 为第 i 种商品实际需求。由表 9-2 的计算结果可知,居住、交通通信、教育文化娱乐以及医疗保健项目的收入弹性均大于总平均值 0.836,属于高层次消费需求,其中,医疗保健的需求收入弹性最大,为 1.400,可见随着收入增加居民愈发重视对于医疗保健的消费。因此,我们在这里借鉴这种度量方法,将这四种项目在居民消费者总支出中的占比情况作为衡量消费升级的指标。

表 9-2　2013—2021 年居民各项消费需求收入弹性

年份	食品烟酒	衣着	居住	生活用品与服务	交通通信	教育文化娱乐	医疗保健	其他用品及服务
2013	0.679	0.198	1.023	0.761	0.952	0.847	1.568	0.686
2014	0.687	0.204	1.056	0.759	0.913	0.849	1.507	0.686
2015	0.698	0.210	1.077	0.773	0.890	0.824	1.472	0.688
2016	0.708	0.220	1.066	0.764	0.862	0.804	1.423	0.714
2017	0.740	0.233	1.060	0.776	0.879	0.805	1.398	0.708
2018	0.767	0.243	1.018	0.773	0.893	0.820	1.308	0.721
2019	0.773	0.255	1.019	0.803	0.908	0.791	1.262	0.714
2020	0.770	0.289	1.035	0.855	0.986	1.024	1.364	0.848

续表

年份	食品烟酒	衣着	居住	生活用品与服务	交通通信	教育文化娱乐	医疗保健	其他用品及服务
2021	0.749	0.275	1.044	0.827	0.942	0.874	1.297	0.752
均值	0.730	0.236	1.044	0.788	0.914	0.849	1.400	0.724
总均值	0.836							

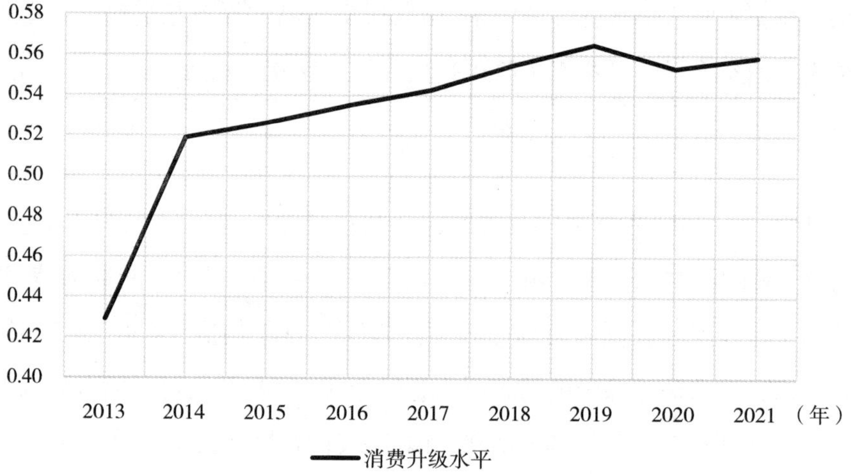

图 9-4　2013—2021 年中国高层次商品和服务的消费支出占比

如图 9-4 所示，在 2019 年之前，我国高层次商品与服务的消费支出占比呈现出逐年上升的趋势，反映出居民的消费水平在不断提高，消费结构趋于不断升级；但在 2019 年之后出现了轻微的下降趋势，这可能是由于新冠疫情引起的居民收入的增速放缓，居民的消费意愿出现疲软状态；2020 年之后，新业态的消费模式应运而生，商品消费市场呈现出小幅度的增长趋势。

4. 控制变量

结合已有研究，并综合考虑到数据的可得性和准确性原则，本章选取资产负债率、资本密集度、固定资产比率、资产净利润率、企业规模以及虚拟变量所有权性质等变量作为本章研究的控制变量,尽量满足计量模型中扰动项的条件均值独立于核心解释变量的假定,保证基础回归的准确性。本章控制变量的具体说明如下:①资产负债率(dar_{it}):企业的资产负债率与其经营利润和效率密切相关,因此,合理的负债水平可以为公司日常经营活动提供保障以及提高公司的信誉水平。②资本密集度(cir_{it}):资本密集度的变化趋势能够反映出行业整体的发展情况。通常情况下,资本密集度越高的行业越愿意吸引高技能劳动者进行研发和创新,越有条件创造更高的劳动生产率。③固定资产比率(far_{it}):固定资产比率可以用来衡量企业的资金营运能力,固定资产比率越低的企业其营运能力也就越强。④资产净利润率(roa_{it}):企业的盈利能力是企业生存的基本条件之一,同时也是增强企业自身核心竞争力的关键因素,因此,可以将其作为衡量战略性新兴企业经营效率的影响因素。⑤企业规模($size_{it}$):发展经济学理论认为,企业规模扩大所产生的规模经济是提升生产率的重要方式,因此,本章将企业员工人数的对数形式代表企业规模。⑥所有权性质(soe_{it}):不同所有权性质的企业具有不同的行为目标,这对企业的经营效率具有重要影响。因此,本章将企业的所有权性质用虚拟变量表示,国有为1,非国有为0。

表 9-3　变量符号与指标选取说明

变量类型	变量名称	变量测度
被解释变量	全要素生产率 $\ln TFP_{it}$	由 lp 法测度计算
核心解释变量	市场一体化 seg_{it}	变异系数法测度计算
	商品市场一体化 $segco_{it}$	相对价格法测度计算
	劳动力市场一体化 $segl_{it}$	
	资本市场一体化 $segca_{it}$	
中介变量	消费升级 com_{it}	高层次商品和服务型消费支出占比

续表

变量类型	变量名称	变量测度
控制变量	资产负债率 dar_{it}	用总负债与总资产之比表示
	资本密集度 cir_{it}	用总资产与营业收入之比表示
	固定资产比率 far_{it}	用固定资产净额与总资产之比表示
	资产净利润率 roa_{it}	用净利润与总资产之比表示
	企业规模 $size_{it}$	用员工人数的对数形式表示
	所有权性质 soe_{it}	虚拟变量，soe = 1 表示国有，soe = 0 表示非国有

二、数据来源与处理

本章旨在分析市场一体化与消费升级对战略性产业发展的影响。为了使研究结果更贴合实际情况，依据国家发展改革委发布的《战略性新兴产业重点产品和服务指导目录(2016)》对战略性新兴产业内涵的解释整理出七类战略性新兴产业，包含了高端装备制造业、节能环保产业、新一代信息技术产业、生物产业、新材料产业、新能源产业、新能源汽车产业。在保证数据测算连贯性的原则下，此次研究选择样本时主要依据新兴综指指数样本股中最新披露的 2193 家上市公司，剔除信息披露不完整的公司，经筛选后样本为 800 家战略性新兴企业。样本区间定为 2013—2021 年，9 年共 7200 个样本值。实证基于 LP 法测算出战略性新兴企业全要素生产率，并将其作为被解释变量探究其与市场一体化、消费升级之间的关系。本章中消费升级和市场一体化测算的相关数据来源于 2013—2021 年全国的统计年鉴以及各省份的统计年鉴，上市企业的相关数据来源于国泰安数据库和东方财富网所公布的上市公司年度报告。为剔除价格因素变动对本研究所造成的影响，本章中企业的固定资产投资净值采用以 2013 年为基期的固定资产投资价格指数进行平减：企业的营业收入和中间投入等其他货币型数据均采用以 2013 年为基期的工业生产者出厂价格指数进行平减；各类消费支出的数据均采用以 2013 年为基期的 CPI 指数进行平减；其余货币数值型数据均采用以 2013 年为基期的 GDP 指数进行平减。

主要变量(对数形式)的描述性统计分析如表 9-4 所示。

表 9-4　变量的描述性统计分析

变量	观测值	均值	标准差	最小值	最大值
TFP	7200	2.183	0.105	1.938	2.454
seg	7200	41.350	15.090	13.980	79.820
segco	7200	4.450	0.264	3.524	4.919
segl	7200	3.073	0.323	2.293	3.693
segca	7200	4.488	0.528	3.136	5.438
com	7200	0.554	0.057	0.402	0.669
dar	7200	0.392	0.185	0.050	0.809
cir	7200	2.540	1.682	0.581	10.8
far	7200	0.185	0.131	0.005	0.590
roa	7200	0.035	0.065	-0.285	0.193
soe	7200	0.306	0.461	0	1
lab	7200	7.781	1.141	5.306	11.140

三、模型设定

1. FD-GMM 模型设定

面板数据回归分析的方法主要包括混合最小二乘估计、固定效应回归、随机效应回归以及动态面板回归四种方法。当面板回归模型的数据具有动态特征时,静态面板的简单变换方法无法消除固定效应的影响,容易导致联立方程偏误并且忽视了解释变量的内生性问题,此时使用 OLS 估计式是不可行的。全要素生产率的变化是一个动态过程,即当期的全要素生产率水平可能依赖于之前的水平,因此需要通过引入被解释变量的一阶滞后项来构造动态面板模型,以防止模型的设定偏差。除此之外,考虑到"短面板"的数据结构,本章采用动态面板模型方法,利用 FD-GMM 法对构建的模型进行估计。在前文的测算中,发现我国的市场一体化水平存在着非线性的变化趋势,为了进一步探索全要素生产率与市场一体化总水平之间可能存在的非线性关系,参考黄赜琳、姚婷婷(2020)的做法将其二次项也引入模型中进行分析。综上所述,设定如下的实证模型:

$$\ln tfp_{it} = a_0 \ln tfp_{i,t-1} + a_1 \ln seg_{it} + a_2 \ln seg_{it}^2 + \gamma \ln Xcontrol_{it} + \mu_{it} + \alpha_{it} \quad (4)$$

在该式中,tfp_{it} 表示 i 企业第 t 年的战略性新兴产业全要素生产率;$tfp_{i,t-1}$ 表示 i 企业第 t-1 年的战略性新兴产业全要素生产率;seg_{it} 表示 i 企业第 t 年的市场一体化水平;seg_{it}^2 表示 i 企业第 t 年市场一体化的二次项;$Xcontrol_{it}$ 代表影响战略性新兴产业全要素生产率变化的控制变量;a_1 表示解释变量的待估系数,γ 表示相应控制变量的系数,μ_{it} 为相应的随个体与时间而变化的误差项,α_{it} 为相应的个体效应的随机误差项。

2. 中介效应的检验

为了进一步验证消费升级在市场一体化与战略性新兴产业发展之间的中介效应,设定如式(5)(6)的模型进行探究,模型设立借鉴了 Zhao, Lynch et al.(2010)所介绍的两步回归检验流程,建立如下面板数据模型:

$$com_{it} = \alpha_0 seg_{it} + \alpha_1 seg_{it}^2 + \alpha_2 \ln Xcontrol_{it} + \mu_{it} + \alpha_{it} \quad (5)$$

$$\ln tfp_{it} = \lambda_0 seg_{it} + \lambda_1 com_{it} + \lambda_2 seg_{it}^2 + \lambda_3 \ln Xcontrol_{it} + \mu_{it} + \alpha_{it} \quad (6)$$

其中 com_{it} 为中介变量,代表消费升级;λ_1 为中介变量系数;其余变量与前文一致。若逐步回归结果中的系数 α_0、λ_1 都显著不为 0,则说明消费升级在市场一体化对战略性新兴产业发展的影响中发挥着中介效应;其中,当 λ_0 也显著不为 0 时,则为部分中介效应,反之则为完全中介效应。但是逐步回归有可能会因为所谓的抑制效应的存在出现回归系数不显著的情况,导致回归结果会错过一些实际存在的中介效应,因此,我们用 Sobel(1982)检验来进一步稳健中介效应效果。

第三节　实证结果与分析

一、变量的平稳性检验

为避免“伪回归”结果的出现和确保估计结果的有效性，需要进一步通过单位根检验来检验数据过程是否平稳。本章采用 LLC 方法对所有变量进行平稳检验，检验结果如表 9-5 所示。由检验结果可知，所有变量均为平稳变量，可进一步做回归分析。

表 9-5　主要变量的平稳性检验

变量	LLC	
	统计量	结论
TFP_LP	-14.595(0.00)	平稳
seg	-44.627(0.00)	平稳
segco	-45.727(0.00)	平稳
segl	-66.335(0.00)	平稳
segca	-94.229(0.00)	平稳
com	-3.540(0.00)	平稳
dar	-7.911(0.00)	平稳
cir	-19.321(0.00)	平稳
far	-8.784(0.00)	平稳
roa	-33.222(0.00)	平稳
soe	-1.631(0.01)	平稳
lab	-15.569(0.00)	平稳

二、动态面板回归分析

本章以 800 家战略性新兴企业 2013—2021 年的数据作为研究样本，利用 FD-GMM 法进行基准回归估计。具体应用时，还需要检验运算过程中易出现的自相关以及工具变量过度识别问题。自相关检验采用 Arellano-Bond 检验，该模型允许扰动项的一阶差分存在自相关，而二阶差分不允许自相关，即 AR(1)<0.1、AR(2)>0.1。过度识别检验常用 Hansen 检验，即要求 Hansen 检验的结果要大于 0.1，表明不拒绝所有工具变量都是外生的原假设。具体的回归结果如表 9-6 所示。其中，第(1)列仅包含了核心解释变量市场一体化及其二次交互项，第(2)列加入了所有的控制变量。在进行回归时，同时对行业、年份以及省份进行了控制。根据回归结果显示，只有(2)的回归结果同时通过了自相关检验和过度识别检验，说明在加入控制变量后，GMM 模型的内生性问题逐渐被解决，从而验证了本模型设定的合理性。

表 9-6　FD-GMM 回归结果

变量	(1) TFP_LP	(2) TFP_LP	(3) TFP_OP	(4) TFP_GMM	(5) TFP_OLS
seg	0.2429*** (3.22)	0.1507*** (2.93)	0.1342** (2.09)	0.4548** (2.54)	0.1446** (2.56)
seg2	−0.0304*** (−2.59) —	−0.0174** (−2.29) (6.34)	−0.0171* (−1.76) (5.25)	−0.0581** (−2.18) (6.71)	−0.0186** (−2.08) (6.58)
cir	— —	−0.0246*** (−32.12)	−0.0265*** (−23.26)	−0.0567*** (−16.09)	−0.0199*** (−28.15)
far	— —	−0.1423*** (−8.48)	−0.0386* (−1.75)	−0.5284*** (−9.20)	−0.0625*** (−4.03)
roa	— —	0.0855*** (12.62)	0.2566*** (4.14)	1.1974*** (6.46)	0.0771*** (12.58)
soe	— —	−0.0034 (−1.16)	−0.0802*** (−3.16)	−0.0578 (−1.17)	−0.0026 (−0.95)
lab	— —	0.0258*** (5.67)	−0.0211*** (−3.76)	−0.1188*** (−10.12)	0.0332*** (7.46)
L.TFP_LP	0.1852*** (6.07)	0.0323** (1.99)	— —	— —	— —
L.TFP_OP	— —	— —	0.0596*** (2.99)	— —	— —

续表

变量	(1) TFP_LP	(2) TFP_LP	(3) TFP_OP	(4) TFP_GMM	(5) TFP_OLS
L.TFP_GMM	— —	— —	— —	0.0559** (2.43)	— —
L.TFP_OLS	— —	— —	— —	— —	0.0384* (1.90)
年份	YES	YES	YES	YES	YES
行业	YES	YES	YES	YES	YES
省份	YES	YES	YES	YES	YES
观测值	4000	3998	3998	3996	3998
企业数	800	800	800	800	800
hansen	0.000	0.228	0.178	0.419	0.389
ar1	0.000	0.025	0.000	0.000	0.076
ar2	0.836	0.652	0.241	0.372	0.620

注：*、**、*** 分别表示在 10%、5%、1%的统计水平上显著；括号内为 t 值。

具体来看，从第(2)列的回归结果可以看出：

①市场一体化及其二次项的回归系数都通过了 5%的显著性检验且为异号，这验证了前文关于市场一体化对战略性新兴产业发展具有促进作用的假设。进一步利用面板门槛模型检验市场一体化的非线性特征，发现将资本市场一体化作为门槛变量时，在 10%的显著性水平下市场一体化与战略性新兴产业全要素生产率之间存在显著的单一门槛效应。在回归结果中，我们通过加入控制变量来检验理论假设的稳健性，发现在解决内生性问题的回归模型中，市场一体化的回归系数显著为正，即表明了市场一体化水平能够明显地促进战略性新兴产业全要素生产率的增长，主要原因可能有以下几点：首先，市场一体化有利于实现企业规模的扩张和跨区合并，促进战略性新兴企业规模效率的提升，使得企业达到最优的生产规模；其次，市场一体化打破了要素自由流动的壁垒，有利于实现要素资源的优化配置，有效控制了企业的成本；最

后，市场一体化促进了知识、劳动力、资本等创新要素的流动，提高了企业的技术创新能力。因此，市场一体化建设使得战略性新兴企业的发展质量得到了有效提升。

②控制变量中，除了企业所有权属性外，其他所有控制变量均通过了1%水平下的显著性检验。其中，资本密集度和固定资产比率的相关系数为负，这说明了战略性新兴企业的生产率与资本调整灵活度存在着一定的负向关系，随着资本密集度的上升，企业固定资产投入在技术层面的正向提升并未得到很好体现。而资产负债率、资产净利润率以及企业规模的回归系数均为正，表明企业的举债经营越高，其融资约束程度就越低，越有利于战略性新兴企业规模的扩大；而资产净利润率越高说明企业的发展前景越好，增强了投资者对战略性新兴企业的发展信心；企业规模的扩大有利于发挥规模效应，能够促进战略性新兴企业全要素生产率的提升。

③此外，FD-GMM基础回归中将被解释变量的滞后一期L.TFP_LP加入到解释变量中，表9-6的结果显示滞后一期的全要素生产率相对于当期的具有显著的正向影响，说明前期全要素生产率的改善将有效促进了下一期生产率的提高。

三、稳健性检验

1. 更换被解释变量

在前文的FD-GMM基准回归中已经说明了市场一体化对于战略性新兴产业全要素生产率具有显著的正向影响，为了验证回归结果的稳健性，本章采用OP、GMM、OLS来重新测算战略性新兴产业的全要素生产率，以此来替换本章LP法所测算的战略性新兴产业全要素生产率。表9-6中第(2)—(5)列分别为以LP、OP、GMM、OLS测算的战略性新兴企业全要素生产率进行回归的结果，比较发现，回归结果中核心解释变量seg_{it}的系数都为正且均通过了5%水平下的显著性检验；且 *seg*2 的回归系数在10%水平下均显著为负；因此，市场一体化对于战略性新兴企业全要素生产率存在着显著正向关系，该结果是稳健的。

2. 利用市场分割指数进行检验

市场分割是市场一体化的对立面，借鉴甘清华、陈淑梅（2021）的做法，使用市场一体化倒数的平方项求得市场分割指数（$mseg_{it}$）对该模型进行稳健性检验，回归结果如表9-7所示。由回归结果可知，市场分割对战略性新兴产业的全要素生产率起到了显著的抑制作用，这也从反面印证了市场一体化对战略性新兴产业全要素生产率具有促进作用，与前文基准回归结果一致，进一步说明了研究结论的稳健性。

表9-7　市场分割的回归结果

变量	(1) TFP_LP	(2) TFP_GMM	(3) TFP_OLS
mseg	−0.3309** (−2.18)	−0.8173*** (−2.63)	−0.3249** (−2.45)
dar	0.0556*** (6.52)	0.1016*** (4.46)	0.0529*** (6.76)
cir	−0.0252*** (−30.83)	−0.0693*** (−24.53)	−0.0200*** (−27.89)
far	−0.1462*** (−8.74)	−0.7023*** (−15.92)	−0.0630*** (−4.02)
roa	0.0877*** (12.97)	0.1996*** (11.69)	0.0776*** (12.26)
soe	−0.0036 (−1.25)	−0.0122* (−1.73)	−0.0025 (−0.86)
lab	0.0253*** (5.66)	−0.0947*** (−9.38)	0.0330*** (7.50)
L.TFP_LP	0.0486*** (3.23)	— —	— —

续表

变量	(1) TFP_LP	(2) TFP_GMM	(3) TFP_OLS
L.TFP_GMM	— —	0.2118^{***} (6.69)	— —
L.TFP_OLS	— —	— —	0.0400^{*} (1.92)
年份	YES	YES	YES
行业	YES	YES	YES
省份	YES	YES	YES
观测值	3998	3997	3998
企业数	800	800	800
hansen	0.384	0.595	0.475
ar1	0.038	0.000	0.038
ar2	0.657	0.190	0.942

注：*、**、*** 分别表示在 10%、5%、1%的统计水平上显著，下同；括号内为 t 值，下同。

四、中介效应检验

市场一体化能够破除阻碍消费升级的机制体制障碍，为消费升级创造良好的市场制度环境：商品市场一体化实现了商品市场与企业生产的有效衔接，充分显示出国内大市场的优势，刺激了居民对高质量产品的消费意愿，居民消费需求规模的扩大加速了新兴产业的发展；而要素市场一体化通过提高社会生产率和降低企业生产成本来增加居民收入，不仅改善了居民消费结构，释放了潜在的国内需求，还进一步激发了企业的技术创新能力，促进企业进行产业升级来更好地满足消费者的多样化需求。基于此，本章通过构建中介效应模型来验证消费升级在市场一体化对战略性新兴产业发展中发挥的间接影响，结果如表 9-8。

表 9-8　中介效应机制检验及地区异质性检验

变量	全国地区		东部地区		中西部地区	
	(1) com	(2) TFP_LP	(3) com	(4) TFP_LP	(5) com	(6) TFP_LP
seg	0.0148** (2.41)	0.0596** (2.11)	0.0138* (1.66)	0.2047*** (3.29)	0.0037 (0.43)	0.1464** (1.97)
com	— —	0.2212* (1.70)	— —	−0.1392 (−0.40)	— —	0.1195 (0.79)
seg2	— —	−0.0092** (−2.05)	— —	−0.0300*** (−3.16)	— —	−0.0223** (−2.06)
dar	0.4086 (1.59)	0.0623*** (3.08)	−0.2987 (−0.98)	0.0012 (0.03)	0.1343 (1.61)	0.0159 (0.61)
cir	0.0350 (1.50)	−0.0222*** (−23.37)	0.0033 (0.44)	−0.0256*** (−7.90)	0.0005 (0.08)	−0.0202*** (−10.21)
far	0.4395 (0.88)	−0.1265*** (−7.16)	1.1111* (1.87)	−0.1888** (−2.03)	0.1706 (1.60)	−0.1203*** (−3.95)
roa	0.4173 (1.11)	0.1828*** (3.90)	−0.0831 (−0.22)	0.1530*** (3.86)	0.0910 (0.79)	0.1200*** (3.96)
soe	0.3364 (1.49)	0.0005 (0.02)	0.3773 (1.41)	0.0034 (0.16)	0.0710 (1.60)	−0.0199 (−0.55)
lab	−0.0322 (−0.48)	0.0561*** (5.07)	0.0193 (0.97)	0.0617*** (5.04)	−0.0053 (−0.26)	0.0653*** (2.62)
年份	YES	YES	YES	YES	YES	YES
行业	YES	YES	YES	YES	YES	YES
省份	YES	YES	NO	NO	NO	NO
观测值	5600	4000	3955	2820	1396	1630
企业数	800	800	568	566	234	234
hansen	0.185	0.309	0.186	0.408	0.532	0.110
ar1	0.043	0.004	0.085	0.016	0.034	0.012
ar2	0.324	0.381	0.152	0.202	0.200	0.415

注：*、**、***分别表示在10%、5%、1%的统计水平上显著，下同；括号内为t值，下同。

表9-8中的第(1)列报告了方程(5)的回归结果，市场一体化的系数在5%的水平上显著为正，表明了市场一体化对于消费升级有着显著的正向促进作用。第(2)列报告了方程(6)的回归结果，在方程中加入中介变量消费升级

后，消费升级系数在10%的水平上显著为正，表明存在着部分中介效应，此时，市场一体化的系数在5%的水平上仍然显著为正，说明市场一体化能够通过促使消费升级，进而推动战略性新兴产业的高质量发展，验证了假设3的成立。国内统一大市场的建立，不仅为消费者提供了多样化产品的选择空间促进了消费升级，而且还提高了居民的收入水平改善了居民的消费结构，激励企业通过需求引致创新效应积极地进行技术创新，为战略性新兴产业发展提供了源源不断的动力。

五、异质性检验

1. 地理区位异质性检验

中国地域辽阔，地区之间的经济状况千差万别，从而使得市场一体化程度、战略性新兴产业发展情况等也存在显著的地区差异，仅考虑全国市场一体化水平可能会出现失真和误判。本章将全国30个省份分为东部、中西部①两个子样本，分别考察了市场一体化与战略性新兴产业企业全要素生产率之间的关系以及消费升级所起的中介效应，结果如表9-8中第(3)—(6)所示。

由东部地区的回归结果可知，市场一体化水平在10%的显著性水平下对消费升级具有正向的促进作用；经济发展状况较好的东部地区拥有优越的海上运输环境，产业体系和基础设施建设比较完善，居民的收入水平普遍较高，市场一体化能够为其提供更丰富的商品种类与扩大市场范围，有利于带动东部地区的消费升级。在加入中介变量消费升级后，市场一体化在1%的显著性水平下对战略性新兴产业全要素生产率仍然具有正向促进作用，但消费升级作用却不再明显，进一步的Sobel检验结果显示P值为0.000，拒绝原假设，

① 按照国家统计局的划分标准，东部地区包括北京市、天津市、河北省、上海市、江苏省、浙江省、福建省、山东省、广东省、海南省；中西部地区包括山西省、安徽省、江西省、河南省、湖北省、湖南省、内蒙古自治区、广西壮族自治区、重庆市、四川省、贵州省、云南省、陕西省、甘肃省、青海省、宁夏回族自治区、新疆维吾尔自治区、西藏自治区、辽宁省、吉林省、黑龙江省。

表明东部地区消费升级是市场一体化与战略性新兴产业发展关系中的中介因素。由中西部地区的回归结果可知，市场一体化对于中西部地区消费升级并没有发挥显著的影响，而且在进一步的 Sobel 检验中，P 值的结果为 0.803，拒绝了原假设，说明中西部地区消费升级并不是影响市场一体化与战略性新兴产业发展关系中的中介因素。这可能是因为中西部地区的商品流通市场和收入水平相对不足抑制了居民的消费能力，从而限制了居民的消费行为，因此，市场一体化难以对消费升级发挥作用。在加入消费升级这一变量后，市场一体化对战略性新兴产业在 5%的显著性水平下仍然发挥着正向促进作用。

2. 市场类型异质性检验

上述研究显示，我国市场一体化与战略性新兴产业发展之间为非线性关系。由于本章的市场一体化包含了商品市场、要素市场一体化，因此，接下来将对此问题进行进一步的研究和分析，具体做法为：分别考察商品市场和要素市场两个细分层面的市场一体化指数与战略性新兴产业发展之间的关系，深入探寻商品市场和要素市场对新兴产业发展的影响是否存在异质性。

表 9-9　市场类型异质性的回归结果

变量	商品市场一体化		要素市场一体化	
	(1) com	(2) TFP_LP	(3) com	(4) TFP_LP
segco	0.0120*** (5.65)	-0.7738*** (-3.02)	— —	— —
segfa	— —	— —	0.0165* (1.82)	0.1105*** (2.59)
com	— —	0.7153** (1.99)	— —	0.4194** (2.18)
dar	0.0162 (0.59)	0.0049 (0.19)	0.4916 (1.30)	0.0447* (1.82)
cir	0.0013 (0.44)	-0.0323*** (-13.65)	0.0825* (1.83)	-0.0264*** (-13.03)

续表

变量	商品市场一体化		要素市场一体化	
	(1) com	(2) TFP_LP	(3) com	(4) TFP_LP
far	-0.0699 (-1.57)	-0.1573*** (-4.23)	0.5009 (0.74)	-0.2013*** (-5.59)
roa	-0.0242 (-0.83)	-0.0096 (-0.67)	0.9824 (1.45)	0.1235*** (3.90)
soe	0.0230 (1.44)	-0.0429 (-1.57)	0.2148 (0.69)	-0.0430*** (-2.65)
lab	-0.0079 (-1.43)	0.0456*** (4.65)	-0.0336 (-0.35)	0.0319*** (3.74)
segco2	— —	0.0918***	— —	— —
Segfa2	— —	— —	— —	-0.0153** (-2.25)
年份	YES	YES	YES	YES
行业	YES	YES	YES	YES
省份	YES	YES	YES	YES
Observations	5,600	3,998	5,600	4,000
Number of id	800	800	800	800
hansen	0.793	0.103	0.763	0.305
ar1	0.000	0.003	0.074	0.036
ar2	0.395	0.304	0.159	0.118

注：*、**、*** 分别表示在 10%、5%、1%的统计水平上显著；括号内为 t 值。

从表 9-9 中的回归结果来看，消费升级在商品市场与要素市场均存在着显著的中介效应，但仅有要素市场一体化对战略性新兴产业发展发挥了促进作用。商品市场一体化系数在 1%的统计水平下显著为负，其二次项系数显著为正；而资本市场一体化系数在 1%的统计水平下显著为正，其二次项系数显著为负。进一步说明不断提高市场一体化水平，尤其是要素市场一体化水平，有利于激发国内大市场的消费潜力，促进传统产业的转型升级。与要素市场不同，地方政府更依赖于商品市场来实现经济增长、产业升级、参与区域竞争，因而，存在明显的政府干预现象，此时邻近省份未在相应领域采取市场开放策略，那么，本地区就会对其实施相应的市场分割以保护自己的利益，因而，部分相邻省份的商品很难通过“搭便车”进入本地区市场，使需求创新效应不显著，这反映出商品市场可能还存在着较大的市场壁垒。

第四节　结论与政策建议

一、研究结论

本章利用2013—2021年数据，以战略性新兴产业为研究对象，实证探析了中国各省（区、市）的市场一体化水平对战略性新兴产业全要素生产率的影响效应，并进一步基于需求端的视角，探究了消费升级的中介效应。研究结论如下：

第一，从整体上来看，我国的市场一体化总水平对于战略性新兴产业高质量发展有着显著的正向促进作用。这说明国内统一大市场的形成能够促进创新要素的有序流动和合理配置，完善自主创新成果的市场化应用，进一步支撑了科技创新并推动战略性新兴产业发展。该结论在更换被解释变量、采用市场分割变量之后依然稳健成立。

第二，中介机制检验表明，市场一体化能够加速居民消费升级，进一步通过本土市场和需求引致创新效应带动战略性新兴产业发展。

第三，区域异质性表明消费升级仅在东部地区发挥了中介作用，中西部地区的市场一体化并未对消费升级产生显著影响；市场类型异质性表明，在经济高质量发展阶段，主要依靠要素市场一体化推动产业发展，在构建国内统一大市场的进程中，破除商品市场的贸易壁垒是加速新兴产业发展的关键举措。

二、政策建议

结合以上研究结论，为进一步推动我国战略性新兴产业的高质量发展，本章提出以下几点建议：

首先，要不断提升我国的市场一体化水平，更好地服务和融入新发展格局，来助推我国战略性新兴产业的发展。构建国内统一大市场，充分发挥我国超大规模的市场优势，能够虹吸全球高水平科技、智慧、知识和人才等先进生产要素，汇聚全球创新型资源为我国所用，最大限度地促进它们融入我国的现代产业体系，改造落后的传统产业，发展战略性新兴产业，为经济高质量发展提供持久动力。

其次，加快打造现代化产业体系需要实现消费升级和市场一体化的双重驱动。只有持续释放多样化消费需求，市场一体化建设才有现实的基础；同样，也只有实现了市场一体化，才能为消费升级提供公平健康的制度环境。相关政府应当及时清理和废除妨碍统一市场和公平竞争的各种规定和做法，引导资源要素的合理配置，鼓励企业之间开展良性竞争，打破地方性的行政垄断，进一步鼓励区域之间结合自身的资源优势，服务于国家的战略目标和所聚焦的新兴产业的未来位势要求，在国内高端化消费需求的激励下，建设有利于实现消费升级的现代产业链和产业组织。

再次，鼓励各地区根据资源禀赋和特色优势，因地制宜研究制定战略性新兴产业建设方案。东部地区要充分发挥自身的地理区位优势，继续加快培育一批战略性产业的标杆企业，选择一批比较优势明显的企业，通过技术创新、规模扩张和并购重组，使之成为具有国际竞争力并引领行业发展的标杆，更高层次地参与国际经济合作和竞争，在全国率先实现高质量发展；进一步支持中西部地区补短板、强弱项，鼓励中西部不同地区因地制宜地发展具有地方特色优势的战略性新兴产业，充分发挥西部地区沿边、沿江等区位优势，进一步优化中西部地区的基础设施建设，提高劳动者的收入和福利水平，积极扩大中西部地区的消费需求规模，服务于以国内大循环为主体、国内国际双循环相互促进的新发展格局。

最后，对于各个细分市场类型的分割现象，有针对性采取一系列措施来提高我国总体的市场一体化水平。在商品市场，通过构建区域间物流网络布局，破除妨碍生产要素流通的地理障碍，完善交通基础设施以便于商品和生产要素的流通；创新传统物流流通方式，构建数字化绿色流通体系，提升现代化流通体系的高端智能化水平。在资金市场，政府要确保居民社保基金投资领域的安全稳健，加强对社会保障资金的储备和监管；管理社会保障资金的过程中，严格监控相关资金的来源与使用渠道，按期排查资金流动各个时期潜在的安全隐患，预防资金空转情况以及违法挪用社会保障资金腐败现象的滋生。在劳动力市场，完善人力资源信息共享平台，为区域之间人力资源共享创造沟通途径，缓解就业市场存在的信息不对称问题，促进劳动力市场供需匹配效率的提高。

第十章　政府支持、消费升级与战略性新兴产业高质量发展：基于新能源汽车产业的实证分析

第一节　相关文献与理论分析

一、文献梳理

党的二十大报告强调，“推动经济社会发展绿色化、低碳化是实现高质量发展的关键环节”，为此要“发展绿色低碳产业，倡导绿色消费，推动形成绿色低碳的生产方式和生活方式”。新能源汽车作为缓解资源短缺和环境恶化的有效措施，有利于交通领域低碳绿色转型，加快我国“双碳”目标的实现。面对日益紧张的石油资源以及日趋恶化的生态环境，世界主要汽车生产国已经将新能源汽车作为未来转型发展的主攻方向。中国为积极参与汽车市场国际竞争，突破传统汽车领域的技术壁垒，实现生态可持续绿色发展，自 2001 年起就通过了一系列政策来大力支持新能源汽车产业的发展。2007 年《产业结构调整指导目录》将新能源汽车正式列入鼓励产业目录，2010 年《国务院关于加快培育和发展战略性新兴产业的决定》将新能源汽车列入七大战略性新兴产业，2012 年《节能与新能源汽车产业发展规划（2012—2020 年）》及 2020 年《新能源汽

车产业发展规划(2021—2035年)》进一步为新能源汽车制定了阶段性产业发展目标。在诸多政策的推动下,我国新能源汽车产业取得了突破性发展。工信部数据显示,中国新能源汽车销量于2015年首超美国,达33万辆,且此后连续7年产销量保有量位居全球第一,2022年新能源汽车产量快速增长到650万辆,预计到2025年中国新能源汽车产量将超过900万辆,2028年达到1300万辆,中国成为世界最大的新能源汽车生产基地与销售市场。

然而,中国新能源汽车产业在取得一定的先发优势外也出现了许多问题(左世全,2020),资本市场短期疯狂投资带来了产能过剩(张厚明,2018),企业过度依赖政府产生了竞争惰性和道德风险,以及无法突破核心技术瓶颈而陷入发展困境。为使新能源汽车产业实现可持续发展,各级政府明确开展并逐步落实财政补贴退坡方案,这又引发了社会各界对该产业扶持政策及研发创新能力提升的新一轮关注。令人欣慰的是,随着中国人均收入水平提高,居民消费正从生存型逐步转为高质量的发展型和享受型,消费升级特征明显。其中汽车消费市场活跃,绿色消费理念日趋普及,新能源和智能化开始成为居民的购车新需求。据中国汽车工业协会数据,2020年汽车全年销量同比增速因新冠疫情收窄至1.9%,而新能源汽车却逆势崛起,同比增长10.9%,创历史新高。可见,消费市场的强劲活力已成为中国新能源汽车产业发展的基础和保障,企业的研发创新也由政策驱动转入市场和政府双轮驱动的新阶段。为此,探讨消费升级和政府支持对新能源汽车企业研发效率的影响,对我国新能源汽车产业在汽车领域实现弯道超车至关重要。

政府支持是尚处"商业化示范阶段"的新能源汽车产业发展的重要手段(熊勇清,2016),诸多研究集中于政策激励的讨论。一是补贴政策的激励作用。Breetz & Salon(2018)认为补贴政策有效地促进了企业的研发创新行为。高伟和胡潇月(2019)考虑产业内市场结构的差异,发现补贴政策能显著地促进企业研发投入,且其正向激励作用在高市场集中度下更为显著。而后两人(2020)又进一步比较了规模和研发的中介效应,认为补贴政策能有效地促进中国新能源汽车企业的经营绩效，但企业专利行为的中介效应弱于企业规模，即补贴政策对企业绩效的激励多由规模效益而非创新效应实现。但也有学者持相反观点，如于明超和孙晋云（2018）通过四阶段 DEA 模型的修正验证了政府补贴与中国新能源汽车企业生产效率间的负相关关系。二是补贴与税收政策的比较研究。郑贵华等（2019）研究发现，较强的即时性使财政补贴对新能源汽车企业 R&D 投入的激励效果优于税收优惠。而周燕和潘瑶（2019）从交易费用角度切入却发现税收减免相比于政府补贴所增加的交易费用较少。孙健夫和贺佳（2021）同样分析了财政补贴和税收优惠对新能源汽车企业研发效率的影响，发现财税支持政策具有整体上的促进效应和选择效应。三是对现有政策效果的其他分类探讨。如 Jiang et al.（2018）认为“供给侧”产业政策应进行结构优化并逐步减少，由以需求为导向的政策工具推动新能源汽车产业的市场研发。熊勇清和陈曼琳（2016）也将支持新能源汽车推广的政策分为“供给侧”和“需求侧”并认为两种政策应当兼顾。熊勇清和王溪（2020）开拓性地将上述政策归结为以激励为手段，为产业提供发展资金和市场支持的“扶持性”政策，并区分“扶持性”和“门槛性”两类进行研究，认为“扶持性”政策对渐进式创新激励的显著性与灵敏性更强。可见，在部分有关政策激励的讨论中，学者们也逐渐把影响企业研发创新的市场纳入考量。

与市场激励相关的文献则并不充分，研究主要集中在两个方面：一是市场环境在政府支持影响企业创新过程中的调节作用。康志勇和刘馨（2020）认为，政府支持对企业创新绩效的促进效应受市场竞争程度影响。姚金海和钟国辉（2022）从金融环境入手，发现良好的金融环境能强化政府支持在企业创新投入上的积极作用。二是市场需求对技术创新的激励作用。Armand & Mend（2018）曾在研究中发现，2013 年大萧条时期西班牙创新型制造业企业的创新活动随总需求的减少而减少。中国凭借 14 亿人口基数和世界最大规模的中等收入群体毫无疑问拥有庞大的投资需求与消费市场，肖建华和王敏（2006）研究中认为，投资需求是最终消费需求的引致需求，而最终消费需求能为产业发展提供持续动力，决定产业结构升级的方向与速度，进而带动经济发展。熊勇清和王溪（2021）运用倾向得分匹配法发现"政府采购""商业运营"和"私人乘用"三类市场需求显著地激励新能源汽车企业的技术创新。此外，也有学者基于消费角度特别是绿色消费对新能源汽车产业进行研究。绿色消费行为是绿色产业发展的主要推动力，王璐等（2022）在研究中认为绿色消费行为有利于产业层面的新能源汽车扩散，而李稚等（2021）通过比亚迪的仿真和演化博弈模型发现绿色产品接受度显著影响了绿色消费和绿色生产的行为选择。

从上述研究的梳理来看，诸多文献从政府角度开展研究，认为政府扶持在新能源汽车企业技术创新过程中的作用不可忽略，但对技术创新的市场激励效果的研究并不充分。虽然学术界关于"需求引致创新"的讨论多有涉及，普遍认可消费需求是推动产业发展和经济增长的重要因素，但侧重于居民消费与新能源汽车产业研发创新的具体探索仍然比较缺乏，且尚未有学者将消费需求和政策支持同时纳入研究框架。鉴于此，本章从消费升级入手，融合市场与政府的共同作用，利用 2013—2019 年中国新能源汽车产业 145 家上市公司面板数据，探讨消费升级与政府支持对新能源汽车企业研发效率的综合影响。边际贡献体现在三个方面：第一，视角创新。有关市场激励企业创新的现有研究大多停留于市场环境和市场需求层面，而本章深入聚焦消费升级这一体现消费质量的需求端因素来展开讨论，填补了消费层面激励企业创新的部分空缺。第二，理论创新。本章突破现有文献基于政策激励新能源汽车企业创新的一般性讨论，将政策激励与市场激励同时纳入分析，构建了供需结合的理论框架，帮助厘清政府支持的两种方式和消费升级对新能源汽车企业研发创新的差异化影响。第三，实证创新。本章具体探讨了政府补贴和研发投入加计扣除两种政府支持方式，实证分析了消费升级、政府补贴与研发投入加计扣除对企业研发创新的混合影响、滞后影响以及供需两端的交互影响。研究发现，政府支持的激励作用主要为即期影响，而消费升级对企业研发效率具备增强的滞后期影响，同时"供给端"两种政府支持方式与"需求端"消费升级的交互影响表现不同,这为我国如何利用“政府”与“市场”两只推手助力新能源汽车产业的长期可持续发展提供了较好的实践参考。

二、理论分析

1. 消费升级与企业研发效率

随着经济社会的发展,居民消费在消费水平与消费质量提升的基础上,逐步由低层次消费支出转向高层次消费,呈现消费升级的一般规律,其动态内涵既包括消费规模上的总量扩张,也包括消费质量上的结构优化(王云航,2019)。单从企业角度看,消费总量扩张间接提升了企业生产和创新效率,消费结构优化完美甄别了企业生产技术优劣(金晓彤,2017),消费需求变动能够指引企业选择技术进步方向,促使企业投入研发,不断进行技术创新。具体而言,消费升级对企业研发效率的市场激励表现为三方面内容:一是消费升级为企业创造良好的研发环境。高层次高创新的消费需求可以向相关行业释放创新信号,营造创新氛围,增强企业投入研发的自主性,从而提升研发效率。二是消费升级为企业带来利润竞争与生存竞争挑战,一方面,高端产品消费需求的增加带来市场价格的上涨,企业以获取利润为动机提高技术研发力度(Zweimuller,2005),满足消费者对产品和服务的新需要;另一方面,产品消费新旧更替加速为企业施加生存压力,使其加快研发活动自我革新以规避亏损破产风险。三是消费升级为企业研发提供内部资金支持。消费升级所对应的活跃市场有利于企业研发成果的市场转化,进而为企业自身经济行为提供运转资金与利润,从而提升研发效率。

以新能源汽车产业为研究对象,消费规模扩大带来购车需求上涨,新能源汽车与传统汽车面临的市场需求同步扩大。一方面,新能源汽车企业数量随新能源、智能化等购车新需求的扩大而增长,并对市场内现有企业不断施加竞争压力,为参与市场竞争维持生存和原有技术优势,新能源汽车企业将加大投资扩大生产研发，研发效率得以提升。另一方面，市场需求扩大带来新能源汽车企业在优势资源上的集聚，通过集聚效应促进企业间的分工协作和配套基础设施共享，从而推动企业技术创新，研发效率得以提升。不仅如此，企业在生产经营和技术创新上的战略选择同样受到消费者的过往消费选择的影响。一是企业基于既有的消费市场来预估未来的消费需求，从而投入新产品研发活动，研发效率得以提升；二是企业能够利用过去的消费市场所创造的经营利润来提高研发投入，进而提升研发效率。可见，居民对新能源汽车不断升级的消费需求能为企业研发创新行为提供持续动力。基于此，本章提出如下假设：

假设1：消费升级对新能源汽车企业研发效率有正向影响。

假设2：消费升级对新能源汽车企业研发效率有滞后的正向影响。

2. 政府支持与企业研发效率

创新市场存在的“失灵”现象往往是由于先行研发活动存在泄露溢出等正外部性损失，从而使参与研发的企业主体无法享有全部研发收益（Arrow，1962；Clarysse，2009）。为此，政府通过制定相关措施弥补市场不足，激励企业研发创新。除去提供良好的制度环境以外，政府支持主要还包括两项激励：政府补贴政策和税收优惠政策。政府补贴政策主要是通过拨贷款等事前激励方式对研发创新行为进行直接投资，以降低研发风险、减少成本（陈红，2019）；税收优惠政策主要是通过税费减免返还等事后激励方式对研发创新行为进行间接投资，以缩减企业税收成本，将研发创新收益内部化（杨国超，2020）。此外，政府补贴政策和税收优惠政策能为企业提供外部资金支持，缓解企业面临的融资约束，以便进行高投资高风险的研发创新活动。前者通过明确引导收入用途，充实对应企业现金流（柳光强，2016），缓解公司融资约束；后者通过减少企业债务融资需求，降低定期还本付息压力（Heider，2015），缓解融资约束，促进研发创新。另外，政府支持也同样能为企业创造良好的研发环境。政策激励下“大众创新”观念能够在一定程度上弥补不理想的市场环境对企业研发创新的消极影响，提高企业投入研发的积极性，从而提升研发效率。可见，一般认为政府支持对企业研发创新具有正向激励（Kang，2012），进而影响企业研发效率。

也有学者认为，在新兴产业发展过程中，政府支持对企业研发效率存在负面影响（Guan，2010）。双重委托代理关系的存在使新兴产业政策实施面临“道德风险”和“逆向选择”，企业研发行为偏离政府支持引导方向，“骗补”“寻租”等容易造成产业低端技术锁定和重复性建设（白雪洁，2018）。然而，新能源汽车产业当前仍处发展中期，存在核心技术缺失、基础设施落后、市场竞争过度等问题，政府支持仍能通过增加研发投入资金和留存利润对企业当前的研发创新产生激励。此外，政府补贴政策与税收优惠政策对企业研发效率的影响存在差异。由于税收优惠政策与企业生产经营直接挂钩，其对研发创新的激励效果在成果转化阶段最为显著（池仁勇，2021），相比政府补贴政策更有利于提升企业研发效率。同时，补贴政策存在的时滞影响也使税收优惠政策相比于政府补贴更具及时性和有效性。基于此，本章提出如下假设：

假设 3：政府支持对新能源汽车企业研发效率有正向影响。

假设 4：作为政府支持的两种方式，税收优惠政策对新能源汽车企业研发效率的正向影响优于政府补贴政策。

3. 消费升级、政府支持与企业研发效率

消费升级对企业研发创新的影响，一是体现在庞大的消费需求为产品技术市场中的企业创新行为提供“蓄水池”和“试验场”（产健，2020），二是体现在优化的消费层级为企业研发创新提供“方向盘”和技术成果转化的市场保障。政府支持则分别依托政府补贴和税收优惠两种方式对企业研发创新产生直接和间接影响。不仅如此，消费升级反映强大的本土消费市场，政府支持反映坚实的产业政策导向，两者对企业研发创新可能存在交互影响。一方面，市场信号与政策信号相互结合相互补充。如新能源汽车的市场接受程度相比传

统汽车仍然较低，产品质量未经时间考验，基础设施缺少完备保证（赵福全，2018），政府支持能为潜在消费者传递发展信号以提升新能源汽车产品可信度并适当降低成本，刺激相关消费的产生与扩大，从而在市场竞争机制下倒逼企业提升研发效率。但另一方面，政府支持一定程度上会挤出消费需求对企业研发效率的正向影响。长期化的政府补贴易弱化价格信号的调控效果，扰乱企业经营，其带来的“道德风险”和“逆向选择”使新能源汽车企业生产脱离市场消费信号，违背市场交易信息。同时，消费升级通过产出回报对研发创新产生激励，政府补贴则通过生产投入产生激励，两者的交互作用实际上可能并不明显。而税收优惠激励研发创新的作用点与消费升级存在重合，均与新能源汽车企业经营绩效密切相关，两者可能具有一定的替代关系。基于此，本章提出如下假设：

假设 5：消费升级与政府支持对新能源汽车企业研发效率的交互影响存在类型差异，消费升级与政府补贴政策的交互作用显著为正/不显著，与税收优惠政策的交互作用显著为正/负。

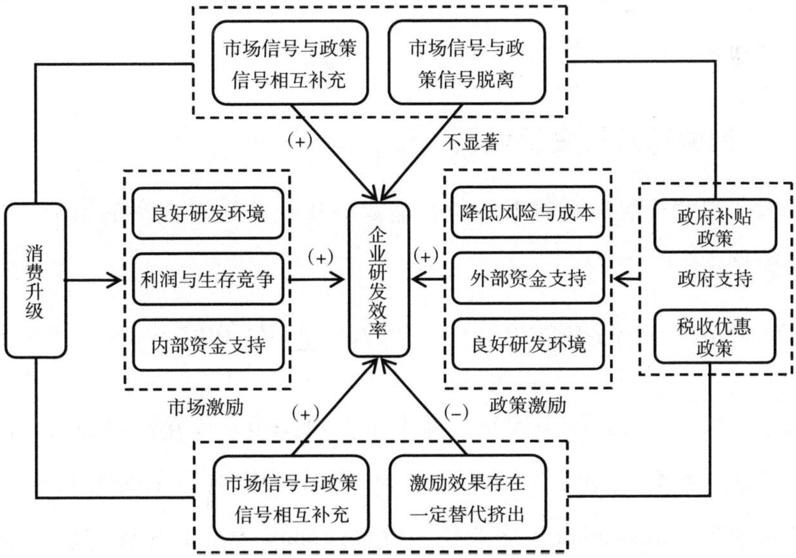

图 10-1　消费升级、政府支持与企业研发效率的影响机理

第二节　模型与数据

一、样本选择与数据来源

新能源汽车产业一般被描述为从事新能源汽车生产与应用的行业，因此，本章参考已有研究，依据“新能源汽车”“电动汽车”等关键词在“问财网”上搜索样本，截至 2021 年 12 月共搜索到 427 家新能源汽车概念上市公司。考虑到 2013 年起国家统计局更改居民收入支出等统计口径，以及 2020 年新冠疫情对经济社会发展的巨大冲击，本章将样本区间确定为 2013—2019 年，同时对样本进行如下处理：(1) 剔除含有 ST、* ST、PT 的样本；(2) 剔除主要变量值缺失的样本；(3) 剔除主营业务不是新能源汽车产业相关的企业。最终得到 145 家企业样本。企业层面财务数据均来自 CSMAR 数据库和 Wind 数据库，消费相关数据主要来自历年《统计年鉴》。为剔除因价格因素变动带来的影响，本章相关指标以 2012 年为基期的消费价格指数、生产价格指数及固定资产价格指数进行平减。

二、模型设定与变量说明

为考察消费升级和政府支持对新能源汽车企业研发效率的影响，本章构建以下模型：

$$Innovation_{it} = \alpha + \beta Conup_{it} + \gamma Gover_{it} + \sum \theta_j Controls_{it} + \lambda_i + \eta_t + \varepsilon_{it} \tag{1}$$

其中下标 i 表示新能源汽车产业上市公司，t 表示所在年份，α、β、γ、θ 表示相应的估计系数，λ 和 η 分别为个体和时间的固定效应，ε 为服从正态分布的随机误差项。Innovation 为企业研发效率；Conup 为消费升级变量；Gover 为政府支持变量，取企业面临的政府补贴政策和税收优惠政策；Controls 为一系列影响企业研发效率的控制变量，包括企业规模、资产收益率、资产负债率、资本密集度。

1. 企业研发效率变量 Innovation

研发效率有效衡量了上市公司考虑研发投入后的生产效率。本章参考孙健夫和贺佳（2021）的研究，选用 DEA 方法测算的综合技术效率进行评价，并以研发人员投入和研发资金投入作为研发投入变量，以年度专利申请数和营业收入作为研发产出变量。

由于新能源汽车产业上市公司对研发人员数的披露存在年份限制且数据缺失严重，本章将公司年报中的技术人员数作为研发人员投入的代理变量。由于上市公司的研发资金投入对研发效率的影响不仅仅存在于当期，因此，本章利用永续盘存法对其进行存量校正。由于企业专利在授权过程中易受政企关联等不确定因素影响且周期漫长（Tan，2014），较长的时间滞后无法及时有效反映企业当年的直接研发成果，因此，本章采用专利申请数而非授权数。此外，因中国的专利划分为三类：发明专利、实用新型和外观设计，不同类别专利之间创新价值存在较大差异，故而本章参考陈修德等（2015）的研究，分别赋予发明专利、实用新型和外观设计 0.5、0.3 和 0.2 的权重，通过加权法得到企业专利申请数。

为减少价格因素的影响，本章以 2012 年为基期，使用研发综合价格指数、工业品出厂价格指数分别对研发资金投入和营业收入进行平减处理。此处研发组合价格指数参考白俊红和李婧（2011）采用 0.55 * 消费价格指数+0.45 * 固定资产投资价格指数进行求解。需要特别说明的是，由于企业对研发投入的产出反应存在一定滞后，当期研发投入往往需要 1—3 年转化为研发产出，因此，本章参考以往研究将研发投入滞后期设为一年，即研发人员投入和研发资金投入为 2012—2018 年的数据，年度专利申请数和营业收入为 2013—2019 年的数据。

2. 消费升级变量 Conup

依据消费升级的现有研究可知，消费升级应包括消费水平提高、消费品质提升和消费结构升级三方面。其中，消费结构升级要求不断增加新的消费类别和消费项目，相比消费水平提高和消费品质提升更具有突破性和革命性（李世美，2020），是消费升级最直接、最核心的体现。故本章借鉴黄隽等（2018）方法，采用 ELES 模型求解居民八大类支出项目所对应的收入需求弹性，确定基础消费和高层次消费支出项目，进而将高层次消费支出和服务型消费支出占比作为消费结构的度量指标。模型基本计量方程为：

$$C_i = \alpha_i + \beta_i I + \varepsilon_i \tag{2}$$

其中 Ci 表示第 i 类商品或服务总支出，I 表示居民人均可支配收入，αi 和 βi 是待估计参数，εi 是随机扰动项。由此，需求收入弹性计算公式为：

$$EM_i = \frac{\partial Q_i / Q_i}{\partial I / I} = \beta_i \frac{I}{Q_i P_i} = \beta_i \frac{I}{C_i} \tag{3}$$

其中，Qi 为第 i 类商品或服务的市场总需求，Pi 为第 i 类商品或服务的价格。我国八大消费支出项目的需求收入弹性计算结果如表 10-1 所示，可见，居民八大类消费支出中居住、交通通信、教育文化娱乐和医疗保健的需求收入弹性均大于 1，为高层次消费支出项目。因此，本章依我国高层次消费支出总额占居民人均消费支出的比值来衡量消费升级。

表 10-1　2013—2019 年居民八大消费需求收入弹性

年份	食品	衣着	居住	生活用品	交通通信	教育文娱	医疗保健	其他
2013	0.67	0.43	1.04	0.89	1.11	1.16	1.59	0.88
2014	0.68	0.44	1.08	0.89	1.07	1.16	1.53	0.88
2015	0.69	0.45	1.10	0.91	1.04	1.13	1.50	0.88
2016	0.70	0.47	1.09	0.90	1.01	1.10	1.45	0.92

续表

年份	食品	衣着	居住	生活用品	交通通信	教育文娱	医疗保健	其他
2017	0.73	0.50	1.08	0.91	1.03	1.10	1.42	0.91
2018	0.76	0.52	1.04	0.91	1.04	1.12	1.33	0.92
2019	0.76	0.55	1.04	0.94	1.06	1.08	1.28	0.92
平均值	0.71	0.48	1.07	0.91	1.05	1.12	1.44	0.90

注：依 ELES 模型估计结果计算得出。

3. 政府支持变量 Gover

一般政府对新能源汽车产业研发创新的支持主要包括政府补贴政策和税收优惠政策。政府补贴政策取上市公司披露在财务报表附注中的补贴费用与资产总计来表示补贴强度，记为 Subsidy。税收优惠政策参照孙健夫和贺佳（2021）的研究，具体考虑税收优惠政策中实施时间较长的研发投入加计扣除政策，并参考彭华涛和吴瑶（2021）选取研发投入加计扣除绝对值与资产总计的比值来体现研发投入加计扣除强度，记为 Deduction。由于政府于 2018 年下半年颁布优惠调整政策，将企业研发投入加计扣除比例由 50% 上调至 75%，考虑到企业的行为惯性，本章的税收优惠 Tax 在 2013—2018 年取（50% * 研发投入 * 企业所得税率）与资产总计的比值，在 2019 年取（75% * 研发投入 * 企业所得税率）与资产总计的比值。

4. 控制变量 Controls

为尽可能减少遗漏变量引起的估计偏差，本章参考现有研究引入以下控制变量：企业规模 Size 和 Staff，用企业资产总计的自然对数表示企业资产规模，用企业员工人数的自然对数表示企业人员规模，且一般企业规模越大越有能力进行研发活动，但也可能受管理僵化问题的限制影响创新行为；企业成长 Growth，用利润总额的增长率表示；资产收益率 Profit，用企业净利润与资产总计的比值表示，较高的利润率能为企业提供稳定现金流加强内部融资能力，进而影响企业创新；资产负债率 Debt，用企业负债总计与资产总计的比值表示，负债率反映企业外部融资约束，可对创新活动产生影响；资本密集度 Capint，用企业固定资产净额与资产总计的比值表示，是企业进行生产经营创新活动的重要物质基础体现。各变量的符号及具体说明见表 10-2。

表 10-2　变量符号及说明

变量类型	变量名称	变量符号	变量说明
被解释变量	企业研发效率	Innovation	DEA 分析方法测算
解释变量	消费升级	Conup	通过 ELES 法测算的高层次消费/居民总消费支出
	政府补贴	Subsidy	政府补贴/资产总计
	研发投入加计扣除	Deduction	(扣除税率 * 研发投入 * 企业所得税率)/资产总计
控制变量	企业规模	Size	资产总计的自然对数
		Staff	企业员工人数的自然对数
	企业成长	Growth	(本年本期利润总额—上年同期利润总额)/上年同期利润总额
	资产收益率	Profit	净利润/资产总计
	资产负债率	Debt	负债总计/资产总计
	资本密集度	Capint	固定资产净额/资产总计

各变量描述性统计结果见表 10-3。可知，本章所使用的变量数据大体上稳定。同时，对变量进行方差膨胀因子 VIF 检验，发现其值均小于 10，变量之间不存在严重多重共线性问题。

表 10-3　相关变量的描述性统计

变量	平均值	标准差	最小值	最大值
Innovation	0.298	0.213	0.230	1.000
Conup	0.546	0.017	0.525	0.572
Subsidy	0.007	0.009	0.00003	0.094
Deduction	0.003	0.002	0.00003	0.014

续表

变量	平均值	标准差	最小值	最大值
Size	22.526	1.281	19.992	27.454
Staff	8.314	1.228	5.375	12.342
Growth	−0.326	6.093	−99.292	71.993
Profit	0.035	0.066	−1.057	0.188
Debt	0.451	0.180	0.047	0.956
Capint	0.228	0.122	0.006	0.875

第三节　实证结果与分析

一、消费升级、政府支持与企业研发效率的基准回归

经豪斯曼检验(Prob>F=0.000)，本章基于我国2013—2019年新能源汽车产业上市公司的数据，选择固定效应模型进行实证分析，基准回归结果如表10-4所示。

表10-4　新能源汽车企业研发效率的基准回归结果

变量	*Innovation*			
	(1)	(2)	(3)	(4)
Conup	1.861*** (4.03)			1.103** (2.05)
Subsidy		3.588*** (4.37)		3.272*** (3.91)
Deduction			16.968** (2.74)	12.215* (1.95)
Size	0.094*** (4.92)	0.102*** (5.38)	0.105*** (5.40)	0.110*** (5.66)
Staff	−0.020 (−1.21)	−0.025 (−1.54)	−0.031* (−1.88)	−0.033** (−1.98)

续表

变量	*Innovation*			
	(1)	(2)	(3)	(4)
Growth	-0.0003 (-0.43)	-0.0003 (-0.48)	-0.0003 (-0.44)	-0.0004 (-0.49)
Profit	0.447*** (4.27)	0.442*** (4.27)	0.471*** (4.50)	0.459*** (4.43)
Debt	0.011 (0.17)	0.013 (0.21)	0.017 (0.27)	0.017 (0.28)
Capint	0.036 (0.40)	0.033 (0.38)	0.031 (0.35)	0.030 (0.34)
Cons	-2.676*** (-9.90)	-1.863*** (-5.07)	-1.890*** (-5.05)	-2.564*** (-9.16)
时间效应	Yes	Yes	Yes	Yes
个体效应	Yes	Yes	Yes	Yes
N	952	952	952	952
R^2	0.250	0.268	0.257	0.271
F	22.08***	22.32***	21.13***	21.07***

注:1)由stata15软件运算得出;2)括号内是对应的t统计值,***、**、*分别表示在1%、5%、10%水平上统计显著;3)实证结果均保留四位小数;4)下同。

我国消费升级与政府支持对新能源汽车企业研发效率均具有显著的促进作用。方程(1)—(3)为消费升级、政府补贴和研发投入加计扣除对企业研发效率影响的单独回归结果,方程(4)为同时纳入消费升级和政府支持后的回归结果。从上述基准回归结果可以看出,核心解释变量消费升级与相关控制变量在符号、方向和显著性上基本保持一致。根据方程(4)的固定效应回归结果显示,消费升级与新能源汽车企业研发效率的回归系数为1.103,在5%置信水平上显著为正,政府补贴与企业研发效率的回归系数为3.272,在1%置信水平上显著为正,研发投入加计扣除与企业研发效率的回归系数为12.215,在10%置信水平上显著为正。这表明当前居民消费升级和政府支持的两种激励政策均能显著地提升新能源汽车企业的研发效率,假设1和假设

3 成立。与此同时，基于方程（4）的回归结果，t 检验（P = 0.000）表明两种政府支持激励政策的回归估计系数间存在差异的显著性，故比较后可以发现，税收优惠政策中的研发投入加计扣除对企业研发效率的促进效应相对较大，政府补贴政策的促进效应则相对较小，假设 4 成立。究其原因，政府补贴政策通过事前激励直接投资于企业创新，有概率产生“骗补”“寻租”行为，部分补贴资金的使用偏离政府支持引导方向，而研发投入加计扣除政策能通过事后激励对企业创新产出进行选择性约束，显著地提升企业研发创新意愿，对企业研发效率的影响也更加强烈。

二、消费升级、政府支持与企业研发效率的滞后回归

由于居民消费升级对新能源汽车企业研发效率的影响是一个非短期的复杂过程，且消费需求的变化和升级对企业研发创新行为可能存在滞后作用和长期影响，本章选取消费升级滞后一期并同时考察政府支持的滞后一期，对模型进行再次回归，结果如表 10-5 所示。方程（1）为消费升级滞后一期对企业研发效率的单独回归结果，方程（2）和方程（3）为政府支持滞后一期对企业研发效率的单独回归结果，方程（4）—（6）为消费升级滞后一期基础上分别纳入两种政府支持激励政策后的回归结果。

表 10-5　新能源汽车企业研发效率的滞后回归结果

变量	*Innovation*					
	（1）	（2）	（3）	（4）	（5）	（6）
L_Conup	3.375*** （6.58）			3.211*** （6.27）	2.556*** （4.21）	2.587*** （4.28）
L_Subsidy		0.716 （0.87）				
L_Deduction			2.934 （0.32）			
Subsidy				2.834*** （3.21）		2.507*** （2.79）

续表

变量	*Innovation*					
	(1)	(2)	(3)	(4)	(5)	(6)
Deduction					15.959** (2.49)	12.534* (1.93)
Size	0.062*** (2.75)	0.062*** (2.76)	0.062*** (2.77)	0.070*** (3.13)	0.073*** (3.19)	0.078*** (3.43)
Staff	0.011 (0.57)	0.010 (0.55)	0.010 (0.54)	0.005 (0.25)	−0.0005 (−0.03)	−0.0035 (−0.19)
Growth	−0.0003 (−0.35)	−0.0003 (−0.40)	−0.0003 (−0.35)	−0.0003 (−0.40)	−0.0002 (−0.33)	−0.0003 (−0.38)
Profit	0.402*** (3.81)	0.407*** (3.85)	0.401*** (3.79)	0.396*** (3.78)	0.429*** (4.05)	0.418*** (3.97)
Debt	0.035 (0.49)	0.038 (0.53)	0.036 (0.50)	0.039 (0.55)	0.040 (0.57)	0.042 (0.60)
Capint	0.034 (0.34)	0.037 (0.37)	0.035 (0.35)	0.027 (0.28)	0.024 (0.24)	0.020 (0.21)
Cons	−3.045*** (−9.55)	−1.284*** (−2.92)	−1.288*** (−2.92)	−3.120*** (−9.82)	−2.804*** (−8.44)	−2.922*** (−8.77)
时间效应	Yes	Yes	Yes	Yes	Yes	Yes
个体效应	Yes	Yes	Yes	Yes	Yes	Yes
N	815	815	815	815	815	815
R^2	0.263	0.264	0.263	0.274	0.270	0.278
F	21.35***	19.62***	19.55***	20.70***	20.24***	19.47***

结果显示，消费升级滞后一期对新能源汽车企业研发效率的影响效应显著为正，消费升级对企业研发效率除具有当期影响外还存在滞后影响，居民消费需求的变化升级能持续地促进新能源汽车企业研发效率的提升，假设 2 成立。而政府补贴和研发投入加计扣除的滞后一期对企业研发效率的影响均不显著，政府支持对新能源汽车企业研发效率的影响更多地表现为即期影响。

根据滞后方程(6)的固定效应回归结果显示，居民消费升级滞后一期与新能源汽车企业研发效率的回归系数为 2.587，在 1%置信水平上显著为正，政府补贴与企业研发效率的回归系数为 2.507，在 1%置信水平上显著为正，研发投入加计扣除与企业研发效率的回归系数为 12.534，在 10%置信水平上显著为正。同时比较滞后回归与基准回归的估计结果可见，消费升级对企业研发效率提升的影响呈现一定的“递增效应”，这个结论对认识推进消费升级影响供给端技术创新的重要性具有启示意义，消费需求的变化升级在企业研发效率提升过程中具有增强的滞后影响。

三、稳健性检验

1. 更换消费升级替代变量

居民消费随着社会经济的发展呈现出的消费升级一般规律主要表现在各类消费支出在消费总支出中的结构升级优化，是消费需求由低层次向高层次逐渐转变的过程。考虑到本章的研究对象为新能源汽车产业上市公司，与该产业发展密切相关的消费结构升级具体也可体现在居民对新能源汽车消费的需求增长上。消费者在购车过程中对安全便捷、绿色环保、新颖创新的新能源汽车的选择导向正是消费需求由低层次向高层次转变的升级体现。因此，选取 2013—2019 年新能源汽车销量在汽车总销量中的占比 Consump 替换原来的消费升级指标 Conup 可以在一定程度上增强上述研究结论的稳健性，更换后的回归结果如表 10-6 所示。比较发现，核心解释变量回归系数的符号与显著性等同前文实证基本一致，这进一步验证了本章研究结果的稳健性，即消费升级和政府支持能够显著地促进新能源汽车企业研发效率的提升，研发投入加计扣除政策对企业研发效率的促进效应最为明显，同时，消费升级对企业研发效率存在滞后期影响，且影响随时间呈现一期“递增效应”。

表 10-6 稳健性检验结果(一)

变量	*Innovation*			
	(1)	(2)	(3)	(4)
Consump	1.918 *** (4.03)	1.137 ** (2.05)		
L_Consump			3.165 *** (6.58)	2.426 *** (4.28)
Subsidy		3.272 *** (3.91)		2.507 *** (2.79)
Deduction		12.215 * (1.95)		12.534 * (1.93)
Cons	-1.701 *** (-4.61)	-1.986 *** (-5.34)	-1.278 *** (-2.91)	-1.567 *** (-3.53)
Controls	Yes	Yes	Yes	Yes
时间效应	Yes	Yes	Yes	Yes
个体效应	Yes	Yes	Yes	Yes
N	952	952	815	815
R^2	0.250	0.271	0.263	0.278
F	22.08 ***	21.07 ***	21.35 ***	19.47 ***

注:篇幅原因,此处省略控制变量的相关估计结果。

2. 剔除房价因素影响

现有研究发现,房价对我国居民消费和劳动力存在明显的挤出效应(Waxman,2020),居民消费支出中的居住消费一定程度上会影响其他高层次的消费支出。因此,为更加准确地衡量居民消费升级变化,本章基于原有的衡量标准,剔除居民高层次消费支出项目中的居住消费支出后得到其他消费类型升级 Conup_exp 进行固定效应回归分析,结果如表 10-7 所示。方程(2)回归结果显示,其他消费类型升级、政府补贴和研发投入加计扣除对企业研发效率的回归系数均显著为正,分别为 1. 316、3. 272 和 12. 215。方程(4)回归结果显示,其他消费类型升级滞后一期、政府补贴和研发投入加计扣除对企业研发效率的回归系数均显著为正,分别为 3. 138、2. 507 和 12. 534。可见,剔除房价因素影响后，本章研究结论具有较好的稳健性。

表 10-7　稳健性检验结果(二)

变量	*Innovation*			
	(1)	(2)	(3)	(4)
Conup_exp	2.220*** (4.03)	1.316** (2.05)		
L_Conup_exp			4.094*** (6.58)	3.138*** (4.28)
Subsidy		3.272*** (3.91)		2.507*** (2.79)
Deduction		12.215* (1.95)		12.534* (1.93)
Cons	-2.361*** (-8.31)	-2.377*** (-8.38)	-2.494*** (-7.36)	-2.499*** (-7.33)
Controls	Yes	Yes	Yes	Yes
时间效应	Yes	Yes	Yes	Yes
个体效应	Yes	Yes	Yes	Yes
N	952	952	815	815
R^2	0.250	0.271	0.263	0.278
F	22.08***	21.07***	21.35***	19.47***

注：篇幅原因，此处省略控制变量的相关估计结果。

3. 解决内生性问题

消费升级能够通过增加高需求收入弹性产品的消费占比激励供给端技术创新，反过来，企业研发创新行为也能够通过创造新兴需求促进消费结构升级，消费升级与企业研发效率之间存在双向因果关系。此外，模型设定存在的遗漏变量问题也会带来严重的内生性。为避免内生性问题对研究结论产生影响，本章参考申俊喜和徐晓凡(2021)、黄漫宇和汪阳昕(2021)分别选择消费升级的滞后项以及食品消费中的干鲜瓜果类消费作为工具变量，并进一步采用两阶段最小二乘法对基准模型进行检验。两个工具变量的选择原因在于：

(1)居民消费惯性的存在使滞后期消费升级能较好预见当期消费升级趋势,且滞后期消费升级为前定性变量,与当期扰动项不相关;(2)居民对干鲜瓜果类的消费偏好体现食品消费升级中的品质消费,一定程度上反映了居民对高质量商品与服务的消费追求,进而反映居民消费升级,同时,新能源汽车企业的研发创新行为对居民单一食品消费的影响较小可忽略不计,扰动项与其不相关。

居民干鲜瓜果类消费数据来自各年份的《中国统计年鉴》。表 10-8 报告了对实证模型进行 IV-2SLS 估计的结果,方程(1)和(2)以消费升级的滞后项为工具变量,方程(3)和(4)以干鲜瓜果类消费为工具变量。结果显示,消费升级、政府补贴和研发投入加计扣除与新能源汽车企业研发效率的回归系数均显著为正,且 Kleibergen-Paap rk LM 和 Kleibergen-Paap rk WaldF 统计检验结果均拒绝原假设,弱工具变量与识别不足问题并不存在,工具变量选择合理。可见,通过 IV-2SLS 法解决内生性问题后,核心解释变量回归系数的符号与显著性与前文估计结果基本相近,本章的研究结论具有较好的稳健性。

表 10-8 稳健性检验结果(三)

变量	*Innovation*			
	(1)	(2)	(3)	(4)
Conup	3.506*** (10.66)	2.877*** (8.57)	3.087*** (10.36)	2.578*** (8.57)
Subsidy		2.156** (2.42)		2.790*** (3.25)
Deduction		16.824*** (3.19)		17.355*** (3.40)
First-stage F	11435.08***	12010.29***	23821.85***	17028.98***
Kleibergen-Paap rk LM statistic	209.746***	224.344***	230.054***	257.455***
Kleibergen-Paap rk Wald F statistic	11000 {16.38}	12000 {16.38}	24000 {16.38}	17000 {16.38}
Controls	Yes	Yes	Yes	Yes

续表

变量	*Innovation*			
	（1）	（2）	（3）	（4）
N	815	815	952	952
R^2	0.211	0.236	0.184	0.210
F	25.77***	20.65***	24.96***	21.58***

注：1）篇幅原因，此处省略控制变量的相关估计结果；2）{　}内是 10%水平下的 Stock-Yogo 检验临界值。

第四节　进一步研究

一、消费升级与政府支持对企业研发效率的交互影响

为进一步检验“需求端”消费升级与“供给端”两种政府支持激励政策在企业研发层面具有的交互影响，本章纳入消费升级与政府支持的交互项进行回归分析。

$$Innovation_{it} = \alpha + \beta Conup_{it} + \gamma Gover_{it} + \delta Conup_{it} \cdot Gover_{it} + \sum \theta_j Controls_{it} + \lambda_i + \eta_t + \varepsilon_{it} \quad (4)$$

$$Innovation_{it} = \alpha + \beta L\_Conup_{it} + \gamma Gover_{it} + \delta L\_Conup_{it} \cdot Gover_{it} + \sum \theta_j Controls_{it} + \lambda_i + \eta_t + \varepsilon_{it} \quad (5)$$

回归结果见表 10-9。方程（1）—（2）和方程（4）—（5）为分别纳入消费升级与两种政府支持交互项的回归结果，方程（3）和（6）为同时纳入消费升级与两种政府支持交互项的回归结果。图 10-2 为消费升级与两种政府支持交互项的条件边际效应图。结果显示，不论考虑消费升级的当期影响还是滞后一期影响，消费升级与政府补贴交互项对企业研发效率的回归系数为正，但未通过显著性检验，而消费升级与研发投入加计扣除交互项对企业研发效率的回归系数显著为负。这说明，消费升级与政府补贴对新能源汽车企业研发效率的交互影响并不显著，原因在于，消费升级反映的市场导向与政府补贴反映

的政策导向间的信息传递存在路径阻碍和信号时滞，使得消费需求优化方向和政府支持目标选择间不相匹配或相互独立，同时，政府补贴有概率产生“骗补”“寻租”行为，偏离政府支持引导方向，也会在实际操作中带来很多的不确定性。此外，消费升级与研发投入加计扣除之间存在相互削弱的交互影响，原因是消费升级与研发投入加计扣除均会对企业研发创新行为的结果产生影响和约束，两者间具备一定的替代关系。如果消费升级对企业研发效率的促进作用较为强烈，那么企业将在充足的市场利益驱使下自发进行研发活动，从而减少对研发投入加计扣除这类税收优惠政策的依赖；反之，如果企业能够获取较高研发投入加计扣除优惠额，那么，企业可能缺乏动力去匹配市场中的消费升级要求，从而消费升级对研发效率的促进效应受到反向影响。由此可见，消费升级与政府支持对新能源汽车企业研发效率的交互影响存在类型差异，其中，消费升级与政府补贴的交互作用并不显著，与研发投入加计扣除的交互作用显著为负。

表 10-9　消费升级与政府支持对企业研发效率交互作用的回归结果

变量	*Innovation*					
	(1)	(2)	(3)	(4)	(5)	(6)
Conup	1.065* (1.94)	1.600** (2.55)	1.628*** (2.59)			
L_Conup				2.594*** (4.19)	3.341*** (4.68)	3.377*** (4.72)
Subsidy	−1.981 (−0.13)	3.379*** (4.03)	−13.501 (−0.85)	3.515 (0.20)	2.596*** (2.89)	−14.748 (0.76)
Deduction	11.640* (1.80)	156.779* (1.65)	198.902* (1.93)	12.645* (1.86)	225.992** (2.08)	271.064** (2.27)
Conup×Subsidy	9.615 (0.36)		30.959 (1.06)			
Conup×Deduction		−254.162 (−1.52)	−331.470* (−1.82)			
L_Conup×Subsidy				−1.865 (−0.06)		32.121 (0.89)

续表

变量	*Innovation*					
	（1）	（2）	（3）	（4）	（5）	（6）
L_Conup×Deduction					−378.473** （−1.97）	−461.787** （−2.16）
Cons	−2.535*** （−8.68）	−2.921*** （−8.00）	−2.935*** （−8.03）	−2.928*** （−8.37）	−3.465*** （−8.03）	−3.480*** （−8.05）
Controls	Yes	Yes	Yes	Yes	Yes	Yes
时间效应	Yes	Yes	Yes	Yes	Yes	Yes
个体效应	Yes	Yes	Yes	Yes	Yes	Yes
N	952	952	952	815	815	815
R^2	0.271	0.273	0.274	0.278	0.282	0.283
F	19.65***	19.85***	18.68***	18.05***	18.44***	17.26***

注：篇幅原因，此处省略控制变量的相关估计结果。

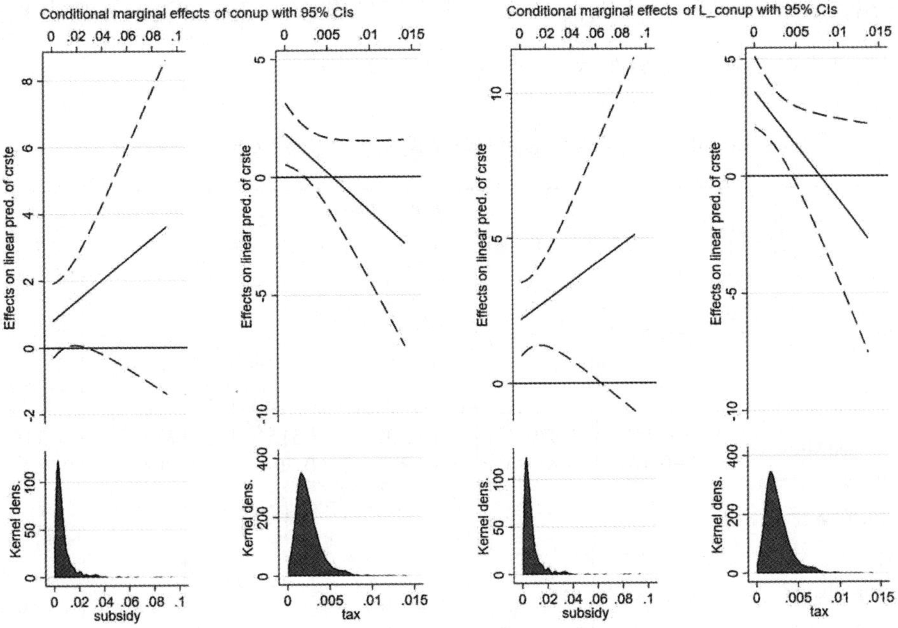

图 10-2　交互作用下消费升级的条件边际效应图

二、城乡消费升级对企业研发效率的影响差异

长期以来,我国城乡之间的消费存在差异备受社会关注,因而,进一步区分城镇消费升级与农村消费升级并探讨两者对新能源汽车企业研发效率影响上的差距具有一定的现实意义。城乡消费升级和政府支持对企业研发效率影响效应的回归结果如表 10-10 所示,核心解释变量回归系数均显著为正。比较两者的估计结果可以发现,不论是当期影响还是滞后一期影响,城镇消费升级对新能源汽车企业研发效率的促进效应均比农村消费升级明显,且城镇消费升级滞后一期的促进效应略高于政府补贴的促进效应,而农村消费升级滞后一期的促进效应略低于政府补贴的促进效应。原因在于,农村消费市场发展不充分,消费水平、消费环境、消费观念以及要素分配供给等方面均落后于城镇,虽然农村拥有巨大的消费潜力,但对新能源汽车企业研发创新行为的驱动受外部环境限制而不如城镇,还应当进一步提升。

表 10-10 城乡消费升级对新能源汽车企业研发效率的回归结果

变量	*Innovation*							
	(1)	(2)	(3)	(4)	(5)	(6)	(7)	(8)
Urbanconup	1.947*** (4.03)				1.154** (2.05)			
L_Urbanconup		3.682*** (6.58)				2.822*** (4.28)		
Ruralconup			1.664*** (4.03)				0.987** (2.05)	
L_Ruralconup				2.757*** (6.58)				2.113*** (4.28)
Subsidy					3.272*** (3.91)	2.507*** (2.79)	3.272*** (3.91)	2.507*** (2.79)
Deduction					12.215* (1.95)	12.534* (1.93)	12.215* (1.95)	12.534* (1.93)
Cons	-2.726*** (-10.09)	-3.216*** (-10.14)	-2.562*** (-9.39)	-2.703*** (-8.22)	-2.594*** (-9.19)	-3.052*** (-9.07)	-2.497*** (-8.98)	-2.659*** (-7.95)

续表

变量	*Innovation*							
	(1)	(2)	(3)	(4)	(5)	(6)	(7)	(8)
Controls	Yes	Yes	Yes	Yes	Yes	Yes	Yes	Yes
时间效应	Yes	Yes	Yes	Yes	Yes	Yes	Yes	Yes
个体效应	Yes	Yes	Yes	Yes	Yes	Yes	Yes	Yes
N	952	815	952	815	952	815	952	815
R^2	0.250	0.263	0.250	0.263	0.271	0.278	0.271	0.278
F	22.08***	21.35***	22.08***	21.35***	21.07***	19.47***	21.07***	19.47***

注：篇幅原因，此处省略控制变量的相关估计结果。

第五节 结论与政策建议

一、研究结论

通过提升企业研发创新能力发展新能源汽车产业是我国目前应对资源短缺约束和生态环境问题的一个重要途径，也是培育我国先导性和支柱性产业从而形成新增长点的重要手段。本章从国内本土市场的消费升级优势和政府对新能源汽车产业的支持力度出发，系统探讨和分析了我国消费升级和政府支持对新能源汽车企业研发效率的影响效应和交互作用，并以 2013—2019 年新能源汽车产业上市公司的数据为样本进行分析。区别于既有研究，本章在实证中同时纳入“需求端”消费升级与“供给端”政府支持，并检验两者具有的交互效应，得到了与以往不同的经验发现：

第一，消费升级显著促进了我国新能源汽车企业研发效率的提升，且滞后期影响比当期影响更为明显，消费升级在企业研发效率提升过程中具备持续影响，这一结论在进一步替换指标、考虑房价因素和内生性问题后依然成立。

第二，政府支持的两种激励政策，政府补贴政策与研发投入加计扣除政策均对我国新能源汽车企业研发效率的提升有显著的促进作用，且比较之下，研发投入加计扣除的促进作用优于政府补贴。

第三,从交互效应来看,消费升级与政府补贴在现实中并不存在显著的交互作用,而消费升级与研发投入加计扣除的交互作用显著为负,两者之间具备一定的替代关系。

第四,从城乡消费差距来看,城镇消费升级对新能源汽车企业研发效率的促进效应明显高于农村消费升级。

二、政策建议

基于上述研究结论,本章提出如下政策建议:

首先,鉴于消费升级在新能源汽车企业研发效率提升过程中的促进效应和递增的滞后效应,我国在追求新能源汽车产业长期持续发展时,要充分把握和利用好消费升级释放出的巨大国内市场潜力。通过同步协调推进充电基础设施体系建设与新能源汽车推广,进一步扩大居民购车需求的总量与增量,优化居民购车需求的结构和层级,鼓励并引导绿色消费,推进新能源汽车对传统汽车消费的替代,同时,积极主动引导技术创新主体由单纯的政策依赖模式转向市场驱动发展。

其次,充分发挥政府支持对新能源汽车企业研发效率提升的积极作用。在现阶段要重视研发投入加计扣除等税收优惠政策对企业研发创新的强大驱动力,拓宽税收优惠在新能源汽车企业中的覆盖范围,同时通过建立合适的补贴监管机制改善政府补贴结构,提高政府补贴资金使用效率,强化政府补贴对新能源汽车企业研发创新的正向激励。但从长远角度来看,政府在新能源汽车产业发展过程中应当逐步退出,这与现有的补贴退坡政策一致。

再次,考虑到消费升级与政府支持对新能源汽车企业研发效率的交互效应,我国在发展新能源汽车产业时有必要保证居民消费升级与政府支持导向间的信号传递,实现市场与政策协同推进。一方面,要避免因政府补贴过宽过度导致市场调节失灵,另一方面也要协调好研发投入加计扣除与消费升级之间的替代关系，特别是当消费升级的驱动效应充分被挖掘，为追求新能源汽车产业提升研发效率的长期发展目标，政府应适时减少研发投入加计扣除力度，从而给消费需求激励企业创新提供更自由的经济环境。

最后，适当提高对新能源汽车下沉市场的重视，进一步挖掘农村的消费潜力，通过完善农村基础设施建设和信息推广普及措施，改善消费环境和消费观念，强化农村消费升级态势对新能源汽车企业研发效率的持续提升。

第十一章　高铁开通、消费升级与战略性新兴产业高质量发展：来自长江经济带地级市的例证

第一节　文献综述与理论分析

一、文献综述

党中央在中央经济工作会议上指出，经济政策需要合力促进产业与消费双升级，共同发力构建双循环新格局。一方面，消费是国内经济循环的最后环节，所有产品都需要通过市场消费转化为资本积累支持产业发展，并且伴随数字经济的崛起，我国居民消费升级趋势愈发显著，对于释放内需潜力具有重要的放大作用，进一步为产业升级提供新动能；另一方面，产业升级作为国民经济命脉是高质量转型的必经之路，在这之中尤其考虑到战略性新兴产业的战略属性和科技属性等特点，以及对产业体系整体的引领作用，战略性新兴产业自然在双循环新发展格局中占据着重要位置。

基于这样的现实情境，政府部门从实践层面出台了多种产业政策以激励战略性新兴产业创新，并取得了丰富成果。然而，也有部分研究指出，尽管战略性新兴产业整体创新态势趋好，但关键领域仍存在低水平低效率的“创新

洼地”，制约了经济的高质量发展（杨蹇等，2020）。因此，如何破解战略性新兴产业创新困境则成为当前亟需解决的重点经济问题。学术界从理论层面多角度加以研究，涵盖内部治理和外部政策等（Edler and Fagerberg，2017；吕静和侯学华，2019）。实际情况中产业创新仍然受到其他外生因素的影响，正如“要致富，先修路”所言，交通基础设施建设与经济发展紧密相联。国外学者大多考察公路和航空交通对经济的积极影响（Maparu and Mazumder，2017；Pradhan et al.，2021）。相较之下，我国近年来持续发力的交通基础设施建设，尤其是将高铁打造成“国家名片”，为我国学者探讨交通基础设施建设的经济效应提供了良好的研究背景。卞元超（2019）基于宏观视角研究发现高铁建设能够带来促进区域创新等正向效应；刘冲等（2020）从微观层面证明了高铁开通对生产效率的改善具有积极影响。遗憾的是，当前关于高铁开通与战略性新兴产业创新的研究成果较为有限。但是，考虑到高铁开通对时间和空间所产生的压缩效应，要素流动更为活跃，有足够理由相信高铁开通能够显著地提升战略性新兴产业的创新水平（吉赟、杨青，2020）。

消费一直以来都是拉动经济增长的三驾马车之一，在助推产业升级、引领创新方面发挥着不容忽视的作用（Berthon et al.，2005）。因此，中央经济工作会议反复强调消费在双循环发展格局中的基础性作用，提出要充分挖掘超大规模的市场优势和巨大消费潜力。特别是在新发展格局下，内需市场规模愈发壮大并趋向成熟，消费升级趋势进一步凸显，持续通过需求规模和结构调整为产业结构转型升级提供了方向和动力（金晓彤、黄蕊，2017）。基于上述分析，可知高铁开通和消费升级能够从不同角度作用于战略性新兴产业创新，高铁开通能够加快要素流动，从而激励企业创新，消费升级则是通过市场信号机制引导优化产业资源配置实现创新效率提升。尽管已有学者分别就高铁开通、消费升级对战略性新兴产业创新的影响进行了研究，但鲜有文献同时从外部环境角度梳理高铁开通和消费升级对战略性新兴产业创新的影响关系与作用机制。鉴于此，本章通过我国地级市层面的宏观数据和企业层面的微观数据进行交叉匹配，采用多时点双重差分模型进行机理验证，尝试回答以下两个问题：第一，高铁开通带来的冲击对战略性新兴产业创新行为究竟影响如何？第二，在高铁开通作用于战略性新兴产业创新的过程中消费升级又发挥着什么样的作用？在此基础上，进一步考察区域异质性和企业异质性所导致的截面差异。

二、理论分析与研究假设

1. 高铁开通与战略性新兴产业创新

随着我国高铁网络不断完善，高铁开通的经济效应引发学术界广泛关注。Ahlfeldt & Feddersen（2018）研究证明高铁开通能够带动区域的经济增长。进一步探索其影响机制，李强和刘庆发（2021）分析发现高铁开通为要素流动创造了便捷的外部条件，集聚效应更为明显，有利于提高区域的经济活力。邓慧慧等（2020）、孙文浩和张杰（2021）研究得出高铁开通能够优化资源配置，改善生产效率，促进产业结构升级的结论。综合来看，以往文献从多角度考察了高铁开通对宏观经济发展所产生的积极影响。

然而更进一步，在微观层面企业是宏观经济最基本的参与主体，同时也是高铁经济效应的落脚点，因而，对高铁开通产业创新效应的评估还是需要以企业行为为切入点。具体到战略性新兴产业创新而言，高铁开通主要通过以下途径发挥作用：首先，习近平总书记指出，创新驱动实质是人才驱动，人才是创新的根本要素。从人才与创新的关系来看，过去限于地理空间阻隔，出行需要耗费较高的时间和交通成本，无形中抬高了人才流动的门槛，降低了人才活跃度与流动积极性。高铁开通直接带来的时空压缩效应使高铁沿线城市交通出行时间和空间局限得以大幅改善，不管是人才就业还是落户定居，较之前都更加便利，极大地丰富了城市企业的劳动力供给，人才市场更为活跃（吉赟、杨青，2020）。另一方面，就需求角度而言，高铁开通的另一影响是扩大了都市经济圈，在劳动力需求增加的同时伴随着城市边界模糊，劳动力需求亦向外扩散，吸引了更多的人才流入（杜兴强、彭妙薇，2017）。因此，高铁开通明显提高了沿线区域的可达性，从供需两侧共同促使了劳动力尤其高层次人才向高铁城市流动，为企业创新提供了足够的人才要素支持。

其次，高铁开通对信息、知识、技术等软要素流通环境的改善也是增强企业创新能力的另一途径。由于创新的公共物品属性，企业为保护自身利益，倾向于对技术、知识等机密信息披露采取保守的态度，致使资本市场掌握的信息较为有限。此外，地理空间对市场的割裂增加了信息的搜寻成本，无疑加剧了资本市场的信息不对称程度。高铁通车后出行条件大幅改善，人口流动趋于频繁，而人作为重要的信息载体，在此情况下可以通过面对面交流的方式实现更为顺畅的信息共享（赵静等，2018）。另一方面，高铁开通压缩了时空距离，出行成本降低促使相关投资者可以选择最直接的实地考察、调研等方式获取第一手信息，保证信息的及时性、可靠性，有效缓解了信息的不对称（Hornung，2015）。据此，随着人员流动、信息交流频率的增加，势必带来知识、技术等其他要素更加积极的互动，并由此产生“溢出效应”，进而促使企业之间展开学习、竞争等效应，提升企业的创新活力，形成良性循环（申文青，2019）。

再次，企业创新是一个高投入与高风险并存的周期性活动，而投资者出于资本逐利目的以及规避风险的考虑往往对创新活动的投资意愿不足或者要求额外风险溢价补偿，导致企业创新普遍面临融资约束现象。加上地理空间阻隔的原因，投资者实地考察、搜集信息将产生较高的交易费用，而最终这些费用都会转化为企业的成本负担，进而加剧融资约束。因此，高铁开通后信息不对称将得到改善，资本市场掌握足够的信息，可以详实评估企业的创新活动，就未来投资风险以及预期收益等作出合理判断。同时，得益于高铁开通，投资者对企业经营管理活动的监督更加便利，有助于降低委托代理成本（Choi et al.，2012）。在此基础上，投资者的投资意愿得到加强，将增加外部资金供给或是降低额外风险溢价成本，从而有效地缓解融资约束，支持企业展开创新活动。

总体而言,高铁通车优化了沿线区域人才、信息、知识、资本等要素流通环境,有效缓解了劳动力供需不匹配、信息不对称、融资约束等要素市场扭曲问题,整体上通过促进要素流通来提高资源配置效率,降低地理空间对创新外部环境的约束。本章将这一作用路径归纳为“要素流动效应”,据此提出假设 1 如下:

假设 1:限定其他条件,高铁开通对战略性新兴产业的创新行为具有明显的激励效应,即高铁开通城市战略性新兴产业创新水平较非高铁开通城市战略性新兴产业创新水平显著提高。

2. 高铁开通、消费升级与企业创新

如前文所述,高铁开通能够通过“要素流动效应”促进战略性新兴产业,这仅仅是从供给侧出发对战略性新兴产业创新内在机理所作的单方面描述。然而,企业创新本质上更是一种市场行为,“需求引致创新”理论认为,需求扩张能够激发企业的创新动力(Scherer,1982),来自于市场需求侧的影响因素也应当被纳入创新研究的框架之中。因此,本章遵循这一逻辑思路,进一步纳入市场需求侧消费升级因素对战略性新兴产业创新的作用影响,以形成关于高铁开通、消费升级和产业创新三者之间的供需闭环视角。鉴于既有研究根据不同的研究主题对消费升级具体内涵作出不同解释,因而,在本章后续分析中将消费升级理解为居民各类消费支出金额及其占总支出份额动态变化的过程,该动态变化过程不是简单的消费直线增长,而是包含了规模增长和结构变动的螺旋式上升,并且,消费升级过程中无论是规模扩大还是商品层次升级,都必然通过消费需求表现出来。

首先,本章以 C-D 生产函数作为分析基础,借鉴金晓彤和黄蕊(2017)的研究,从消费需求角度论证消费升级对企业创新的促进作用。

$$Y = A L^{\alpha} K^{\beta} \tag{1}$$

式(1)是基本的 C-D 生产函数,Y 是产出水平,A 是技术水平,L 代表劳动投入,K 代表资本投入。α、β 分别代表劳动产出和资本产出的弹性系数。

另外，根据投资加速理论，假定初始资本 K_0 可以忽略，得到式(2)，σ 为加速系数：

$$K = \sigma Y \tag{2}$$

引入消费函数，得到消费和产出 Y 之间关系式(3)，C 代表消费水平，ρ 为边际消费倾向：

$$C = \rho Y \tag{3}$$

将式(2)和式(3)简单带入式(1)，可证：

$$A = \frac{1}{\sigma}\left(\frac{\sigma}{\rho}\right)^{1-\beta} L^{-\alpha} C^{1-\beta} \tag{4}$$

根据式(4)推导得出在边际消费倾向 ρ 保持不变的情况下，A 和 $L^{-\alpha}C^{1-\beta}$ 成正比；更进一步，当规模报酬不变($\alpha+\beta=1$)时 A 和 C/L 成正比，表示随着人均消费水平提高，技术进步也得以增长，亦即说明消费升级能够对技术创新水平提高带来显著的促进作用。相关研究也认为，市场力量的壮大推动了消费需求在技术创新链的位置前移，作为技术创新起点对产业创新行为发挥了重要的驱动效力(刘冰，2007)。

其次，根据上文对消费升级的定义，可以从结构升级、规模升级以及优化资源配置三个方面论述消费升级在高铁开通影响产业创新过程中的调节作用。第一，消费结构升级为高铁开通促进产业创新提供了更加明确的导向指引。高铁开通加速了区域范围内要素流动，给产业创新带来的最直接影响是扩大要素供给，在此路径下战略性新兴产业遵循原有方向持续创新。同时，在消费升级趋势下，需求的多样性以及结构高级化借助市场这只“无形之手”形成扩散效应，不仅对战略性新兴产业创新和生产提出了更高要求，而且也为产业创新和生产提供了新的优化方向，此时的产业创新行为表现出更加明显的需求导向性(Acemoglu，2015)。由此，企业可以将创新供给和市场需求紧密联结在一起，基于消费需求信号引导产业创新投资和生产向中高端转型，以形成可持续的产业创新和升级循环机制。第二，消费规模升级通过诱致效应放大高铁开通对产业创新的激励作用。高铁开通使得区域的可达性大幅提高,城市空间尤其是大城市和中心城市的范围界限极大拓宽,城市消费市场不断地向周边外围地区延伸,由此产生的同城效应激活了新兴消费市场,发掘出更大的消费潜力,实现了消费规模升级(谭建华等,2019),增加市场的整体需求。相应地伴随市场规模的扩大,消费需求增加,必然形成额外利润打破企业之间的局部均衡,这部分额外利润会诱使企业扩大生产,同时受到消费升级、需求高端化因素的驱动,企业将主动通过技术创新来形成新的竞争优势,以此推动高附加值产品市场比重的逐步上升,进一步促进产业创新向中高端演化,从而在双循环新发展格局下借助消费升级将国内超大规模的市场优势转化为产业创新优势(Foellmi and Zweimuller,2008;张国胜、胡建军,2012)。第三,消费升级在高铁开通作用于产业创新过程中起到了优化资源配置的功能。就消费升级自身而言,无论是总量升级还是结构升级都代表着市场需求最旺盛的产业方向,必然存在超额利润。高通开通扩大了产业创新链的要素供给,而消费升级将引导人才、资金、技术等资源由低端部门向战略性新兴产业等高端产业部门转移,促使各类要素以更高效率来参与产业创新。据此分析,本章提出假设 2 如下:

假设 2:限定其他条件,消费升级在高铁开通影响战略性新兴产业创新过程中发挥了正向调节作用,即随着消费升级程度上升,高铁开通对战略性新兴产业创新的促进效应更加显著。机理如图 11-1。

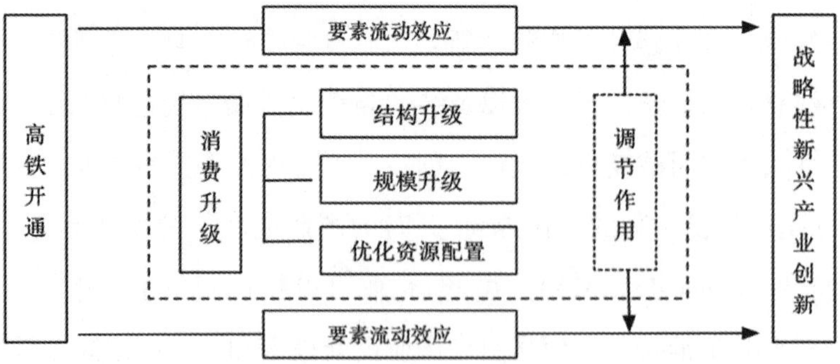

图 11-1 高铁开通、消费升级与战略性新兴产业创新作用机制

第二节　研究设计

一、样本选取与数据来源

本章研究期间设定为 2007—2019 年，主要基于以下几点考虑。首先，新冠疫情对 2020 年我国经济整体运行造成了巨大的额外事件冲击，若选择将 2020 年纳入本章研究期间，则必然受潜在内生性影响，从而导致结果存在偏误，无法准确评估高铁开通的创新激励效应。因此，为保证实证结果稳健可靠，本章的研究期间未纳入 2020 年样本，以尽可能剔除疫情冲击等潜在内生性的干扰。其次，我国第一条高铁于 2008 年正式开通，因而本章研究期间可以满足在使用双重差分模型时政策实施年份前后至少一年样本数据的要求（陆菁等，2021）。随后在参考《战略性新兴产业分类》等标准的基础上，借鉴伍先福等（2020）的做法，将我国战略性新兴产业归纳为 5 大细分行业，具体如下：新一代信息技术行业、高端装备制造业、新材料产业、生物产业、新能源产业（包含新能源汽车产业），共得到 11 个二级战略性新兴产业。据此，本章根据 A 股战略性新兴产业上市公司的注册地信息和长江经济带 112 个地级市区域信息进行宏微观层面数据交叉匹配，从而得到初始研究样本。在数据处理过程中按以下标准进行二次筛选：（1）剔除上市公司 IPO 当年的样本观测值；（2）剔除研究期间 ST、PT 以及退市的上市公司样本；（3）剔除变量缺失的样本；（4）剔除上市公司数目为 0 的地级市样本。经过上述步骤处理，最终得到 5767 个研究样本，共涉及长江经济带 82 个地级市。

其中，上市公司主要财务数据来源于 CSMAR、iFinD 数据库，地级市宏观数据均来自各类统计年鉴等，高铁建设信息数据通过查询国家铁路局官网等方式手工搜集整理得到。另外，对所有连续变量在上下 1%处进行 Winsorize 处理以降低极端值干扰。

二、变量定义

1. 被解释变量

现有研究多从创新投入和创新产出两个方面衡量企业的创新行为，创新投入的常用指标为企业研发费用，创新产出的指标包括企业专利数量等。本章在参照孟庆斌等（2019）的做法，仅采纳研发投入作为衡量企业创新的指标，主要基于如下考虑：一方面，不同行业企业间专利产出的可比性较差，并且潜在的专利申请“迎合效应”容易导致专利泡沫化现象（肖兴志和姜晓婧，2013）；另一方面，研发投入是企业创新成果产出的必要条件，尤其近年来各行业均呈现出研发投入比重持续扩大的趋势，能够较为合理地反映企业自身的创新意愿。相较之下，本章选择企业研发费用作为创新水平的代理变量，此外，考虑到政策效果的时滞性，采用上市公司滞后一期的研发费用数据，并取自然对数得到研发投入变量（LnRD），同时生成企业研发投入强度指标研发费用与总资产的比值（RD_Size）、企业研发投入与营业收入的比值（RD_Income）作为补充检验。

2. 解释变量和控制变量

本章关键解释变量是上市公司所在地级市是否开通高铁（Hsri，c，t）。首先，通过查阅国家铁路局等官方资料获得全国高铁线路开通信息，据此判定上市公司注册地所在地级市是否开通了高铁线路，若企业 i 注册地所在城市 c 在 t 期开通高铁，t 期及之后年度 Hsri，c，t 变量赋值为 1，反之为 0。在此过程中，借鉴陈婧等（2019）对高速铁路的选择标准，划定时速 200km/h 的铁路为广义高铁，作为本章的高铁开通事件样本。对于开通多条高铁的城市，本章将第一条高铁线路开通日期设置为事件冲击时间，并且如果高铁开通时间处于当年下半年，则将高铁开通时间滞后一期以尽可能准确捕捉政策影响的迟滞效应。

另外，本章围绕影响企业创新的其他因素，参考相关研究成果（陈婧等，2019；吉赟、杨青，2020），设置以下控制变量：企业资产规模（Size）、营业收入（Income）、上市年限（Age）、资本结构（Lev）、成长性（Growth）、盈利能力（Roa）、股权集中度（Top1）、政府补贴（Sub）、董事会规模（Boardsize）、董事会独立性（Indep）、董事长和总经理两职合一（Dual）、行业赫芬达尔指数（HHI），并控制年度和行业固定效应。变量定义列于表 11-1。

表 11-1　变量定义

变量名	变量	变量定义
企业创新	LnRD	研发费用的自然对数
	RD_Size	研发费用/总资产
	RD_Income	研发费用/营业收入
高铁开通	Hsr	上市公司注册地所在城市开通高铁取 1，反之取 0
消费升级	Sale	地级市社会消费品零售总额累计环比增速
资产规模	Size	总资产的自然对数
营业收入	Income	营业收入的自然对数
上市年限	Age	当年年度-上市年度
资本结构	Lev	资产负债率
成长性	Growth	主营业务收入增长率
盈利能力	Roa	净资产收益率
经营现金流	Cf	经营活动现金流量净额/总资产
股权集中度	Top1	期末第一大股东持股比例
政府补贴	Sub	政府补贴的自然对数
董事会规模	Boardsize	董事会人数的自然对数
董事会独立性	Indep	独立董事人数/董事会人数
两职合一	Dual	董事长兼任总经理取 1，反之取 0
市场竞争程度	HHI	行业赫芬达尔指数

三、模型设定

自 2008 年京津城际高速铁路开通以来，每年相继都有高铁线路开通，而且高铁线路选址、建设都是经过国家有关部门规划确定,所以对于微观企业而言,高铁线路开通恰恰可以视为来自外部的公共事件冲击,特别是为研究外部环境因素与公司创新行为关联提供了良好的准自然实验环境。因此,本章结合高铁线路开通事件,采用多时点双重差分双向固定效应模型来考察高铁建设对战略性新兴产业创新的影响,以弥补传统双重差分模型仅适用于单一时点政策效应评估的不足,基本模型如式(5):

$$Y_{i,t+1} = \alpha + \beta Hsr_{i,c,t} + \gamma Controls_{i,t} + \delta_j + \mu_t + \varepsilon_{i,c,t} \quad (5)$$

该模型中,i、c、j、t 分别表示企业个体、城市个体、行业及年份。被解释变量 Yi,t+1 代表企业创新,包含 LnRD、RD_Size 和 RD_Income 三个指标。解释变量 Hsri,c,t 是根据地级市高铁线路开通信息手动生成的虚拟变量,企业 i 所在地级市 c 于 t 期开通高铁,则纳入处理组,Hsr 取值为 1,反之纳入对照组,赋值为 0。这一变量的实质是传统双重差分模型中处理组与事件冲击时间的交互项 Treat * Time,其系数 β 所反映的差分估计量正是本章需要关注的高铁开通对企业创新行为的影响效应。Controlsi,t 为上文设置的控制变量合集,δj 代表行业固定效应,μt 表示时间固定效应,εi,c,t 为随机误差项。

根据前文理论分析,为进一步检验消费升级在高铁开通影响企业创新过程中的调节作用,构建了地级市高铁开通与消费升级的交互项 Hsri,c,t * Salec,t。由于学术界关于消费升级指标设置尚缺乏较为统一的意见,现有文献往往会基于不同研究目标而采用不同的测算方法,包括恩格尔系数、高档商品支出比例、社会消费品零售总额、ELES 模型等(黄隽和李冀恺,2018;王虎邦等,2019)。纵观以上方法,恩格尔系数、高档商品支出比例、ELES 模型等方法均是立足于微观视角从居民消费行为着眼点对消费升级现象进行分析与测度,关注某类商品的消费支出变化,而忽略了宏观层面的消费升级整体变化趋势(石明明等,2019)。此外,恩格尔系数、高档商品支出比例、ELES 模型等所需数据主要来源于各类统计年鉴,往往将城镇居民和农村居民的收入、消费情况分别统计,因而这类指标仍带有明显的"二元经济结构"特征,无法很好地体现区域范围内整体消费变化趋势。因而，本章结合研究主题，经过对比采用申洋等（2021）的方法，认为社会消费品零售总额能够更好地反映某一区域的宏观层面总体消费升级趋势，选取地级市社会消费品零售总额累计环比增速（Salec，t）代表消费升级，进而通过消费升级与高铁开通的交互项 Hsri，c，t ＊Salec，t 来考察消费升级的调节效应，设置模型如式（6）。

$$Y_{i,t+1} = \alpha + \beta_1 Hsr_{i,c,t} + \beta_2 Sale_{c,t} + \beta_3 Hsr_{i,c,t} * Sale_{c,t} + \gamma Controls_{i,t} + \delta_j + \mu_t + \varepsilon_{i,c,t} \quad (6)$$

四、描述性统计

表 11-2 列示了主要研究变量的描述性统计结果。可知研究样本中所在地级市开通高铁的上市公司样本占比达到 77.4%。样本企业的研发费用取对数后在 13.581 至 22.309 之间波动，标准差达到 1.413，表明样本总体的研发投入水平存在较大差异。同时，研发费用占总资产和营业收入的比重均值分别为 3.1%和 5.2%，最小值约等于 0，也验证了企业创新投入水平的较大差距。

表 11-2　描述性统计

Variable	*Obs*	*Mean*	*Med*	*Min*	*Max*	*Std.Dev.*
LnRD	5767	18.064	17.912	13.581	22.309	1.413
RD_Size	5767	0.031	0.029	0.000	0.112	0.019
RD_Income	5767	0.052	0.047	0.001	0.246	0.041
Hsr	5767	0.774	1.000	0.000	1.000	0.464
Sale	5767	0.133	0.123	-0.070	10.578	0.267
Size	5767	22.903	22.027	19.894	26.634	1.210
Income	5767	22.538	21.463	18.908	26.172	1.297
Age	5767	9.083	7.000	1.000	29.000	6.382
Lev	5767	0.417	0.402	0.061	0.878	0.201
Growth	5767	0.192	0.146	-0.444	2.134	0.353

续表

Variable	*Obs*	*Mean*	*Med*	*Min*	*Max*	*Std.Dev.*
Roa	5767	0.051	0.046	−0.169	0.223	0.061
Cf	5767	0.053	0.049	−0.130	0.238	0.070
Top1	5767	0.357	0.345	0.085	0.732	0.147
Sub	5767	16.374	16.318	12.206	20.176	1.482
Boardsize	5767	2.153	2.207	1.609	2.565	0.187
Indep	5767	0.380	0.333	0.333	0.571	0.055
Dual	5767	0.287	0.000	0.000	1.000	0.458
HHI	5767	0.095	0.068	0.015	1.000	0.087

第三节　实证结果与分析

一、基本回归结果

首先，采用多时点双重差分模型回归得到的基本结果列于表 11-3。结果显示，不管是采用研发费用变量 LnRD 还是研发投入强度指标 RD_Size、RD_Income，回归系数估计值均显著为正，可见，高铁开通后不仅促进了企业创新投入水平的增加，同时也提高了企业研发投入的强度，表明高铁开通对战略性新兴产业整体创新具有明显的正向促进作用，假设 1 得到验证。

表 11-3　基本回归结果

VARIABLES	(1) *LnRD*	(2) *RD_Size*	(3) *RD_Income*
Hsr	0.397*** (9.54)	0.010*** (7.69)	0.012*** (7.91)
Size	0.512*** (8.78)	−0.017*** (−12.54)	0.033*** (10.29)
Income	0.413*** (8.02)	0.010*** (9.66)	0.034*** (14.85)

续表

VARIABLES	(1) ***LnRD***	(2) ***RD_Size***	(3) ***RD_Income***
Age	0.012* (1.83)	0.004*** (5.05)	0.001*** (3.48)
Lev	−0.794*** (−4.90)	−0.007* (−2.43)	−0.017*** (−3.07)
Growth	−0.051 (−1.28)	−0.001 (−1.58)	−0.001 (−0.71)
Roa	1.352*** (3.34)	0.030*** (4.14)	0.025* (1.91)
Cf	−0.084 (−0.33)	0.004 (1.07)	0.001 (1.27)
Top1	−0.184 (−0.91)	0.002 (0.61)	−0.001 (−0.11)
Sub	0.083*** (5.42)	0.001*** (4.73)	0.002*** (4.24)
Boardsize	−0.083 (−0.48)	0.000 (−0.05)	0.002 (0.36)
Indep	−0.639* (−1.78)	−0.008 (−1.17)	−0.006 (−0.40)
Dual	0.126*** (2.85)	0.003* (2.46)	0.003* (1.93)
HHI	0.513 (1.26)	−0.004 (−0.65)	−0.005 (−0.40)
年份/行业固定效应	控制	控制	控制
Constant	3.783*** (4.67)	0.071*** (4.88)	0.109*** (3.77)
R^2	0.639	0.267	0.382
N	5767	5767	5767

注：*、**、***分别代表在10%、5%和1%的显著性水平显著，括号内为t值。下同。

二、稳健性检验

1. 平行趋势检验

使用双重差分模型的基本假设之一是处理组和对照组具有平行趋势，即二者样本的变化趋势应当在政策冲击之前保持一致，变化趋势差异只能存在于政策冲击发生之后，否则无法确定影响效应是由该政策冲击引起，而非其他因素所致。本章通过进一步考察高铁开通对企业创新的时间动态效应，验证高铁开通之前处理组和对照组是否具有相同的变化趋势。

本章在原模型中加入了表示高铁开通相对时间虚拟变量与高铁是否开通 Hsr 的交互项。考虑所选样本的高铁开通相对时间波动范围较大，并且动态效应检验中重点关注高铁开通之后的变化趋势，因此，参考 Beck et al.（2010）、陈婧等（2019）的做法，将高铁开通前 3 年之前的样本统一合并生成 pre_3，高铁开通后 10 年之后的样本统一合并生成 post_10。由此 pre_3-pre_1 分别表示高铁开通前 3 年-前 1 年，post_1-post_10 分别表示高铁开通后 1 年-后 10 年。表 11-4 报告了以 LnRD 为被解释变量的平行趋势检验结果。根据表 11-4 可以发现，pre_3-pre_1 的估计系数均不显著，说明在高铁开通前处理组和对照组的变化趋势并无显著差异，符合使用双重差分法的基本假设。再来看高铁开通之后的变化趋势，post_1-post_10 系数都高度显著，一方面表明高铁开通对战略性新兴产业的创新行为具有立竿见影的激励效应，并且具有明显的稳定性和可持续性，排除了其他因素的干扰。另一方面 post_1-post_10 的估计系数逐渐增大，反映出高铁开通在较长时间内都会激励产业创新，并且这一效应随着时间延伸逐步增强，验证了激励效果的时滞性。

表 11-4　平行趋势检验结果

VARIABLES	*LnRD*
pre_3	0.044 (0.12)
pre_2	0.305 (0.85)
pre_1	0.380 (1.06)

续表

VARIABLES	*LnRD*
post_1	0.658* (1.83)
post_2	0.818** (2.27)
post_3	1.019*** (2.84)
post_4	1.180*** (3.28)
post_5	1.349*** (3.75)
post_6	1.481*** (4.11)
post_7	1.648*** (4.57)
post_8	1.832*** (5.05)
post_9	2.250*** (5.88)
post_10	2.390*** (6.17)
Constant	15.720*** (20.08)
年份/行业固定效应	控制
R^2	0.408
N	5767

2. 安慰剂检验

为进一步排除其他不可观测因素对事件冲击的潜在干扰，通过构造反事实事件对以上问题进行安慰剂检验。具体做法如下：首先，仍然以 2007—2019 年作为检验期间；其次，将高铁开通时间人为提前一年。此时由于本章研究样本集中于长江经济带，高铁开通时间普遍处于 2008 年之后，因此，在将

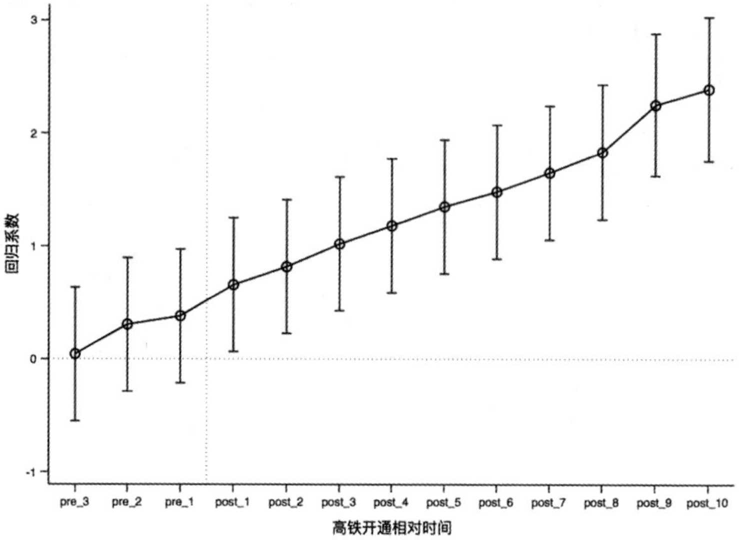

图 11-2　平行趋势检验—高铁开通对企业创新的时间动态效应

高铁开通时间人为提前一年后,仍可以满足在使用双重差分模型时保证政策事件冲击前后至少一年研究样本的要求。

如果在反事实事件的检验结果中,高铁开通对产业创新具有显著关联,则说明该政策效应可能由于其他不可观测变量引起,拒绝高铁开通与产业创新之间影响唯一性的假设。安慰剂检验的估计结果详见表 11-5。在控制一系列变量后,高铁开通 Hsr 对 LnRD 的回归系数并不显著,证明战略性新兴产业创新的激励效应来自于高铁开通,排除了其他不可观测变量对事件冲击的干扰。同时使用 RD_Size、RD_Income 指标进行安慰剂检验,得出一致的结论。

表 11-5　反事实检验结果

VARIABLES	(1) *LnRD*	(2) *RD_Size*	(3) *RD_Income*
Hsr	0.016 (0.37)	0.000 (0.00)	0.000 (0.34)

续表

VARIABLES	(1) ***LnRD***	(2) ***RD_Size***	(3) ***RD_Income***
Size	0.311*** (3.77)	−0.013*** (−10.84)	0.017*** (5.52)
Income	0.334*** (4.88)	0.005*** (5.26)	−0.031*** (−11.37)
Age	0.111*** (8.01)	0.002*** (9.19)	0.003*** (9.27)
Lev	−0.320 (−1.57)	0.001 (0.14)	−0.004 (−0.65)
Growth	−0.043 (−1.02)	−0.001 (−0.98)	−0.000 (−0.25)
Roa	1.460*** (3.47)	0.029*** (3.98)	0.027** (1.95)
Cf	−0.196 (−0.73)	0.002 (0.45)	0.004 (0.61)
Top1	0.120 (0.37)	0.009 (1.51)	0.006 (0.54)
Sub	0.046*** (2.80)	0.001* (1.93)	0.001 (1.30)
Boardsize	0.251* (1.83)	0.005* (1.79)	0.010* (1.92)
Indep	−0.688* (−1.90)	−0.010 (−1.50)	−0.012 (−0.84)
Dual	0.009 (0.19)	0.000 (0.50)	0.002 (1.23)
HHI	0.221 (0.60)	−0.009 (−1.31)	−0.010 (−0.75)
年份/行业固定效应	控制	控制	控制
Constant	0.647 (0.50)	0.164*** (7.05)	0.256*** (5.88)
R^2	0.536	0.188	0.262
N	5767	5767	5767

3. 工具变量法

尽管前文对基准回归结果的检验在一定程度上证明了结论的可靠性，但是仍然要考虑内生性的问题。根据文章搜集整理得出的高铁开通信息，发现高铁建设初期主要线路集中于中东部地区，例如京沪高铁、武广高铁等。这一现象正说明高铁线路开通以及高铁站选址等会受地区经济特征的较大影响。对于由此导致的内生性问题，本章借鉴卞元超等(2019)研究，利用地级市平均地理坡度(Slope)构造工具变量，一方面，地理坡度作为区域的地理特征，一般不随时间而变化，且尚未有足够证据表明地理坡度能够对产业创新产生影响，满足工具变量外生性的要求。另一方面，地理特征是高铁线路建设的重要决定因素，一般而言，坡度越大高铁线路建设的难度也就越大，从而满足了工具变量相关性的要求。

表 11-6 是采用 2SLS 得到的工具变量回归结果。其中第(1)列展示了第一阶段结果，可以看出，地理坡度 Slope 与高铁开通 Hsr 之间呈显著负相关，验证了坡度与高铁开通的相关性，说明工具变量选取是合适的。第(2)—(4)列是分别以 LnRD、RD_Size、RD_Income 为被解释变量的第二阶段回归结果，Hsr 的估计系数均为正值且通过显著性检验，表明高铁开通确实对战略性新兴产业创新起到了正向激励作用。此外，Cragg-Donald Wald F 统计值为 111.227，远大于标准判定值，证明通过了弱工具变量检验，因此足以证明高铁开通创新激励效应是稳健可靠的。

表 11-6　工具变量检验结果

VARIABLES	(1) First-stage *Hsr*	(2) Second-stage *LnRD*	(3) Second-stage *RD_Size*	(4) Second-stage *RD_Income*
Hsr		0.599** (2.33)	0.017*** (3.52)	0.028** (2.19)

续表

VARIABLES	(1) First-stage *Hsr*	(2) Second-stage *LnRD*	(3) Second-stage *RD_Size*	(4) Second-stage *RD_Income*
Slope	-0.033*** (-10.55)			
控制变量	控制	控制	控制	控制
年份/行业固定效应	控制	控制	控制	控制
Constant	0.628** (2.25)	-2.111*** (-3.24)	0.050*** (3.92)	0.086*** (3.69)
R2	0.401	0.648	0.256	0.400
N	5767	5767	5767	5767
Cragg-Donald Wald F statistic	/		111.227	

4. PSM-DID 回归

正如前文所述，高铁线路并非随机确定，这就导致本章研究样本的选取可能存在一定的偏差，进而降低结果的稳健性。所以，本章利用倾向得分匹配法(PSM)重构处理组样本，以此控制样本选取偏差导致的结果偏误。具体而言，参考谭建华等(2019)选取一系列影响地级市高铁开通的指标变量：经济规模(城市 GDP)、人口规模(全市人口总数)、财政支出规模(一般财政支出总额)、对外开放程度(实际使用外资金额)、市场化程度(城市金融机构贷款余额)作为协变量，对地级市高铁开通 Hsr 进行核匹配，得到新的处理组和对照组样本数据进行双重差分回归，结果列于表 11-7。

结果表明，尽管高铁开通 Hsr 对企业创新 LnRD、RD_Size、RD_Income 的估计系数发生了微弱变化，但系数的符号及显著性水平均未出现偏差，与上文基准回归结果较为一致，说明本章结果是稳健可靠的。

表 11-7　PSM-DID 检验结果

VARIABLES	(1) *LnRD*	(2) *RD_Size*	(3) *RD_Income*
Hsr	0.356*** (7.92)	0.007*** (6.84)	0.009*** (6.70)
Size	0.513*** (7.34)	−0.010*** (−9.38)	0.024*** (8.59)
Income	0.393*** (6.31)	0.007*** (7.41)	−0.030*** (−11.66)
Age	0.011 (1.34)	0.000*** (3.46)	0.001*** (2.81)
Lev	−0.877*** (−4.93)	−0.008** (−2.78)	−0.020*** (−3.54)
Growth	−0.057 (−1.27)	−0.001 (−1.36)	−0.000 (−0.27)
Roa	1.272*** (2.81)	0.028*** (3.53)	0.023 (1.53)
Cf	−0.108 (−0.40)	0.003 (0.71)	0.005 (0.76)
Top1	−0.235 (−1.02)	0.004 (0.95)	0.003 (0.41)
Sub	0.078*** (4.56)	0.001*** (4.24)	0.002*** (3.54)
Boardsize	−0.172 (−1.54)	−0.001 (−0.43)	−0.002 (−0.41)
Indep	−0.378 (−0.95)	−0.004 (−0.51)	−0.001 (−0.06)
Dual	0.062 (1.32)	0.001 (1.02)	0.002 (1.31)
HHI	0.558 (1.38)	−0.003 (−0.48)	0.001 (0.06)
年份/行业固定效应	控制	控制	控制
Constant	−3.958*** (−4.53)	0.064*** (4.19)	0.094*** (3.11)
R2	0.589	0.294	0.221
N	4814	4814	4814

三、消费升级调节效应的检验

表 11-8 是对假设 2 的检验结果。由表可知，首先高铁开通 Hsr 仅在对 RD_Income 的回归中估计系数保持显著，在加入消费升级 Sale 变量以及交互项 Hsr * Sale 后，发现消费升级 Sale 对企业创新 LnRD、RD_Size、RD_Income 的回归系数值均通过显著性检验且大于 0，证明了区域消费升级对微观企业创新行为具有正向的引导与促进作用。进一步，交互项 Hsr * Sale 是需要关注的重点，主要反映消费升级在高铁开通影响企业创新过程中的调节效应。结果显示，交互项 Hsr * Sale 的估计值显著为正，即交互项对 Hsr * Sale 对 LnRD、RD_Size、RD_Income 均有不同程度影响，说明在考虑消费升级趋势后，高铁开通对产业创新的影响从不显著转为显著，消费升级明显加强了高铁开通对战略性新兴产业创新的激励作用，其调节效应得到验证，因此有力地支持了假设 2。

表 11-8　消费升级调节效应

VARIABLES	(1) *LnRD*	(2) *RD_Size*	(3) *RD_Income*
Hsr	0.064 (0.82)	0.002 (0.95)	0.005 * (1.73)
Sale	0.839 ** (2.17)	0.019 *** (2.69)	0.026 ** (1.78)
Hsr * Sale	0.853 ** (2.29)	0.019 *** (2.60)	0.023 * (1.82)
Size	0.287 *** (3.54)	-0.010 *** (-10.68)	0.022 *** (9.14)
Income	0.353 *** (5.23)	0.007 *** (7.72)	-0.030 *** (-12.81)
Age	0.108 *** (7.79)	0.000 *** (3.83)	0.001 *** (3.27)
Lev	-0.395 * (-1.95)	-0.007 ** (-2.37)	-0.016 *** (-3.03)

续表

VARIABLES	(1) *LnRD*	(2) *RD_Size*	(3) *RD_Income*
Growth	−0.018 (−0.41)	−0.001 (−1.53)	−0.001 (−0.64)
Roa	1.471 *** (3.42)	0.300 *** (4.18)	0.026 ** (1.96)
Cf	−0.188 (−0.70)	0.005 (1.09)	0.009 (1.30)
Top1	0.074 (0.19)	0.002 (0.63)	−0.001 (−0.20)
Sub	0.056 *** (3.27)	0.001 *** (4.66)	0.002 *** (4.22)
Boardsize	0.300 ** (2.08)	0.001 (0.23)	0.002 (0.52)
Indep	−0.726 * (−1.85)	−0.007 (−1.06)	−0.005 (−0.34)
Dual	0.013 (0.25)	0.001 (1.43)	0.003 ** (1.91)
HHI	−0.086 (−0.28)	−0.005 (−0.75)	−0.006 (−0.46)
年份/行业固定效应	控制	控制	控制
Constant	2.032 (1.60)	0.076 *** (5.18)	0.115 *** (3.97)
R2	0.516	0.274	0.387
N	5767	5767	5767

四、异质性分析

通过上述分析，本章确定了高铁开通对战略性新兴产业创新行为的促进作用，并且消费升级对此具有调节效应。接下来，本章将结合我国具体情境讨论以下问题：高铁开通及消费升级对产业创新行为的影响是否因企业性质、城市区位等不同而存在较大差异？通过在不同情境下的异质性分析，发现影响效应的适用情境，有助于深化文章结论，同时为相关建议提供更为具体的方向指引。

1. 企业性质

大量文献表明产权性质历来是影响我国企业经济行为的重要因素之一，本章首先关注国有企业和非国有企业之间的影响差异。根据企业产权性质将研究样本分为国有企业和非国有企业分别进行回归，结果列示于表 11-9。在以 LnRD 为被解释变量的回归检验中，高铁开通 Hsr 以及交互项 Hsr * Sale 的回归系数仅在非国有企业中显著，而在国有企业中并不显著，表明高铁开通的促进作用和消费升级的调节效应在国有企业和非国有企业存在较为明显的差异。在以 RD_Size、RD_Income 为被解释变量的回归检验结果基本一致，更加反映了国有企业的影响效应显著弱于非国有企业。

究其原因，一直以来国有企业在资金融通、人才供给等方面较非国有企业具备相对的天然优势，因而对于国有企业来说，高铁开通所产生的要素流动等积极影响敏感度不及非国有企业。此外，国有企业较为复杂的管理机制带来了更为严重的委托代理问题，削弱了企业的创新意愿。出于以上两点，不难解释为何高铁开通对国有企业创新的激励程度弱于非国有企业。再者，国有企业和非国有企业的另一区别在于国有企业的目的不单限于盈利，还需要兼顾其他社会目标，这就导致国有企业无法完全追逐市场变化而调整自身经营行为，降低其对消费升级趋势的敏感性，从而弱化消费升级在国有企业中的调节效应。

表 11-9　企业性质分样本回归

VARIABLES	(1) 国企 *LnRD*	(2) 非国企 *LnRD*	(3) 国企 *RD_Size*	(4) 非国企 *RD_Size*	(5) 国企 *RD_Income*	(6) 非国企 *RD_Income*
Hsr	0.218 (1.51)	0.296*** (4.02)	0.005** (2.28)	0.028*** (3.83)	0.003 (0.70)	0.012*** (3.54)
Sale	1.448** (2.26)	1.537** (2.50)	0.018* (1.78)	0.019* (1.81)	0.019 (0.78)	0.033** (2.40)

续表

VARIABLES	(1) 国企 *LnRD*	(2) 非国企 *LnRD*	(3) 国企 *RD_Size*	(4) 非国企 *RD_Size*	(5) 国企 *RD_Income*	(6) 非国企 *RD_Income*
Hsr * Sale	0.625 (0.82)	1.387 ** (2.39)	0.001 (0.10)	0.018 * (1.72)	0.016 (0.88)	0.016 ** (2.23)
Size	0.410 *** (3.69)	0.538 *** (8.23)	−0.008 *** (−5.80)	−0.012 *** (−9.16)	0.016 *** (4.17)	0.026 *** (8.42)
Income	0.467 *** (4.71)	0.333 *** (5.43)	0.006 *** (4.57)	0.008 *** (6.27)	−0.021 *** (−6.21)	−0.035 *** (−11.89)
Age	0.033 *** (2.78)	0.001 (0.15)	0.000 (1.14)	0.001 *** (3.38)	0.000 (0.45)	0.001 *** (2.76)
Lev	−0.997 *** (−3.71)	−0.539 ** (−2.93)	−0.009 ** (−2.13)	−0.004 (−1.16)	−0.028 *** (−3.25)	−0.008 (−1.12)
Growth	−0.143 ** (−2.01)	0.018 (0.39)	−0.002 (−1.61)	−0.001 (−0.71)	−0.002 (−1.08)	0.000 (0.04)
Roa	0.667 (0.98)	1.269 *** (2.72)	0.017 (1.36)	0.032 *** (3.97)	0.010 (0.49)	0.039 ** (2.49)
Cf	−0.307 (−0.66)	0.161 (0.55)	0.007 (1.10)	0.003 (0.53)	0.012 (1.20)	0.007 (0.77)
Top1	−0.357 (−0.82)	0.064 (0.38)	0.003 (0.39)	0.003 (0.75)	0.00 (0.10)	0.002 (0.23)
Sub	0.055 *** (2.61)	0.094 *** (4.66)	0.001 * (1.66)	0.002 *** (4.26)	0.001 ** (2.25)	0.003 *** (3.81)
Boardsize	0.149 (0.65)	0.082 (0.66)	−0.003 (−0.74)	0.004 (1.32)	−0.001 (−0.12)	0.008 (1.27)
Indep	−1.807 *** (−2.90)	0.156 (0.41)	−0.021 ** (−2.13)	0.003 (0.34)	−0.032 (−1.50)	0.012 (0.66)
Dual	0.114 (1.26)	0.039 (0.87)	0.001 (0.62)	0.001 (0.91)	0.001 (0.44)	0.003 * (1.70)
HHI	1.097 * (1.82)	−0.345 (−0.73)	0.008 (0.84)	−0.016 ** (−1.79)	0.028 (1.55)	−0.034 * (−1.75)
年份/行业 固定效应	控制	控制	控制	控制	控制	控制
Constant	−5.633 *** (−4.84)	−2.538 *** (−2.78)	0.054 *** (2.83)	0.087 *** (4.04)	0.082 ** (2.13)	0.145 *** (3.48)
R2	0.663	0.682	0.277	0.265	0.241	0.325
N	1905	3862	1905	3862	1905	3862

2. 城市区位

我国地区之间发展不平衡的状况长期存在，鉴于此，本章根据地级市所在区位将样本划分为东部和中西部地区两个子样本进行回归，表 11-10 是相应的检验结果。首先，在对 LnRD、RD_Size、RD_Income 的子样本检验中，高铁开通 Hsr 的估计结果在东部城市样本中均通过了显著性检验，并且回归系数远高于中西部的城市样本，表明高铁开通对产业创新的激励效应集中体现在东部地区城市。其次，消费升级 Sale 回归系数在不同显著性水平上显著，证明本章的推论，即消费升级对技术创新具有重要的推动作用，与“需求引致创新”理论的分析结果相一致。同时，消费升级 Sale 回归系数的数值差异说明了消费对创新的正向影响与城市区位具有一定的联系，城市区位的异质性会导致影响效应的截面差异。最后，东部城市样本中交互项 Hsr * Sale 估计结果的显著性水平检验和回归系数值均明显优于中西部的城市样本，进一步表明消费升级的创新调节效应依然存在，且会因为城市区位不同存在较大的效果差异，主要表现为东部地区的显著激励与中西部地区的激励不足。

可能的原因在于，东部地区凭借经济水平以及资源禀赋等方面的优势，吸引了众多公司集聚，由表 11-10 东部和中西部分组的样本数量也可以看出这一点，东部地区公司数量本就远多于中西部地区，集聚效应相对中西部更强。其次，受惠于高铁开通具有的时空压缩效应，不仅地区间企业交流合作更为频繁，中西部的人才、资本、技术等要素向东部地区流动和集中也更加便利，由此进一步强化了东部地区企业的集聚效应，为企业创新提供了充沛的要素供给。另外，基于城市区位的异质性检验也反映出高铁开通在强化东部集聚效应的同时，也强化了东部地区对中西部地区的虹吸效应和极化效应，诸如“孔雀东南飞”等人才流失现象，不利于改善区域发展差距。

表 11-10　城市区位分样本回归

VARIABLES	（1） 东部 *LnRD*	（2） 中西部 *LnRD*	（3） 东部 *RD_Size*	（4） 中西部 *RD_Size*	（5） 东部 *RD_Income*	（6） 中西部 *RD_Income*
Hsr	0.629** （2.04）	0.104 （0.92）	0.043** （1.88）	0.022 （1.01）	0.078** （2.45）	0.038* （1.77）
Sale	1.769*** （2.92）	1.670*** （2.70）	0.026** （2.50）	0.007** （2.42）	0.033** （2.18）	0.012* （1.85）
Hsr * Sale	1.728*** （2.87）	0.865*** （3.47）	0.011** （2.08）	0.007 （0.92）	0.011*** （3.09）	0.010 （0.39）
Size	0.531*** （8.53）	0.461*** （3.90）	-0.011*** （-10.31）	-0.009*** （-5.06）	0.024*** （9.16）	0.019*** （4.31）
Income	0.379*** （5.53）	0.355*** （3.94）	0.008*** （7.59）	0.005*** （3.52）	-0.030*** （-12.21）	-0.029*** （-6.83）
Age	0.026 （2.09）	0.001** （0.18）	0.001*** （2.88）	0.00*** （2.56）	0.000*** （1.94）	0.001** （2.28）
Lev	-1.201*** （-4.36）	-0.563*** （-2.88）	-0.010** （-2.10）	-0.006 （-1.59）	-0.014** （-2.31）	-0.019* （-1.71）
Growth	-0.036 （-0.71）	-0.058 （-0.85）	-0.001 （-1.04）	-0.001 （-1.10）	-0.001 （-0.79）	-0.000 （-0.06）
Roa	1.469*** （3.59）	1.151 （1.27）	0.016 （1.28）	0.038*** （4.32）	0.036** （2.39）	0.027 （0.27）
Cf	-0.132 （-0.46）	-0.011 （-0.02）	0.005 （0.58）	0.003 （0.63）	0.011 （1.52）	-0.003 （-0.21）
Top1	-0.192 （-0.98）	-0.040 （-0.09）	0.000 （0.02）	0.003 （0.74）	0.003 （0.39）	-0.004 （-0.27）
Sub	0.071*** （4.00）	0.110*** （3.97）	0.001*** （2.95）	0.001*** （3.67）	0.002*** （3.34）	0.003*** （2.59）
Boardsize	0.102 （0.82）	0.003 （0.01）	0.004 （0.95）	0.005** （1.91）	0.010** （2.05）	-0.007 （-0.89）
Indep	-0.032 （-0.08）	-1.178* （-1.79）	-0.013 （-0.99）	-0.001 （-0.12）	0.010 （0.65）	-0.020 （-0.73）
Dual	0.047 （1.09）	0.103 （1.22）	0.002 （1.57）	0.001* （0.70）	0.002 （1.35）	0.004 （1.43）
HHI	-0.293 （-0.61）	1.852** （2.49）	-0.021*** （-1.60）	0.017 （2.20）	-0.041*** （-2.76）	0.067** （2.30）

续表

VARIABLES	(1) 东部 *LnRD*	(2) 中西部 *LnRD*	(3) 东部 *RD_Size*	(4) 中西部 *RD_Size*	(5) 东部 *RD_Income*	(6) 中西部 *RD_Income*
年份/行业固定效应	控制	控制	控制	控制	控制	控制
Constant	-2.164** (-2.17)	-3.173** (-2.27)	0.050** (2.45)	0.086*** (3.96)	0.064* (1.74)	0.175*** (3.89)
R2	0.672	0.570	0.260	0.226	0.268	0.205
N	4093	1674	4093	1674	4093	1674

第四节　结论与政策建议

一、研究结论

交通基础设施建设是经济发展的有力保障，战略性新兴产业创新是经济提质增速的关键所在。而消费升级恰恰与我国双循环背景下充分利用超大规模市场优势和挖掘消费潜力的战略布局不谋而合。因此，本章借助中国高铁开通事件构建准自然实验，将消费升级纳入高铁开通与战略性新兴产业创新的分析框架中，采用2007—2019年地级市层面的宏观数据和上市公司层面的微观数据进行交叉匹配，探究高铁开通、消费升级与战略性新兴产业创新行为的关系，丰富了高铁开通和消费升级经济效应的相关研究。本章研究发现如下结论：

第一，高铁开通能够通过加速要素流动，进而对区域内战略性新兴产业上市公司的创新能力产生显著的激励效应，并且采用一系列稳健性检验证实这一效应具有可靠的稳定性和持续性。

第二，消费升级在高铁开通影响战略性新兴产业企业创新过程中具有正向的调节效应，也就是说，消费升级能够通过市场信号机制增强高铁开通对企业创新行为的促进作用。

第三，基于企业产权性质、城市区位的异质性考察发现，上述影响效应主要体现在非国有企业和东部地区。

二、政策建议

在双循环发展新格局下，本章研究为强化企业创新主体地位提供了来自外部环境的经验证据，对于充分利用国内超大规模市场与内需潜力，进一步发挥我国基建与消费升级优势，为“创新驱动发展”战略持续赋能具有一定的政策启示：

首先，本章从产业层面肯定了高铁开通的积极经济效应，对此，政府部门应继续推进高铁建设，以高铁开通为契机打通空间壁垒，借助高铁网络联结形成更加紧密的区域经济格局，推动区域间要素交流互动，实现高铁经济的帕累托最优。

其次，针对高铁开通经济效应的区域差异，一方面，需要政府部门在制定高铁规划时，因地制宜，加大对落后地区的投资倾斜；另一方面，需要地方主动改善营商环境，健全市场机制，吸引资本、人才流入，为企业创新创造良好的市场环境，从而减轻高铁开通的虹吸效应和极化效应所带来的负面影响。

再次，市场经济中“公有产权偏好”是造成国有企业与非国有企业要素配置扭曲的重要因素，这不仅降低了市场资源的配置效率，同样限制了国有企业的创新动力，因此，还要在未来继续深化市场改革，让市场更好发挥资源的配置功能。

最后，产业创新行为的原动力来自于市场，只有通过市场消费将创新成果转化为利润，才能激励战略性新兴产业持续地开展创新活动。所以，在国内国际双循环格局下，应当发挥好国内大市场的规模优势，充分挖掘消费升级的需求潜力，结合市场需求侧的消费指向作用与优胜劣汰功能引导资源实现企业间的最优配置，提升产业创新效率。

第十二章　研究结论与政策建议

新一轮科技革命和产业变革正使当今世界经历百年未有之大变局，一个国家或地区的竞争力更多地表现为产业竞争力。2018 年以来的中美贸易摩擦，表面上是针对两国贸易逆差，但其实质上主要是针对《中国制造 2025 计划》，意图在技术领域抑制我国战略性新兴产业的发展。近年来，以美国为代表的发达国家奉行单边贸易保护主义，逆全球化趋势加剧，加上 2020 年年初爆发的新冠疫情，使国际市场需求疲软，全球经济面临大衰退、大萧条。面对愈发严峻复杂的国际环境，我国战略性新兴产业初期“以市场换技术”“两头在外”的传统发展模式遭遇瓶颈，供给端国外先进技术获取艰难，需求端外部超常购买力也面临终结，迫切要求我国战略性新兴产业发展的关注点由国外转向国内。另一方面，伴随中国经济的迅速发展，居民人均收入水平的逐步提升，国内居民消费结构不断升级，从生存型消费逐步转为发展型与享受型消费，国内消费需求成为名副其实的经济增长第一拉动力，这使得我国战略性新兴产业的发展依靠国内市场尤其是国内消费成为可能。基于此，本书就消费升级是否能够对战略性新兴产业的发展提供积极的促进作用，以及如何让消费升级更好地助推战略性新兴产业高质量发展展开了深入系统的研究，得出了许多有益的结论并据此提出了一些针对性的策略建议。

第一节　研究结论

1. 尽管我国战略性新兴产业发展态势总体向好，但“轻技术创新，重规模扩张”的发展趋势仍未能从根本上得到扭转。

战略性新兴产业发展初期，我国主要采取了“以市场换技术”的出口导向型发展战略，虽然，在短时间内极大地促进了我国战略性新兴产业的技术提升与规模扩张，但同时也带来了诸多问题：企业长期自主创新能力偏弱，对关键设备和创新技术的进口依赖使其在激烈的国际竞争中受制于人，缺乏生存与发展的主动权。本书第二章选择 DEA-Malmquist 指数法测算了我国战略性新兴产业 TFP 变化率，并进一步分解为技术进步、纯技术效率和规模效率三部分。结果显示，2013—2019 年中国战略性新兴产业平均 TFP 变化率的增长率为 4.8%，其中，技术进步率贡献 7.4%，纯技术效率贡献-4.9%，规模效率贡献 2.7%，TFP 的累计变化率呈现出逐年上升的趋势，这说明我国战略性新兴产业发展态势总体向好。依分解指标结果显示，技术效率和纯技术效率为年均负增长，技术进步率和规模效率为年均正增长，战略性新兴产业整体 TFP 变化率的增长主要依赖技术进步率。技术效率的平均变化值则为负，且分解后正向提升的规模效率降低了技术效率的负变化幅度。这说明，我国战略性新兴产业在产品研发、工艺改进和科技含量高的生产设备中的技术水平、资源配置的利用效率以及企业管理水平均有待提升，存在“轻技术创新、重规模扩张”的粗放化发展趋势。细分产业来看，九大战略性新兴产业中生物产业和数字创意产业 TFP 变化率及其分解均高于 1，发展态势最好；新能源产业和节能环保产业规模效率均低于 1，企业规模效益水平并未较好体现；其余五大产业则在体现技术创新水平与要素利用程度的分解指标技术效率 EFFCH、纯技术效率 PECH 上存在下降趋势，整体上呈现出“轻技术创新、重规模扩张”的粗放化发展趋势。

2. 我国居民消费水平不断提升，消费结构向居住、交通通信、教育文化娱乐和医疗保健等服务型和享受型消费倾斜，消费升级态势明显。

消费结构升级常使用食品支出占个人消费支出总额比重的恩格尔系数，或基于此提出的一系列新型恩格尔系数度量。考虑到本书研究对象为战略性新兴产业，与其对应的消费需求无法由传统恩格尔系数体现，直接将居民八大类支出中的后几类归为高层次消费的界定也不够严谨，因此，本书第二章采用扩展线性支出模型（ELES）求解居民八大类支出所对应的需求收入弹性，进而确定基础消费支出项目和高层次消费支出项目，在此基础上用高层次消费支出占比度量消费升级。结果显示，2013—2019 年我国居民八大类支出中居住、交通通信、教育文娱和医疗保健的需求收入弹性大于 1，为高层次消费支出项目，这说明新时代我国人民群众日益增长的物质文化需要已发展显现为日益增长的美好生活需要，健身医疗、数字娱乐、知识教育、信息通讯等服务性消费拥有巨大的发展空间。其中，医疗保健支出项目的平均需求收入弹性最大，为 1.4432。可见，近年来随着我国医疗卫生水平的提升，居民健康意识不断增强，更加注重养生保健等医疗健康类消费支出。全国高层次商品支出占比则不断上升，2013 年为 52.46%，2019 年上升至 57.20%。这充分说明我国居民整体消费水平在不断提升，在消费结构方面表现出较大的消费升级态势，消费市场潜力巨大。从城乡来看，城镇和农村的高层次消费支出占比均呈现出不断上升趋势，2013 年城镇为 52.70%，农村为 51.80%，2019 年城镇上升至 57.24%，农村上升至 57.10%，增长幅度分别为 8.61%和 10.23%，这说明城镇消费升级整体上略优于农村消费升级，但随着农村居民收入水平的提高，农村消费具有较好的发展潜力，消费升级的重心向农村地区下沉的趋势也更为明显。

3. 不论从微观层面还是宏观层面考察，总体上国内居民消费升级都能助推我国战略性新兴产业高质量发展。

从微观层面看，消费升级对战略性新兴产业上市公司全要素生产率变化率的提升有显著的促进作用。通过对技术效率进一步分解可知，消费升级对规模效率有显著正影响，但对纯技术效率的影响为负，原因可能是战略性新兴产业上市公司出于消费升级的考量过度注重规模扩张，盲目投资和重复建设导致要素资源的利用和配置效率不足，一定程度上削弱了消费升级对战略性新兴产业高端化发展的促进作用。通过对新一代信息技术产业、高端装备制造业、新材料产业以及生物产业进行比较发现，消费升级对四个细分行业的 *TFP* 变化率均有积极影响，但行业间存在差别。其中，对高端装备制造产业的驱动效应显著性最强，新材料产业和生物产业次之。从地区角度研究发现，东部、中部和西部地区消费升级均能显著地促进战略性新兴产业 *TFP* 提高，其中，东部地区显著性更强，而东北地区结果则不显著。此外，消费升级对战略性新兴产业全要素生产率提升的作用机制可通过企业技术创新投入的提升实现部分中介效应，消费需求市场表现出的结构升级特征能有效地引导战略性新兴产业上市公司加大创新研发的投入资金，在实现生产部门扩张的同时提升创新能力，助力企业全要素生产率的提升。

从宏观层面看，居民消费结构升级对于引领我国战略性新兴产业全球价值链攀升具有显著的促进作用。消费升级带来的规模经济效益吸引了更多的上游生产环节转移到国内，从而改变了价值链分工的区位布局；同时，消费需求的变化促使供给层面提高生产效率、降低生产成本、研究开发新商品，以形成差异化的竞争优势，进而实现向全球价值链高端攀升的目标。细分产业看，消费升级对各类战略性新兴产业的全球价值链攀升均具有积极的驱动作用，但在不同产业间存在一定程度的差异。其中，居民消费升级对生物产业和新能源产业向 GVC 高端攀升的驱动效应最大，而对新一代信息技术产业 GVC 攀升的驱动作用并不显著，这主要是因为，生物医药产业和新能源产业的市场需求和消费规模快速增长，从中央到地方政府均大力推进生物和新能源产业向高端化方向发展，而新一代信息技术产业虽然起步较早，但仍主要局限于传统的国际代工和加工制造环节，面临着关键核心技术缺乏、低端产能过剩等问题，难以加快向 GVC 高端攀升的步伐。此外，在消费升级引领战略性新兴产业全球价值链攀升的过程中，技术创新发挥着重要的中介效应。消费需求动态升级促使企业不断提高技术创新能力、改进生产环节和商品品质，以适应新的消费需求，从而有效地促进了生产分工的深化和出口复杂度的提高，推动了我国战略性新兴产业全球价值链的升级。

4. 基于消费升级发展新趋势的分项考察，绿色消费、服务消费、数字消费均能助推我国战略性新兴产业高质量发展。

绿色消费作为一种新型的消费方式，改变了消费者传统的消费模式，使居民转向资源节约型、环境友好型消费。国内目前缺乏系统的绿色消费指标体系，本书第四章基于 5R（Reduce、Reevaluate、Reuse、Recycle、Rescue）原则，分别从绿色生活、绿色出行、绿色环境、绿色服务四个维度设计构建了衡量绿色消费的指标体系，结果表明，我国各省市绿色消费水平整体上呈现出上升趋势，东部地区省市绿色消费水平普遍较高，中西部地区绿色消费水平则处于相对落后状态。运用系统 GMM 估计模型实证检验发现，绿色消费能够显著地促进我国战略性新兴产业企业全要素生产率的提高。中介效应回归结果显示，绿色消费会通过扩大本土市场规模、倒逼企业技术创新与引导企业要素配置，提升战略性新兴产业企业的全要素生产率。分样本回归结果表明，绿色消费对战略性新兴产业企业全要素生产率均具有正向的促进作用，但促进效果存在异质性。从企业产权性质看，绿色消费对国有企业全要素生产率的促进效果更胜一筹；从区域层面看，绿色消费对中部地区战略性新兴产业发展的带动效果最好，其次是东部地区，最后是西部地区；从产业层面看，绿色消费对新材料产业和新能源产业企业全要素生产率的促进效果最为显著，对生物产业、新能源汽车产业和节能环保产业的促进效果则并不显著。

服务性消费比重不断提升是消费结构转型升级的重要表现。2013—2021 年全国人均服务性消费支出规模由 5245.9 元增长到 10645 元，占比由 39.7% 提升至 44.17%，年均提升约 1%。服务性消费相对于物质型消费更加具有享受性、绿色性和多元性，其水平上升一方面带动了消费规模的扩大，另一方面则促进了需求结构和消费模式的升级，从而增强了消费对经济增长的拉动作用。本书第五章研究发现，服务性消费对战略性新兴产业全要素生产率具有显著的促进作用，服务性消费已经成为助推我国战略性新兴产业高质量发展的重要内生动力。传导机制表明，服务性消费不仅能够直接推动战略性新兴产业高质量发展，还可以通过本土市场规模和技术创新效应促进企业全要素生产率的提高。服务性消费赋能战略性新兴产业高质量发展表现出显著的异质性特征：从服务性消费的层次来看，高端服务性消费对企业全要素生产率赋能效果更强；从城乡来看，城镇居民服务性消费对企业全要素生产率的促进作用更大；从企业所有权性质来看，服务性消费对非国有企业全要素生产率赋能效果更显著。

数字消费蕴含着巨大而持久的动能，是我国以内需市场驱动战略性新兴产业高质量发展过程中不可忽视的关键锁钥。本书第六章以新一代信息技术产业为例，系统分析了数字消费对我国新一代信息技术产业高质量发展的作用效果和作用机制。研究发现：近年来，我国数字消费水平基本呈现出逐年稳健增长的态势；数字消费通过本土市场—规模效应和技术创新—网络效应显著地促进了中国新一代信息技术企业全要素生产率的提升；数字消费对新一代信息技术产业的影响存在明显的区域异质性、股权性质异质性以及数字分类指标异质性。具体表现为，数字消费在东部地区对新一代信息技术产业全要素生产率的促进作用显著，而中西部地区则不明显；非国有企业相比于国有企业更能吸收到数字消费发展的红利；消费方式数字化与消费内容数字化都对新一代信息技术产业高质量发展产生了显著的积极作用，但消费内容数字化的促进作用更强。

5. 推进共同富裕，形成合理的收入分配结构，不仅事关社会公平与稳定，而且有助于畅通国内大循环，加速消费升级，助推我国战略性新兴产业高质量发展。

共同富裕是中国特色社会主义的本质要求，推进收入分配公平是促进共同富裕的题中之义。党的二十大报告把提高人民收入水平放在推进共同富裕的重要地位，并将“实现城乡区域发展差距和居民生活水平差距显著缩小”确立为2035年的远景目标之一。西方经济学经典理论认为，收入是影响居民消费的决定性因素，促进消费升级可以通过提高收入水平和改善收入差距两个途径来实现。本书第七章从居民收入水平和收入差距两个维度考察了收入分配对战略性新兴产业发展的影响以及消费升级在其中的作用机制。研究结果表明：收入水平提高对战略性新兴产业企业全要素生产率产生显著的正向影响；收入差距与战略性新兴产业企业全要素生产率之间呈显著的倒U型关系，即一旦收入差距超过阈值，其对企业全要素生产率的影响由正变负。经计算发现，目前我国收入差距的均值仍大于阈值，对企业全要素生产率的影响处于抑制阶段。中介机制检验表明，收入增长通过规模效应和结构变迁效应加速居民消费升级，消费升级进一步通过本土市场效应和恩格尔效应带动战略性新兴产业发展；收入差距扩大通过攀比效应、激励效应、增加预防性储蓄以及边际消费倾向递减效应对消费升级产生双重效应，进而通过鲍莫尔效应对战略性新兴产业发展产生倒U型影响。发展阶段异质性分析表明，在经济高速增长阶段，依靠提升居民收入水平推动产业发展；经济进入新常态，缩小收入差距则是推动产业发展的重要力量。城乡异质性表明，与城市居民收入水平相比，提升农村居民收入水平对企业全要素生产率的促进效果更大，缩小城乡间收入差距也有利于提升企业全要素生产率。区域异质性表明提升欠发达地区与发达地区收入水平均会带动产业发展，但前者的效果更好；欠发达地区收入差距与企业全要素生产率呈负显著的负相关关系，发达地区收入差距与企业全要素生产率则呈正相关关系。

6. 新型城镇化不仅能为战略性新兴产业高质量发展提供有效供给，而且可以促使消费规模扩张和消费结构升级，进而从需求端助推我国战略性新兴产业高质量发展。

新型城镇化作为“十四五”规划的重要发展战略，在推动形成国内大循环中具有重要的支撑作用。目前，我国正处于新型城镇化的快速发展时期，这个过程既可以促进人才、资本和产业的区际互动，为战略性新兴产业高质量发展提供有效供给，也可以提高居民的生活质量，促进居民消费需求增长和消费结构不断升级，为战略性新兴产业高质量发展创造规模更大、层次更高的市场需求。在新型城镇化战略的推进下，充分利用国内消费市场的“规模效应”和“质量效应”，激发企业实现规模经济和技术创新，对助推我国战略性新兴产业高质量发展具有重要的理论和现实意义。本书第八章结合新型城镇化的特点，从人口发展、经济基础、社会功能、环境质量四个维度构建了新型城镇化综合水平指标体系，实证回归发现，新型城镇化对战略性新兴产业高质量发展具有显著的促进作用，新型城镇化的不断推进，促使土地、人力、资本要素流通，加剧形成了要素集聚效应，促使新兴产业高质量发展。同时，消费升级在新型城镇化对战略性新兴产发展的影响中存在中介效应，具体表现为，新型城镇化带来的收入效应和环境效应，使得消费规模扩张和消费结构升级，进而促使企业形成规模效应和竞争优势，助推战略性新兴产业高质量发展。此外，区域异质性检验表明，新型城镇化能促进东部地区战略性新兴产业高质量发展，而中西部地区表现为阻碍，消费升级的中介效应仅在东部地区显著；所有制异质性检验表明，相较于非国有企业，新型城镇化对国有企业战略性新兴产业高质量发展的正向促进作用更大，消费升级在国有企业和非国有企业中均为部分中介效应。

7. 消费升级助推战略性新兴产业高质量发展既离不开市场的基础资源配置作用，也离不开政府的产业政策支持。

2022 年 4 月，国务院发布了《关于加快建设全国统一大市场的意见》，明确指出要加快建立全国统一的市场制度规则，打通制约经济循环的关键堵点，以高质量供给创造和引领需求，促进商品要素资源在更多范围内畅通流动。本书第九章研究发现，市场一体化对于战略性新兴产业高质量发展具有显著的促进作用，消费升级在二者的影响机制中也发挥着重要的中介效应。这说明，国内统一大市场的形成，不仅能够促进创新要素的有序流动和合理配置，完善自主创新成果的市场化应用，直接推动战略性新兴产业发展；而且能够为消费升级提供良好的制度环境，破除阻碍消费需求的体制机制障碍，构建消费需求的长效机制，通过消费需求升级倒逼企业进行科技创新，提高生产效率和优化供给结构，助推战略性新兴产业高质量发展。进一步研究发现，区域异质性表明消费升级仅在东部地区发挥中介作用，中西部地区的市场一体化并未对消费升级产生显著影响；市场类型异质性表明在经济高质量发展阶段，主要依靠要素市场一体化来推动产业发展，因此，在构建国内统一大市场的进程中，破除商品市场的贸易壁垒是加速战略性新兴产业发展的关键举措。

政府支持是尚处“商业化示范阶段”的战略性新兴产业发展的重要手段。政府通过制定相关措施弥补市场不足，激励企业研发创新。除去提供良好的制度环境以外，政府支持政策主要包括两项激励：政府补贴和税收优惠。政府补贴政策主要通过划拨贷款等事前激励方式对研发创新行为进行直接投资，以降低研发风险、减少研发成本；税收优惠政策主要通过税费减免返还等事后激励方式对研发创新行为进行间接投资，以缩减企业税收成本，将研发创新收益内部化。本书第十章以新能源汽车产业发展为例，将“需求端”的消费升级与“供给端”的政府支持同时纳入分析框架，研究发现，我国消费升级与政府支持对新能源汽车企业研发效率均具有显著的促进作用；比较两种政府支持激励方式发现，研发投入加计扣除对企业研发效率的促进效应相对较大，政府补贴的促进效应相对较小。究其原因，政府补贴政策通过事前激励直接投资于企业创新，有概率产生“骗补”“寻租”行为，部分补贴资金的使用偏离政府支持引导方向，而研发投入加计扣除的税收优惠政策通过事后激励对企业创新产出进行选择性约束，显著提升了企业研发创新的意愿，对企业研发效率的影响也更加强烈。滞后检验发现，消费升级滞后一期对新能源汽车企业研发效率的影响效应显著为正，表明消费升级对企业研发效率除具有当期影响外还存在滞后影响，居民消费需求的变化升级能持续地促进新能源汽车企业研发效率的提升；而政府补贴和研发投入加计扣除的滞后一期对企业研发效率的影响均不显著，政府支持对新能源汽车企业研发效率的影响更多地表现为即期影响。从交互效应来看，消费升级与政府补贴在现实生活中并不存在显著的交互作用，而消费升级与研发投入加计扣除的交互作用显著为负，两者之间存在一定的替代关系。

8. 交通基础设施建设是消费升级助推战略性新兴产业创新高质量发展的重要保障。

作为"国家名片"高铁的建设，优化了沿线区域人才、信息、知识、资本等要素的流通环境，通过促进要素流通提高资源配置效率，降低地理空间对创新外部环境的约束，提高战略性新兴产业的创新水平。同时，"需求引致创新"理论认为需求扩张能够激发企业创新动力，消费升级通过市场信号机制引导优化产业资源配置实现创新效率提升。本书第十一章以长江经济带地级市战略性新兴产业发展为例，将"供给端"的高铁建设与"需求端"的消费升级同时纳入分析框架，研究发现，我国高铁建设与消费升级对战略性新兴产业企业研发效率均具有显著的促进作用；从交互效应来看，消费升级在高铁开通影响战略性新兴产业企业创新过程中具有正向调节效应，也就是说，消费升级能够通过市场信号机制增强高铁开通对企业创新行为的促进作用。异质性分析发现，高铁开通的促进作用和消费升级的调节效应在国有企业和非国有企业中存在较为明显的差异，在非国有企业中显著，而在国有企业中并不显著。究其原因，一直以来国有企业在资金融通、人才供给等方面较非国有企业具备相对的天然优势，因而对于国有企业来说，高铁开通所产生的要素流动等积极影响敏感度不及非国有企业；此外，国有企业较为复杂的管理机制带来更严重的委托代理问题，削弱了企业的创新意愿。从城市区位来看，高铁开通的促进作用和消费升级的调节效应在东部地区更为显著。可能的原因在于，东部地区凭借经济水平以及资源禀赋等方面的优势，集聚效应相对中西部更强；受惠于高铁开通具有的时空压缩效应，不仅地区间企业交流合作更为频繁，中西部人才、资本、技术等要素向东部地区流动和集中也更加便利，强化了东部地区对中西部地区的虹吸效应和极化效应，由此进一步促进了东部地区企业的集聚效应，为企业创新提供了充沛的要素供给。

第二节　政策建议

依据本书各章节的理论分析和实证检验结论，借鉴国内外战略性新兴产业发展的成功经验，结合我国当前经济社会发展面临的国内外形势，从宏观政府、中观地区行业、微观企业三个层面，就如何能充分发挥消费升级驱动我国战略性新兴产业进一步高质量发展提出如下政策建议：

1. 重视战略性新兴产业发展的质量提升，提高技术创新水平。

新一轮科技革命和产业变革正使当今世界经历百年未有之大变局，一个国家或地区的竞争力更多地表现为产业竞争力。我国自 2010 年确定战略性新兴产业重点发展方向以来，各种利好政策使战略性新兴产业取得了跨越式的实质性发展，新兴产业与新兴技术相互融合，新兴产业与传统产业相互渗透，极大地支撑和引领着我国经济的快速增长。但是正如上文所述，长期以来"两头在外"的发展模式使我国战略性新兴产业面临着诸多问题：企业自主创新能力偏弱，对关键设备和创新技术的进口依赖使其在激烈的国际竞争中受制于人，缺乏生存与发展的主动权。习近平总书记反复强调，高端科技就是现代的国之利器。近代以来，西方国家之所以能称雄世界，一个重要原因就是掌握了高端科技。真正的核心技术是买不来的，正所谓"国之利器，不可以示人"。只有拥有强大的科技创新能力，才能提高我国的国际竞争力。因此，在新一轮科技产业变革下，政府应当积极引导市场主体将质量性提升置于战略性新兴产业发展的首要位置，防范企业在高端产业低端环节盲目竞争和投资，提高企业的研发技术水平，优化企业资源配置效率，加快创新要素的流通速度，加强前瞻基础研究和应用基础研究，带动产业基础性技术创新与引领性技术创新，积极抢占科技竞争和未来发展的制高点，突破关键核心技术，在重要科技领域成为领跑者，在新兴前沿交叉领域成为开拓者，进而避免"轻技术创新、重规模扩张"的粗放化发展趋势，为经济社会发展、保障和改善民生、保障国防安全提供有力的科技支撑。

2. 发挥消费升级对战略性新兴产业高质量发展的促进作用，挖掘国内消费市场潜力。

近年来，随着中国经济的迅速发展，我国居民人均收入水平逐步提升，国内超大规模的消费市场已经形成，居民消费结构不断升级，从生存型消费逐步转化为发展型与享受型消费，国内消费对经济增长的贡献率也愈来愈高，成为名副其实的经济增长第一拉动力。党的十九大报告强调，中国未来在中高端消费中要培育好新的增长点，推进居民消费升级。2020 年 7 月，我国更是提出要"加快形成以国内大循环为主体、国内国际双循环相互促进的新发展格局"，并在"十四五"规划建议中继续强调，要坚持扩大内需的战略基点，畅通国内大循环，拓展投资空间，全面促进消费，形成强大的国内市场。本书各章节的研究表明，不论从微观层面考察还是从宏观层面考察，不论是从总体上检验还是从分项检验，国内居民消费升级都能助推我国战略性新兴产业的高质量发展。居民消费升级不仅微观层面有助于战略性新兴产业企业全要素生产率变化率的提升，而且宏观层面对引领中国战略性新兴产业全球价值链攀升也具有显著的促进作用。此外，在消费升级引领战略性新兴产业高质量发展的过程中，技术创新发挥着重要的中介效应。消费需求动态升级促使战略性新兴产业企业加大创新研发的投入资金，不断提高技术创新能力、改进生产环节和商品品质，以适应新的消费需求，从而有效地促进了企业全要素生产率的提升。因此，新时代我国在发展战略性新兴产业时既要重视技术创新从供给端提升产业质量推动产业发展，也要强调消费升级从需求端助推战略性新兴产业发展。在构建"双循环"新发展格局的推进之下，灵活运用多种消费政策，优化国内居民消费的结构和层级，促使居民消费从生存型消费转向发展享受型消费，由实物消费转向服务消费，由基础功能性消费转向质量品牌性消费，由高能耗高物耗消费转向绿色环保消费，由线下消费转向线上线下相结合消费，从而拉动战略性新兴产业高质量发展。

3. 改善收入分配格局，促进消费升级，助推我国战略性新兴产业高质量发展。

收入分配问题是当前中国经济面临的一个重要挑战，在共同富裕背景下，我国收入分配格局的改善不仅体现在居民收入水平的可持续增加，更重要的是逐步缩小收入差距，使其保持在合理的范围内。党的二十大报告提出，规范收入分配秩序，规范财富积累机制，保护合法收入，调节过高收入，取缔非法收入。优化收入分配结构是畅通国内大循环、促进消费升级进而助推战略性新兴产业高质量发展的必要前提。居民收入的持续增长一方面扩大了社会的有效消费需求，产生规模效应，吸引大量企业集聚，加剧市场竞争；另一方面，激发了消费结构升级，产生结构的变迁效应，企业会以居民消费偏好为导向进行生产，那些与消费者需求相匹配的新兴产业会获得更大的市场份额，在国民经济中占据主导地位。但收入差距扩大对消费结构具有二重效应。相对收入假说认为，当收入差距扩大时，攀比效应诱致低收入群体增加地位商品等炫耀性消费，享受型消费支出增加。同时，绝对收入假说认为，不同收入阶层的边际消费倾向具有异质性，当收入差距过大时，分配结构呈金字塔型分布，高收入阶层由于边际消费倾向较低导致购买愿望不足，低收入阶层由于收入不足导致潜在消费需求难以转化为现实需求，停留在低端消费，从而造成消费结构断层，进一步导致高端产品与服务市场难以形成较大的规模，产业结构升级乏力。此时，缩小收入差距可以有效弱化社会主要矛盾，降低消费不平等，并通过消费升级优化要素配置，赋能新兴产业高端化发展，产生鲍莫尔效应。因此，当前迫切需要改善收入分配格局，促进共同富裕，带动消费升级。具体地说：一是持续提高居民收入水平，尤其是提升低收入群体的收入水平，充分释放他们的消费潜力。在具体制度安排上，坚持按劳分配原则，提高劳动报酬和居民收入在初次分配中的比重；调整最低工资水平，完善工资制度，健全工资合理增长机制，激发员工的创新性和工作积极性。二是缩小收入差距，控制收入差距在合理的范围内，形成橄榄型的收入分配格局。在推动共同富裕的背景下，就需要规范财富的积累机制，增强财富分配的公平性，缩小财富分配差距。在收入分配制度上，深化再分配制度改革，完善社会保障制度，提高居民消费意愿；健全税制体系，完善个人所得税制度，加强对高收入者的税收调节。发挥以慈善事业为核心的第三次分配作用，积极调动高收入群体参加慈善事业的积极性，加强监督管理，为慈善事业的健康发展提供良好的社会环境。相对于高收入人群，中低收入群体财富增长缓慢，而且风险波动性较大。所以，要大力发展针对中低收入群体的普惠性财富管理。同时，在毫不动摇地坚持保护合法私有财产的前提下，也要适当约束规范高收入群体过快的财富增长速度，促进社会更加长期可持续发展。

4. 加快推进新型城镇化战略，带动消费总量的扩张与消费结构的升级，助推我国战略性新兴产业高质量发展。

国家发改委在《2020 年新型城镇化建设和城乡融合发展重点任务》中强调，要“加快实施以促进人的城镇化为核心、提高质量为导向的新型城镇化战略”。具体而言，新型城镇化要不断实现由依赖城镇规模扩张向注重城镇发展质量提升转变、由依赖要素投入向注重全要素生产率提升转变，切实提升居民的生活水平和居住环境质量。由“人口城镇化”向“以人为本的新型城镇化”的转变中，要更加注重居民的生活质量、消费需求增长和消费结构不断升级，进而促进战略性新兴产业全要素生产率的提升。一方面，在新型城镇化进程中，人口、资本等要素向城市集中，就业机会增加，居民收入提高和收入分配合理化将引致消费率提升和消费总量增加。进一步，消费规模提升又会扩大产品市场需求，形成规模经济效应，节约生产成本，促使产业资源配置优化和经济效益增加，提升产业的生产效率。同时，消费规模增加也将吸引更多企业进入市场，导致市场竞争加剧，企业为获得竞争优势，将通过多途径提升生产率水平，进而提高战略性新兴产业的全要素生产率。另一方面，伴随基础设施的完善、生态环境的改善，新型城镇化带来的环境效应改善了居民的消费环境，拓宽了消费渠道，丰富了消费产品与服务，进而引导消费结构升级。而居民消费结构升级将倒逼产品和服务升级，激发企业技术创新，不断推出新产品、新服务以适应更高层次的消费需求，形成差异化的竞争优势。此外，企业为了追求利润最大化，获取更大的市场份额，将会进一步开展技术创新，提高企业生产效率，从而抢占市场地位，推动新兴企业向更高端发展。因此，政府应加快推进新型城镇化战略，更加注重基础设施建设，形成良好的消费环境，激发市场消费。在新型城镇化战略的推进下，充分利用国内消费市场的"规模效应"和"质量效应"，激发企业实现规模经济和技术创新，助推我国战略性新兴产业高质量发展。

5. 加快建设全国统一大市场，构建消费需求升级的长效机制，助推战略性新兴产业高质量发展。

消费升级的实现需要良好的市场环境和系统的体制机制作为基础，市场一体化是畅通经济良性循环体系、营造规范安全消费市场的必然选择。目前，中国仍存在着比较严重的区域市场分割，市场竞争和交易秩序不规范，流通体系和基础设施不完善等问题，这导致我国超级市场规模的优越性难以充分展现。随着经济规模的快速壮大、经济发展水平的不断提高，缺乏国内统一大市场的弊端愈发凸显。构建新发展格局离不开国内统一大市场的形成，唯有加快建立全国统一的市场制度规则，打造全国统一大市场，国内市场主导国民经济循环的特征才会愈益明显，经济增长的内需潜力才会充分释放。因此，各级政府应及时清理和废除妨碍统一市场和公平竞争的各种规定和做法，引导资源要素的合理配置，鼓励企业之间的良性竞争，打破地方性的行政垄断，进一步鼓励区域之间结合自身的资源优势，服务于国家的战略目标和所聚焦的新兴产业的未来位势要求，在国内高端化消费需求的激励下，建设有利于实现消费升级的现代产业链和产业组织。对于各个细分市场类型的分割现象,有针对性采取一系列措施来提高我国总体的市场一体化水平:在商品市场,通过构建区域间物流网络布局破除妨碍生产要素流通的地理障碍,完善交通基础设施以便于商品和生产要素的流通;创新传统物流流通方式,构建数字化绿色流通体系,提升现代化流通体系的高端智能化水平。在资金市场,政府要确保居民社保基金投资领域的安全稳健,加强对社会保障资金的储备和监管;在管理社会保障资金的过程中,严格监控相关资金的来源与使用渠道,按期排查资金流动各个时期潜在的安全隐患,预防资金空转情况以及违法挪用社会保障资金腐败现象的滋生。在劳动力市场,完善人力资源信息共享平台,为区域之间人力资源共享创造沟通途径,缓解就业市场存在的信息不对称问题,促进劳动力市场供需匹配效率的提高。

6. 完善政府政策支持,促进居民消费升级,助推战略性新兴产业高质量发展。

世界各国经济发展的实践经验表明,战略性新兴产业的发展离不开政府的政策支持。除去提供良好的制度环境以外,政府支持政策主要包括政府补贴和税收优惠两项激励,不仅两者对企业研发的直接作用机理不同,而且政府支持与消费升级的交互效应也不确定。一方面,消费升级的市场信号与政府政策信号可以相互结合相互补充。比如,当新能源汽车的市场接受程度相比传统汽车仍然较低,产品质量未经时间考验,基础设施缺少完备保证时,政府支持就能为潜在消费者传递发展信号以提升新能源汽车产品可信度并适当降低成本,刺激相关消费的产生与扩大,进而在市场竞争机制下倒逼企业提升研发效率。但另一方面,政府支持一定程度上也会挤出消费需求对企业研发效率提升的影响。政府补贴带来的“道德风险”和“逆向选择”使其脱离战略性新兴产业市场呈现的消费信号,并且消费升级通过产出回报对研发创新产生激励,而政府补贴则通过生产投入产生激励,两者的交互作用可能并不一致;税收优惠激励研发创新的作用点与消费升级存在重合,均与战略性新兴产业企业经营绩效密切相关,两者可能具有一定的替代关系。根据前文的研究结论,充分发挥政府支持对战略性新兴产业企业研发效率提升的积极作用,现阶段首先要重视研发投入加计扣除等税收优惠政策对企业研发创新的强大驱动力,拓宽税收优惠在战略性新兴产业企业中的覆盖范围,同时,通过建立合适的补贴监管机制改善政府补贴结构,提高政府补贴资金的使用效率,强化政府补贴对战略性新兴产业企业研发创新的正向激励。但从长远角度来看,政府在战略性新兴产业发展过程中应逐步退出,这与现有的补贴退坡政策一致。其次,考虑消费升级与政府支持对战略性新兴产业企业研发效率的交互效应,我国在发展战略性新兴产业时有必要保证居民消费升级与政府支持导向间的信号传递,实现市场与政策协同推进。一方面,避免因政府补贴过宽过度导致市场调节失灵,另一方面,也要协调好研发投入加计扣除与消费升级之间的替代关系,特别是当消费升级的驱动效应充分被挖掘,为追求战略性新兴产业提升研发效率的长期发展目标,政府应适时减少研发投入加计扣除力度,从而给消费需求激励企业创新提供更自由的经济环境。

7. 注重产业、区域的异质性,提高政府政策的针对性,更好地发挥消费升级对战略性新兴产业高质量发展的作用。

2018 年国家统计局发布《战略性新兴产业分类(2018)》,规定战略性新兴产业九大领域,包括新一代信息技术产业、高端装备制造产业、新材料产业、生物产业、新能源汽车产业、新能源产业、节能环保产业、数字创意产业以及相关服务业。一方面,不同产业隶属不同的生命周期,发展基础也不尽相同。技术优势和资本优势使成熟期产业相较于成长期、初创期产业更易于进行生产革新以迎合消费市场的结构升级,但既有优势也可能带来自主创新的惰性,从而影响该产业的进一步发展。另一方面,不同产业处于不同的外部环境,产业内市场竞争程度、市场供求关系、产业政策以及产业壁垒等各有差别。比如,在居民消费升级态势下,竞争程度较高的产业为占据高额市场份额相比竞争程度较低的产业更易于通过改进式创新并选择价格战略参与竞争,而非选择投入资金在技术水平上实现突破以谋求进一步发展。可见,消费升级对不同产业的影响存在差异。同时,我国辽阔的疆域使得消费升级对战略性新兴产业的影响存在区域异质性。东部、中部、西部以及东北四大地区在经济发展水平和社会资源禀赋等方面的差异使战略性新兴产业的发展呈现出区域不均衡分布的特征。通常来说,区域内相对优越的资源禀赋有利于为战略性新兴产业的生产革新提供物质基础,相对健全的市场体系能使生产活动与不断升级变化的消费需求之间的信息传递更加高效,相对完善的基础设施则有效支撑起战略性新兴产业企业的经营发展,进而能较好地发挥消费升级对产业发展的倒逼作用。此外,由于我国城乡发展不平衡,城镇与农村的消费升级态势存在明显差距,且农村消费日益旺盛的同时仍然面临着许多短板,如基础设施薄弱、流通体系不健全、消费环境缺失等均会限制消费升级对战略性新兴产业的促进作用。因此,要协调好战略性新兴产业行业差异和国内区域发展差异。一是结合不同行业的发展情况和消费市场偏好制定差异化政策,如通过优化金融服务机制、扩大智能消费需求等措施支撑我国传统制造业向高端装备制造业转型升级;二是结合不同区域的实际情况和市场特征进行产业发展,如相对于中西部地区和较发达的东部地区而言,消费升级对战略性新兴产业高端化发展的积极影响在东北地区并不显著,东北地区可通过政府干预为本地区的战略性新兴产业提供政策和资金支持,积极搭建区域内以及跨区域合作的交流平台,加强人才引进政策吸引技术型和高层次人才,激发区域内的生产和消费活力,从而助力战略性新兴产业发展。再比如,由于城乡发展存在不平衡的矛盾点,在推动战略性新兴产业高端化发展时必须重视农村消费建设,进一步提高农村居民的收入水平,完善城乡的社会保障服务体系,建立生产对接、资源对流、产业互融、消费互动、优势互补的城乡协同机制,为农村居民营造良好的生产消费环境。

8.继续推进高铁等基础设施建设,充分发挥消费升级的调节作用,助推战略性新兴产业高质量发展。

正如“要致富，先修路”所言，交通基础设施建设与战略性新兴产业高质量发展紧密相联。近年来，我国持续发力交通基础设施建设，尤其是将高铁打造成“国家名片”，有效缓解了劳动力供需不匹配、信息不对称、融资约束等要素市场扭曲问题，通过促进要素流通来提高资源的配置效率，降低地理空间对战略性新兴产业创新外部环境的约束。消费升级在高铁开通影响战略性新兴产业创新过程中发挥了正向调节作用。一方面，消费结构升级为高铁开通促进产业创新提供了更加明确的导向指引。在消费升级趋势下，需求多样性以及结构高级化借助市场这只“无形之手”形成扩散效应，不仅对战略性新兴产业创新和生产提出了更高要求，而且也为产业创新和生产提供了新的优化方向，此时的产业创新行为表现出更加明显的需求导向性。另一方面，消费规模升级通过诱致效应放大了高铁开通对产业创新的激励作用。高铁开通使得区域可达性大幅提高，城市空间尤其是大城市和中心城市的范围界限得到极大拓宽，城市消费市场不断向周边外围地区延伸，由此产生的同城效应激活了新兴消费市场，发掘出更大的消费潜力。伴随市场规模的扩大，必然形成额外利润打破企业之间的局部均衡，这部分额外利润会诱使企业扩大生产，主动通过技术创新来形成新的竞争优势，以此推动高附加值产品市场比重逐步上升，进而在双循环新发展格局下借助消费升级将国内超大规模市场优势转化为产业创新优势。此外，消费升级在高铁开通作用于产业创新过程中起到了优化资源配置的功能。消费升级将引导人才、资金、技术等资源由低端部门向战略性新兴产业等高端产业转移，促使各类要素以更高效率参与产业创新。因此，当前各级政府部门应当继续推进高铁建设，以高铁开通为契机打通空间壁垒，借助高铁网络连结形成更加紧密的区域经济格局，推动区际间要素交流互动，在国内国际双循环发展格局下，发挥好国内大市场的规模优势，充分挖掘消费升级的需求潜力，结合市场需求侧的消费指向作用与优胜劣汰功能引导资源实现企业间的最优配置，提升战略性新兴产业的创新效率。

参考文献

一、经典文献

1.《习近平谈治国理政》第四卷,外文出版社 2022 年版。

2. 中共中央宣传部、国家发展和改革委员会编:《习近平经济思想学习纲要》,人民出版社、学习出版社 2022 年版。

3.《党的二十大报告辅导读本》,人民出版社 2022 年版。

4. 卡尔·马克思:《资本论》第 3 卷,人民出版社 1975 年版。

5. 卡尔·马克思:《〈政治经济学批判〉序言、导言》,人民出版社 1971 年版。

二、专著

1. [美]迈克尔·波特:《国家竞争优势》,李明轩、邱如美译,华夏出版社 2002 年版。

2. 蒋伏心、申俊喜:《增长的空间——长江三角洲与珠江三角洲增长方式转变比较》,人民出版社 2009 年版。

3. 申俊喜:《技术创新引领产业升级的路径研究》,南京大学出版社 2014 年版。

4. 申俊喜:《中国技术寻求型 OFDI 逆向技术转移机制研究》,南京大学出版社 2018 年版。

三、期刊论文

1. 白俊红、李婧:《政府 R&D 资助与企业技术创新——基于效率视角的实证分析》,《金融研究》2011 年第 6 期。

2. 白雪洁、孟辉:《新兴产业、政策支持与激励约束缺失——以新能源汽车产业为例》,《经济学家》2018 年第 1 期。

3. 卞元超、吴利华、白俊红:《高铁开通是否促进了区域创新?》,《金融研究》2019 年第 6 期。

4. 蔡娇:《基于本土市场规模的战略性新兴产业发展研究》,山东大学博士论文 2014 年。

5. 蔡强、田丽娜:《技术创新与消费需求的耦合协调发展——基于东北老工业基地的研究》,《经济问题》2017 年第 9 期。

6. 产健、许正中:《消费结构升级、政府支持与区域科技创新能力:空间视角下的分析》,《科技进步与对策》2020 年第 18 期。

7. 钞小静、廉园梅:《劳动收入份额与中国经济增长质量》,《经济学动态》2019 年第 9 期。

8. 陈斌开:《收入分配与中国居民消费——理论和基于中国的实证研究》,《南开经济研究》2012 年第 1 期。

9. 陈长江、成长春:《新发展格局下长三角引领全国制造业转型升级的路径研究》,《苏州大学学报(哲学社会科学版)》2023 第 1 期。

10. 陈冲、吴炜聪:《消费结构升级与经济高质量发展驱动机理与实证检验》,《上海经济研究》2019 年第 6 期。

11. 陈德萍、陈永圣:《股权集中度、股权制衡度与公司绩效关系研究——2007 ~ 2009 年中小企业板块的实证检验》,《会计研究》2011 年第 1 期。

12. 陈红、张玉、刘东霞:《政府补助、税收优惠与企业创新绩效——不同生命周期阶段的实证研究》,《南开管理评论》2019 年第 3 期。

13. 陈建、邹红、张俊英:《数字经济对中国居民消费升级时空格局的影响》,《经济地理》2022 年第 9 期。

14. 陈洁:《后疫情时代产业和消费“双升级”的动力机制》,《上海交通大学学报(哲学社会科学版)》2020 年第 5 期。

15. 陈锦其、徐明华:《战略性新兴产业的培育机制:基于技术与市场的互动模型》,《科技管理研究》2013 年第 2 期。

16. 陈婧、方军雄、秦璇:《交通发展、要素流动与企业创新——基于高铁开通准自然实验的经验证据》,《经济理论与经济管理》2019 年第 4 期。

17. 陈林、张家才:《数字时代中的相关市场理论:从单边市场到双边市场》,《财经研究》2020 年第 3 期。

18. 陈晓华、刘慧:《出口技术复杂度赶超对经济增长影响的实证分析——基于要素密集度异质性视角的非线性检验》,《科学学研究》2012 年第 11 期。

19. 陈修德、梁彤缨、雷鹏:《高管薪酬激励对企业研发效率的影响效应研究》,《科研管理》2015 年第 9 期。

20. 陈文锋:《研发投入、创新网络与战略性新兴产业赶超发展》,《吉首大学学报(哲学社会科学版)》2021 年第 5 期。

21. 陈文晖、李虹林、王婧倩:《促进战略性新兴产业发展的需求侧政策研究》,《价格理论与实践》2020 年第 7 期。

22. 陈雅欣:《本土市场规模与战略性新兴产业的发展:一个演化经济学的分析框架》,云南大学博士论文 2014 年。

23. 陈子韬、孟凡蓉、王焕:《政府支持对高技术产业创新效率影响研究》,《科学学研究》2020 年第 10 期。

24. 程大中:《收入效应、价格效应与中国的服务性消费》,《世界经济》2009 年第 3 期。

25. 程玉鸿、程驰:《城乡收入差距对产业结构升级的影响机制研究——基于发展阶段转变视角》,《经济问题探索》2021 年第 11 期。

26. 崔耕瑞:《消费升级、产业升级与经济高质量发展》,《统计与决策》2021 年第 15 期。

27. 戴翔、刘梦:《人才何以成为红利——源于价值链攀升的证据》,《中国工业经济》2018 年第 4 期。

28. 戴翔、刘梦、张为付:《本土市场规模扩张如何引领价值链攀升》,《世界经济》2017 年第 9 期。

29. 邓慧慧、杨露鑫、潘雪婷:《高铁开通能否助力产业结构升级:事实与机制》,《财经研究》2020 年第 6 期。

30. 董晓松:《外生驱动互联网消费增长的微观空间计量研究》,《商业经济与管理》2016 年第 6 期。

31. 杜茂宝、张颖、苏蔚:《京津冀市场一体化进程及其影响因素的度量分析》,《资源开发与市场》2018 年第 6 期。

32. 杜勇、张欢、陈建英:《金融化对实体企业未来主业发展的影响:促进还是抑制》,《中国工业经济》2017 年第 12 期。

33. 段姝、杨彬:《财政补贴与税收优惠的创新激励效应研究——来自民营科技型企业规模与生命周期的诠释》,《科技进步与对策》2020 年 16 期。

34. 杜兴强、彭妙薇:《高铁开通会促进企业高级人才的流动吗?》,《经济管理》2017 年第 12 期。

35. 范合君、吴婷:《中国数字化程度测度与指标体系构建》,《首都经济贸易大学学报(哲学社会科学版)》2020 年第 4 期。

36. 范兆媛、周少甫:《新型城镇化与居民消费关系的实证分析》,《统计与决策》2018 年第 8 期。

37. 方福前:《中国居民消费需求不足原因研究——基于中国城乡分省数据》,《中国社会科学》2009 年第 2 期。

38. 冯明法:《中国居民消费升级的产业结构效应研究》,南京财经大学博士论文 2014 年。

39. 冯伟:《本土市场规模与产业生产率:来自中国制造业的经验研究》,《财贸研究》2015 年第 5 期。

40. 冯伟、李嘉佳:《本土市场规模与产业升级:需求侧引导下的供给侧改革》,《云南财经大学学报(哲学社会科学版)》2018 年第 10 期。

41. 高辰颖:《资源错配与产业结构变迁》,首都经济贸易大学博士论文 2018 年。

42. 高丽娜、蒋伏心:《“双循环”新发展格局与经济发展模式演进:承接与创新》,《经济学家》2021 年第 10 期。

43. 高伟、胡潇月:《不同市场结构下新能源汽车补贴政策对企业研发投入影响分析》,《工业技术经济》2019 年第 12 期。

44. 高伟、胡潇月:《新能源汽车政策效应:规模抑或创新中介?》,《科研管理》2020 第 4 期。

45. 桂琦寒、陈敏、陆铭、陈钊:《中国国内商品市场趋于分割还是整合:基于相对价格法的分析》,《世界经济》2006 年第 2 期。

46. 甘清华、陈淑梅:《产业结构升级视角下市场一体化对地区经济增长的影响》,《产业经济研究》2021 年第 5 期。

47. 国合会“绿色转型与可持续社会治理专题政策研究”课题组:《绿色消费在推动高质量发展中的作用》,《中国环境管理》2020 年第 1 期。

48. 郭峰、王靖一、王芳等:《测度中国数字普惠金融发展:指数编制与空间特征》,《经济学(季刊)》2020 年第 4 期。

49. 郭鸿雁:《移动互联网演进与新一代信息技术勃兴:2008 ~ 2011 年》,《改革》2013 年第 5 期。

50. 韩文龙:《数字经济中的消费新内涵与消费力培育》,《福建师范大学学报(哲学社会科学版)》2020 年第 5 期。

51. 郝凤霞:《战略性新兴产业的发展模式与市场驱动效应》,《重庆社会科学》2011 年第 2 期。

52. 杭斌、修磊:《收入不平等、信贷约束与家庭消费》,《统计研究》2016 年第 8 期。

53. 侯世英、宋良荣:《财政激励、融资激励与企业研发创新》,《中国流通经济》2019 年第 7 期。

54. 贺传皎、王旭、邹兵:《由"产城互促"到"产城融合"——深圳市产业布局规划的思路与方法》,《城市规划学刊》2012 年第 5 期。

55. 黄纯、章骞云、江耀:《战略性新兴产业发展政策的国际经验、趋势及启示》,《政策瞭望》2018 年第 7 期。

56. 黄群慧、余泳泽、张松林:《互联网发展与制造业生产率提升:内在机制与中国经验》,《中国工业经济》2019 年第 8 期。

57. 黄赜琳、秦淑悦:《市场一体化对消费升级的影响——基于"量"与"质"的双重考察》,《中国人口科学》2021 年 5 期。

58. 黄赜琳、姚婷婷:《市场分割与地区生产率:作用机制与经验证据》,《财经研究》2020 年第 1 期。

59. 黄隽、李冀恺:《中国消费升级的特征、度量与发展》,《中国流通经济》2018 年第 4 期。

60. 黄漫宇、汪阳昕:《消费结构升级会降低社会公平感吗》,《现代经济探讨》2021 年第 5 期。

61. 黄先海、张胜利:《中国战略性新兴产业的发展路径选择:大国市场诱致》,《中国工业经济》2019 年第 11 期。

62. 黄阳华、吕铁:《市场需求与新兴产业演进——用户创新的微观经济分析与展望》,《中国人民大学学报(哲学社会科学版)》2013 年第 3 期。

63. 胡本伟:《中国制造业上市公司的融资约束》,南京大学博士论文 2014 年。

64. 胡海峰、窦斌、王爱萍:《企业金融化与生产效率》,《世界经济》2020 年第 1 期。

65. 胡吉亚:《科技金融助力战略性产业高端化的逻辑、绩效与着力点》,《北京社会科学》2021 年第 7 期。

66. 胡晓辉、马立行:《内需拉动经济增长的长期宏观效应——基于长三角城市群的实证研究》,《华东经济管理》2020 年第 11 期。

67. 姜江、洪群联:《"十三五"时期我国产业新增长点的甄别与发展策略》,《经济纵横》2017 年第 8 期。

68. 江静:《中国城镇居民消费性服务支出的影响因素分析》,《北京工商大学学报(社会科学版)》2014 年第 2 期。

69. 蒋姣、赵昕东:《收入差距、社会地位与家庭消费结构》,《云南财经大学学报(哲学社会科学版)》2021 年第 1 期。

70. 焦帅涛、孙秋碧:《技术创新与消费升级对经济增长溢出效应的实证分析》,《统计与信息论坛》2020 年第 4 期。

71. 吉赟、杨青:《高铁开通能否促进企业创新:基于准自然实验的研究》,《世界经济》2020 年第 2 期。

72. 荆文君、孙宝文:《数字经济促进经济高质量发展:一个理论分析框架》,《经济学家》2019 年第 2 期。

73. 金莹、戴翔:《本土市场规模扩大一定有助于价值链攀升吗?》,《南京社会科学》2019 年第 3 期。

74. 金晓彤、黄蕊:《技术进步与消费需求的互动机制研究——基于供给侧改革视域下的要素配置分析》,《经济学家》2017 年第 2 期。

75. 康志勇、刘馨:《政府支持与市场竞争对企业创新绩效的交互影响》,《研究与发展管理》2020 年第 6 期。

76. 柯蕴颖、王光辉、刘勇:《城市群一体化促进区域产业结构升级了吗》,《经济学家》2022 年第 7 期。

77. 雷娜、郎丽华:《国内市场一体化对出口技术复杂度的影响及作用机制》,《统计研究》2020 年第 2 期。

78. 李昂:《政府补贴对企业全要素生产率的影响研究》,华东政法大学博士论文 2019 年。

79. 李富有、尹海凤:《金融支持与我国战略性新兴产业发展实证研究——基于面板格兰杰因果检验和协整分析》,《科技进步与对策》2014 年第 15 期。

80. 李浩、黄繁华:《数字经济能否促进服务消费?》,《现代经济探讨》2022 年第 3 期。

81. 李江一、李涵:《城乡收入差距与居民消费结构:基于相对收入理论的视角》,《数量经济技术经济研究》2016 年第 8 期。

82. 李晶、井崇任:《促进高端装备制造业发展的财政税收政策研究》,《财经问题研究》2013 年第 4 期。

83. 李苗苗、肖洪钧:《财政政策、企业 R&D 投入与技术创新能力——基于战略性新兴产业上市公司的实证研究》,《管理评论》2014 年第 8 期。

84. 李普亮、贾卫丽、于法稳:《财政民生支出、居民可支配收入与城乡服务性消费》,《贵州财经大学学报(哲学社会科学版)》2018 年第 1 期。

85. 李强、刘庆发:《高铁开通提高了二重开放水平吗》,《现代经济探讨》2021 年第 5 期。

86. 李斯林、姜宏、郭文文:《投资潮涌背景下企业投资对创新绩效的影响——以战略性新兴产业为例》,《科技进步与对策》2022 年第 8 期。

87. 李世美、谭宓、狄振鹏:《双循环新格局下我国居民消费升级的制度经济学分析》,《重庆社会科学》2020 年第 12 期。

88. 李书宇、赵昕东:《收入差距对城镇家庭消费结构升级的影响》,《调研世界》2019 年第 11 期。

89. 李晓华:《数字经济新特征与数字经济新动能的形成机制》,《改革》2019 年第 11 期。

90. 李晓华、吕铁:《战略性新兴产业的特征与政策导向研究》,《宏观经济研究》2010 年第 9 期。

91. 李晓娣、张小燕:《我国区域创新生态系统共生及其进化研究——基于共生度模型、融合速度特征进化动量模型的实证分析》,《科学学与科学技术管理》2019 年第 4 期。

92. 李杏、Chan M.W.Luke:《外商直接投资的技术溢出的进一步检验——基于中国东中西部不同时间阶段分析》,《南开经济研究》2009 年第 5 期。

93. 李旭洋、李通屏、邹伟进:《互联网推动居民家庭消费升级了吗?——基于中国微观调查数据的研究》,《中国地质大学学报(社会科学版)》2019 年第 4 期。

94. 李瑶瑶:《长三角城市群市场一体化经济增长效应研究》,上海应用技术大学博士论文 2022 年。

95. 李岩、赖玥、马改芝:《绿色发展视角下生产与消费行为转化的机制研究》,《南京工业大学学报(社会科学版)》2020 年第 3 期。

96. 李稚、刘晓云、彭冉:《考虑消费者接受度的制造业绿色生产与绿色消费博弈分析》,《软科学》2021 年第 6 期。

97. 倪琳、成金华、李小帆、杨昕:《中国生态消费发展指数测度研究》,《中国人口·资源与环境》2015 年第 3 期。

98. 凌永辉、刘志彪:《内需主导型全球价值链的概念、特征与政策启示》,《经济学家》2020 年第 6 期。

99. 林晓珊:《新型消费与数字化生活:消费革命的视角》,《社会科学辑刊》2022 年第 1 期。

100. 刘冰:《技术创新的消费推动论》,《科学管理研究》2007 年第 1 期。

101. 刘冲、吴群锋、刘青:《交通基础设施、市场可达性与企业生产率——基于竞争和资源配置的视角》,《经济研究》2020 年第 7 期。

102. 刘斐然、胡立君:《政府创新偏好、市场一体化与企业创新》,《当代财经》2020 年第 7 期。

103. 刘富华、梁牧:《新型城镇化、人力资本与产业结构升级——基于人口老龄化的调节效应》,《湖南师范大学社会科学学报》2021 年第 6 期。

104. 刘慧、王海南:《居民消费结构升级对产业发展的影响研究》,《经济问题探索》2015 年第 2 期。

105. 刘军、杨渊鋆、张三峰:《中国数字经济测度与驱动因素研究》,《上海经济研究》2020 年第 6 期。

106. 刘磊、步晓宁、张猛:《全球价值链地位提升与制造业产能过剩治理》,《经济评论》2018 年第 4 期。

107. 刘淑茹、魏晓晓:《新时代新型城镇化与产业结构协调发展测度》,《湖南社会科学》2019 年第 1 期。

108. 刘司可、方吉、彭玮:《数字时代相对贫困影响因素与组态治理研究》,《软科学》2022 年第 5 期。

109. 刘守俊、蔡敏:《战略性新兴产业政策的实施提高了企业全要素生产率吗? ——基于双重差分模型的分析》,《南方金融》2020 年第 4 期。

110. 刘涛、袁祥飞:《我国服务消费增长的阶段定位和政策选择——基于代表性发达国家服务消费增长规律》,《经济纵横》2019 年第 2 期。

111. 刘奕、夏杰长:《平台经济助力畅通服务消费内循环:作用机理与政策设计》,《改革》2021 年第 11 期。

112. 刘亦文、欧阳莹:《我国新一代信息技术产业创新效率的时空特征与动态演进》,《湖南大学学报(社会科学版)》2020 年第 5 期。

113. 刘元雏、华桂宏:《金融科技能否通过缓解金融错配促进企业创新可持续性——来自战略性新兴产业上市公司的经验证据》,《中国科技论坛》2023 年第 4 期。

114. 刘元雏、华桂宏:《金融科技能否促进企业创新? ——来自战略性新兴产业上市公司的经验证据》,《江苏社会科学》2022 年第 2 期。

115. 刘志彪:《建设国内统一大市场的重要意义与实现路径》,《人民论坛》2021 年第 2 期。

116. 刘志彪:《重塑中国经济内外循环的新逻辑》,《探索与争鸣》2020 年第 7 期。

117. 刘志彪:《利用和培育国内市场问题的研究》,《学术研究》2019 年第 10 期。

118. 刘志彪:《战略性新兴产业的高端化:基于"链"的经济分析》,《产业经济研究》2012 年第 3)期。

119. 刘志彪、孔令池:《从分割走向整合:推进国内统一大市场建设的阻力与对策》,《中国工业经济》2021 年第 8 期。

120. 刘志彪、凌永辉:《中国经济:从客场到主场的全球化发展新格局》,《重庆大学学报(社会科学版)》2020 年第 6 期。

121. 柳光强:《税收优惠、财政补贴政策的激励效应分析——基于信息不对称理论视角的实证研究》,《管理世界》2016 年第 10 期。

122. 吕冰洋、贺颖:《迈向统一市场:基于城市数据对中国商品市场分割的测算与分析》,《经济理论与经济管理》2020 年第 4 期。

123. 吕静、侯学华:《政府研发投入对战略性新兴产业治理效率的影响》,《统计与决策》2019 年第 2 期。

124. 吕铁、黄娅娜:《消费需求引致的企业创新——来自中国家电行业的证据》,《经济管理》2021 年第 7 期。

125. 吕晓军:《政府补贴与企业技术创新投入——来自 2009~2013 年战略性新兴产业上市公司的证据》,《软科学》2016 年第 12 期。

126. 龙少波、丁露:《中国式技术变迁下的产业与消费"双升级"互动机制研究》,《宏观经济研究》2020 年第 10 期。

127. 逯东、朱丽:《市场化程度、战略性新兴产业政策与企业创新》,《产业经济研究》2018 年第 2 期。

128. 卢馨、何小华:《金融发展、政府补贴与企业研发投入——来自战略性新兴产业上市公司的经验证据》,《首都经济贸易大学学报》2018 年第 1 期。

129. 鲁晓东、连玉君:《中国工业企业全要素生产率估计:1999—2007》,《经济学(季刊)》2012 年第 2 期。

130. 陆菁、鄢云、王韬璇:《绿色信贷政策的微观效应研究——基于技术创新与资源再配置的视角》,《中国工业经济》2021 年第 1 期。

131. 陆文娟:《居民消费渠道变迁与传统零售业转型升级——基于非线性门限效应分析》,《商业经济研究》2020 年第 22 期。

132. 毛中根、洪涛:《中国服务业发展与城镇居民消费关系的实证分析》,《财贸经济》2012 年第 12 期。

133. 毛中根、谢迟、叶胥:《新时代中国新消费:理论内涵、发展特点与政策取向》,《经济学家》2020 年第 9 期。

134. 孟庆斌、侯粲然、鲁冰:《企业创新与违约风险》,《世界经济》2019 年第 10 期。

135. 鄢丽娟:《数字普惠金融对农村居民服务性消费的影响研究》,西南财经大学博士论文 2022 年。

136. 潘锡泉:《消费升级引领产业升级:作用机理及操作取向》,《当代经济管理》2019 年第 3 期。

137. 彭华涛、吴瑶:《研发费用加计扣除、融资约束与创业企业研发投入强度:基于中国新能源行业的研究》,《科技进步与对策》2021 年第 15 期。

138. 钱宗鑫、郭康:《“双循环”格局下的国内统一大市场建设》,《当代金融家》2021 年第 7 期。

139. 强永昌、杨航英:《市场一体化、空间溢出与区域出口质量升级——基于长三角市场一体化的经验分析》,《国际贸易问题》2021 年第 10 期。

140. 戚聿东、褚席:《数字经济发展、经济结构转型与跨越中等收入陷阱》,《财经研究》2021 年第 7 期。

141. 戚聿东、肖旭:《数字经济时代的企业管理变革》,《管理世界》2020 年第 6 期。

142. 秦海林、高軼玮:《社会资本、消费行为选择与消费升级——基于 CFPS(2016)的实证检验》,《消费经济》2019 年第 6 期。

143. 邱斌、尹威:《中国制造业出口是否存在本土市场效应》,《世界经济》2010 年第 7 期。

144. 任保全、刘志彪、任优生:《战略性新兴产业技术创新的驱动力:出口还是本土市场需求》,《财经科学》2016 年第 12 期。

145. 任保全、刘志彪、王亮亮:《战略性新兴产业生产率增长的来源:出口还是本土市场需求》,《经济学家》2016 年第 4 期。

146. 任保全、王亮亮:《战略性新兴产业高端化了吗?》,《数量经济技术经济研究》2014 年第 3 期。

147. 任曙明、吕镯:《融资约束、政府补贴与全要素生产率——来自中国装备制造企业的实证研究》,《管理世界》2014 年第 11 期。

148. 茹慧超、邓峰:《数字消费的经济增长效应:机制探索与中国经验——来自国家信息消费试点的准自然实验》,《中国流通经济》2023 年第 2 期。

149. 邵颖红、周恺伦、程与豪:《政府补助激励“卡脖子”技术企业创新中内循环能否提供助力——以半导体及芯片行业为例》,《科技进步与对策》2023 年第 4 期。

150. 申俊喜:《创新产学研合作视角下我国战略性新兴产业发展对策研究》,《科学学与科学技术管理》2012 年第 2 期。

151. 申俊喜、刘元雏:《战略性新兴产业产能利用率及影响因素——以新一代信息技术产业为例》,《中国科技论坛》2019 年第 3 期。

152. 申俊喜、沈佳、刘元雏:《消费升级推动战略性新兴产业高端化发展了吗?》,《南大商学评论》2021 年第 2 期。

153. 申俊喜、汪磊:《共同富裕背景下收入分配、消费升级与战略性新兴产业发展》,《广西师范大学学报(哲学社会科学版)》2023 年第 2 期。

154. 申俊喜、徐晓凡:《消费升级引领战略性新兴产业高质量发展——基于全球价值链攀升的视角》,《南京工业大学学报(社会科学版)》2021 年 5 期。

155. 申俊喜、杨若霞:《长三角地区战略性新兴产业全要素生产率及其影响因素研究》,《财贸研究》2017 年第 11 期。

156. 申俊喜、叶春梅:《市场规模对战略性新兴产业 TFP 增长的影响——基于长三角地区上市公司数据》,《南大商学评论》2020 年第 1 期。

157. 申文青:《高铁对技术扩散的影响——基于沪宁城际高铁的实证》,《经济体制改革》2019 年第 1 期。

158. 申洋、郭俊华、程锐:《交通基础设施改善能促进居民消费吗——来自高铁开通的证据》,《商业经济与管理》2021 年第 1 期。

159. 沈鸿、张捷、张媛媛:《国内服务消费与服务贸易国际竞争力相关性的实证研究》,《经济问题探索》2016 年第 7 期。

160. 盛斌、景光正:《金融结构、契约环境与全球价值链地位》,《世界经济》2019 年 4 期。

161. 盛明泉、陈一玲、鲍群:《国企混合所有制改革对全要素生产率的影响、作用机制与异质性研究》,《经济纵横》2021 年第 7 期。

162. 盛中明:《中国省域间收入差距研究:省域基尼系数测算基础上的比较分析》,《中国财政科学研究院》2021 年版。

163. 石明明、江舟、周小焱:《消费升级还是消费降级》,《中国工业经济》2019 年第 7 期。

164. 石若文:《新时代高质量发展背景下绿色消费发展路径研究》,《西北大学学报(哲学社会科学版)》2020 年第 1 期。

165. 石奇、尹敬东、吕磷:《消费升级对中国产业结构的影响》,《产业经济研究》

2009 年第 6 期。

166. 宋敏、周鹏、司海涛:《金融科技与企业全要素生产率——“赋能”和信贷配给的视角》,《中国工业经济》2021 年第 4 期。

167. 宋文飞、李国平、韩先锋:《供需视角下城乡收入差距对企业全要素生产率的影响效应分析》,《南开经济研究》2018 年第 5 期。

168. 苏剑、邵宇佳:《全国统一大市场建设的内涵、现状与政策建议》,《新疆师范大学学报(哲学社会科学版)》2022 年第 6 期。

169. 孙博恩:《市场一体化、城市功能分工与绿色全要素生产率》,河南大学博士论文 2021 年。

170. 孙江超:《中国战略性新兴产业高端化发展的政策选择》,《广西社会科学》2019 年第 4 期。

171. 孙健夫、贺佳:《财税支持政策对新能源汽车产业研发效率的效应分析》,《软科学》2021 年第 1 期。

172. 孙久文、李承璋:《需求侧与供给侧结合的消费升级路径研究》,《中国人民大学学报》2022 年第 2 期。

173. 孙丽艳、苗成林、杨力:《技术创新对战略性新兴产业可持续发展的驱动效应——基于非参数随机前沿分析方法的实证研究》,《北京理工大学学报(社会科学版)》2017 年第 5 期。

174. 孙璐璐:《财政补贴和税收优惠对企业研发效率的影响》,浙江财经大学博士论文 2021 年。

175. 孙文浩、张杰:《高铁网络能否推动制造业高质量创新》,《世界经济》2020 年第 12 期。

176. 孙晓华、王林:《范式转换、新兴产业演化与市场生态位培育——以新能源汽车为例》,《经济学家》2014 年第 5 期。

177. 孙阳阳、丁玉莲:《产业政策、融资约束与企业全要素生产率——基于战略性新兴产业政策的实证研究》,《工业技术经济》2021 年第 1 期。

178. 孙叶飞、夏青、周敏:《新型城镇化发展与产业结构变迁的经济增长效应》,《数量经济技术经济研究》2016 年第 11 期。

179. 孙早、许薛璐:《产业创新与消费升级:基于供给侧结构性改革视角的经验研究》,《中国工业经济》2018 年第 7 期。

180. 谭洪波、郑江淮:《需求对战略性新兴产业的拉动作用研究综述——兼论需求和创新对产业结构演变的作用》,《华东经济管理》2012 年第 5 期。

181. 谭建华、丁红燕、谭志东:《高铁开通与企业创新——基于高铁开通的准自然实验》,《山西财经大学学报》2019 年第 3 期。

182. 汤长安、张丽家、殷强:《中国战略性新兴产业空间格局演变与优化》,《经济地理》2018 年第 5 期。

183. 田卫民:《省域居民收入基尼系数测算及其变动趋势分析》,《经济科学》2012 年第 2 期。

184. 万钢:《把握全球产业调整机遇,培育和发展战略性新兴产业》,《求是》2010 年第 1 期。

185. 万广华、罗知、张勋、汪晨:《城乡分割视角下中国收入不均等与消费关系研究》,《经济研究》2022 年第 5 期。

186. 王德忠、庄仁兴:《区域经济联系定量分析初探——以上海与苏锡常地区经济联系为例》,《地理科学》1996 年第 1 期。

187. 王虎邦、刘伟江、胡子毓:《居民杠杆、消费升级与经济平稳增长》,《现代经济探讨》2019 年第 4 期。

188. 王欢芳、张幸、贺正楚、宾厚:《战略性新兴产业全要素生产率测度及影响因素研究》,《中国软科学》2020 年第 11 期。

189. 王际宇、易丹辉、郭丽环:《中国新型城镇化指标体系构建与评价研究》,《现代管理科学》2015 年第 6 期。

190. 王杰、刘斌:《环境规制与企业全要素生产率——基于中国工业企业数据的经验分析》,《中国工业经济》2014 年第 3 期。

191. 王晶:《消费结构升级背景下甘肃省产业结构优化升级研究》,兰州财经大学博士论文 2020 年。

192. 王俊、李晏新、杨林燕:《政府研发资助对企业技术创新投入强度的影响——基于 A 股制造业上市公司的经验分析》,《湖南科技大学学报(社会科学版)》2021 年第 1 期。

193. 王璐、马庆庆、杨劼、郑君君:《基于复杂网络演化博弈的绿色消费者对新能源汽车扩散的影响研究》,《中国管理科学》2022 年第 4 期。

194. 王平、王琴梅:《新型城镇化驱动居民消费的效应机理与实证》,《广东财经大学学报》2016 年第 2 期。

195. 王欠欠、夏杰长:《服务业全球价值链位置提升与制造业技术进步》,《世界经济研究》2019 年 5 期。

196. 王启云:《加快绿色发展需要大力发展绿色消费》,《消费经济》2014 年第

5 期。

197. 王少平、欧阳志刚:《我国城乡收入差距的度量及其对经济增长的效应》,《经济研究》2007 年第 10 期。

198. 王微、刘涛:《服务消费统计的国际经验与启示》,《中国经济报告》2019 年第 1 期。

199. 王新越、秦素贞、吴宁宁:《新型城镇化的内涵、测度及其区域差异研究》,《地域研究与开发》2014 年第 4 期。

200. 王雪琪、赵彦云、范超:《我国城镇居民消费结构变动影响因素及趋势研究》,《统计研究》2016 年第 2 期。

201. 王勇、沈仲凯:《禀赋结构、收入不平等与产业升级》,《经济学(季刊)》2018 年第 2 期。

202. 王永军:《新型城镇化如何影响城镇居民消费》,《东南大学学报(哲学社会科学版)》2020 年第 3 期。

203. 王宇、刘志彪:《补贴方式与均衡发展:战略性新兴产业成长与传统产业调整》,《中国工业经济》2013 年第 8 期。

204. 王宇、王勇、任勇、俞海:《中国绿色转型测度与绿色消费贡献研究》,《中国环境管理》2020 年第 1 期。

205. 王云航、彭定赟:《产业结构变迁和消费升级互动关系的实证研究》,《武汉理工大学学报(社会科学版)》2019 年第 3 期。

206. 汪秋明、韩庆潇、杨晨:《战略性新兴产业中的政府补贴与企业行为——基于政府规制下的动态博弈分析视角》,《财经研究》2014 年第 7 期。

207. 汪伟:《如何构建扩大消费需求的长效机制》,《学术月刊》2017 年第 9 期。

208. 魏勇、杨刚、杨孟禹:《城镇居民消费升级特征与动因研判——基于空间溢出视角的实证研究》,《经济问题探索》2017 年第 1 期。

209. 温忠麟、叶宝娟:《中介效应分析:方法和模型发展》,《心理科学进展》2014 年第 5 期。

210. 吴福象、沈浩平:《新型城镇化、基础设施空间溢出与地区产业结构升级——基于长三角城市群 16 个核心城市的实证分析》,《财经科学》2013 年第 7 期。

211. 吴家喜:《基于领先市场视角的战略性新兴产业发展路径》,《技术经济》2011 年第 12 期。

212. 吴金龙、傅康生、白俊红等:《消费升级引领战略性新兴产业全球价值链攀升——理论逻辑与中国经验》,《经济学报》2022 年第 2 期。

213. 吴瑾:《居民消费结构、产业结构与经济增长》,《经济问题探索》2017 年第 12 期。

214. 吴自强:《我国居民消费环境的优化策略》,《现代经济探讨》2015 年第 8 期。

215. 伍国勇、庞国光、汤钧惠等:《中国乡村数字经济发展水平的测度、区域差异及时空演变》,《湖南农业大学学报(社会科学版)》2022 年第 4 期。

216. 伍先福、钟鹏、黄骁:《"新基建"提升了战略性新兴产业的技术效率吗》,《财经科学》2020 年第 11 期。

217. 武咸云、陈艳、杨卫华:《战略性新兴产业的政府补贴与企业 R&D 投入》,《科研管理》2016 年第 5 期。

218. 夏杰长:《城镇化对中国城乡居民服务消费影响的实证分析——基于 2000—2011 年省际面板数据》,《学习与探索》2014 年第 1 期。

219. 夏杰长、张颖熙:《我国城乡居民服务消费现状、趋势及政策建议》,《宏观经济研究》2012 年第 4 期。

220. 肖建华、王敏:《消费需求、居民收入差距和产业发展的税收政策》,《税务研究》2006 年第 4 期。

221. 肖利平、谢丹阳:《国外技术引进与本土创新增长:互补还是替代——基于异质吸收能力的视角》,《中国工业经济》2016 年第 9 期。

222. 肖兴志、姜晓婧:《战略性新兴产业政府创新基金投向:传统转型企业还是新生企业》,《中国工业经济》2013 年第 1 期。

223. 肖兴志、王伊攀:,政府补贴与企业社会资本投资决策——来自战略性新兴产业的经验证据》,《中国工业经济》2014 年第 9 期。

224. 谢呈阳、刘梦、胡汉辉:《消费升级、市场规模与制造业价值链攀升》,《财经论丛》2021 年第 4 期。

225. 谢迟、龙燕妮、叶胥:《网络零售业态发展的多维消费效应及优化策略研究——一个基于文献梳理的框架》,《消费经济》2020 年第 4 期。

226. 谢小平、傅元海:《大国市场优势、消费结构升级与出口商品结构高级化》,《广东财经大学学报》2018 年第 4 期。

227. 辛本禄、刘燕琪:《服务消费与中国经济高质量发展的内在机理与路径探索》,《南京社会科学》2020 年第 11 期。

228. 熊勇清、陈曼琳:《新能源汽车需求市场培育的政策取向:供给侧抑或需求侧》,《中国人口·资源与环境》2016 年第 5 期。

229. 熊勇清、李鑫、黄健柏、贺正楚:《战略性新兴产业市场需求的培育方向:国际市场抑或国内市场——基于“现实环境”与“实际贡献”双视角分析》,《中国软科学》2015 年第 5 期。

230. 熊勇清、王溪:《新能源汽车异质性需求的创新激励效应及作用机制——“政府采购”“商业运营”与“私人乘用”需求比较的视角》,《财经研究》2021 年第 7 期。

231. 熊勇清、王溪:《新能源汽车技术创新激励的政策选择:“扶持性”抑或“门槛性”政策?》《中国人口 · 资源与环境》2020 年第 11 期。

232. 熊正德、詹斌、林雪:《基于 DEA 和 Logit 模型的战略性新兴产业金融支持效率》,《系统工程》2011 年第 6 期。

233. 许德友:《以内需市场培育出口竞争新优势:基于市场规模的视角》,《学术研究》2015 年第 5 期。

234. 徐保昌、谢建国:《排污征费如何影响企业生产率:来自中国制造业企业的证据》,《世界经济》2016 年第 8 期。

235. 徐梦周、胡青、吕铁:《信息消费能促进区域创新效率提升吗?——基于省域面板数据的实证研究》,《中国软科学》2022 年第 8 期。

236. 徐梦周、吕铁:《领先市场培育与战略性新兴产业发展》,《全球化》2013 年第 6 期。

237. 徐梦周、吕铁:《数字经济领先市场建构:支撑机制与实践策略》,《学习与探索》2019 年第 7 期。

238. 徐乙尹、王博、何俊:《行业关联、外资进入与出口质量——来自中国企业的微观证据》,《南方经济》2022 年第 11 期。

239. 徐紫嫣:《人力资本积累与服务业劳动生产率关系探究——基于服务消费与技术创新的双重视角》,《改革》2023 年第 2 期。

240. 闫志俊、于津平:《政府补贴与企业全要素生产率——基于新兴产业和传统制造业的对比分析》,《产业经济研究》2017 年第 1 期。

241. 杨高举、黄先海:《内部动力与后发国分工地位升级——来自中国高技术产业的证据》,《中国社会科学》2013 年第 2)期了。

242. 杨国超、芮萌:《高新技术企业税收减免政策的激励效应与迎合效应》,《经济研究》2020 年第 9 期。

243. 杨巨、彭浩:《中国数字消费的区域普惠性及政治经济学解释》,《消费经济》2022 年第 3 期。

244. 杨来科:《我国当前内需不足的收入梗阻及其梳理》,《财经论丛(浙江财经学院学报)》2000 年第 1 期。

245. 杨骞、刘鑫鹏、王珏:《中国战略性新兴产业创新效率的测度及其分布动态》,《广东财经大学学报》2020 年第 2 期。

246. 杨天宇、陈明玉:《消费升级对产业迈向中高端的带动作用:理论逻辑和经验证据》,《经济学家》2018 年第 11 期。

247. 殷凤、陈宪:《中国收入分配差距与产业结构转型》,《上海大学学报(社会科学版)》2013 年第 4 期。

248. 姚金海、钟国辉:《政府支持、金融环境对企业创新投入影响的实证分析》,《深圳大学学报(人文社会科学版)》2022 年第 4 期。

249. 姚战琪:《数字经济对城乡居民服务消费差距的影响研究》,《北京工商大学学报(社会科学版)》2022 年第 5 期。

250. 叶胥、毛中根:《服务消费增长的难点及对策分析——基于四川省的数据》,《消费经济》2015 年第 3 期。

251. 尹世杰:《消费需求与经济增长》,《消费经济》2004 年第 5 期。

252. 袁小慧、范金、王凯等:《新一轮科技革命背景下居民消费升级对中国产业转型影响研究》,《新疆社会科学》2015 年第 6 期。

253. 余东华、吕逸楠:《政府不当干预与战略性新兴产业产能过剩——以中国光伏产业为例》,《中国工业经济》2015 年第 10 期。

254. 余剑:《新常态下战略性新兴产业发展路径选择及其金融政策响应——基于需求端视角的研究》,《财政研究》2015 年第 6 期。

255. 俞剑、方福前:《中国城乡居民消费结构升级对经济增长的影响》,《中国人民大学学报》2015 年第 5 期。

256. 余明桂、范蕊、钟慧洁:《中国产业政策与企业技术创新》,《中国工业经济》2016 年第 12 期。

257. 余萍、徐之琦:《数字新基建对战略性新兴产业绿色技术创新效率的影响》,《工业技术经济》2023 年第 1 期。

258. 于明超、孙晋云:《政府扶持与中国新能源汽车产业生产效率——基于四阶段 DEA 模型的实证分析》,《华东经济管理》2018 年第 7 期。

259. 张帆、潘佐红:《本土市场效应及其对中国省间生产和贸易的影响》,《经济学(季刊)》2006 年第 1 期。

260. 张峰、刘璐璐:《数字经济时代对数字化消费的辩证思考》,《经济纵横》2020 年第 2 期。

261. 张广柱:《居民消费结构与产业结构关系的实证》,《统计与决策》2020 年第 6 期。

262. 张国胜、胡建军:《产业升级中的本土市场规模效应》,《财经科学》2012 年第 2 期。

263. 张昊:《居民消费扩张与统一市场形成——“本土市场效应”的国内情形》,《财贸经济》2020 年第 6 期。

264. 张厚明:《我国新能源汽车市场产能过剩危机的成因与对策研究》,《科学管理研究》2018 年第 3 期。

265. 张建平、刘桓、韩珠萍:《推动我国消费绿色转型的路径研究——基于多重外部影响因素视角》,《中国环境管理》2020 年第 1 期,

266. 张鹏杨、唐宜红:《FDI 如何提高我国出口企业国内附加值? ——基于全球价值链升级的视角》,《数量经济技术经济研究》2018 年第 7 期。

267. 张其仔、许明:《中国参与全球价值链与创新链、产业链的协同升级》,《改革》2020 年第 6 期。

268. 张颖熙:《中国城镇居民服务消费需求弹性研究——基于 QUAIDS 模型的分析》,《财贸经济》2014 年第 5 期。

269. 张颖熙、夏杰长:《以服务消费引领消费结构升级:国际经验与中国选择》,《北京工商大学学报(社会科学版)》2017 年第 6 期。

270. 张颖熙、徐紫嫣:《新经济下中国服务消费升级:特征与机制研究》,《财经问题研究》2021 年第 6 期。

271. 章潇萌、杨宇菲:《对外开放与我国产业结构转型的新路径》,《管理世界》2016 年第 3 期。

272. 章晓英、徐雅涵:《金融集聚对新型城镇化的影响——以长江经济带沿线 11 省市为例》,《重庆理工大学学报(社会科学)》2021 年第 6 期。

273. 赵宸宇、王文春、李雪松:《数字化转型如何影响企业全要素生产率》,《财贸经济》2021 年第 7 期。

274. 赵福全、刘宗巍、程翔:《确保新能源汽车产业可持续发展的政府角色转变研究》,《科技管理研究》2018 年第 4 期。

275. 赵纲:《新型城镇化与我国居民消费升级协调发展的动态演变——基于高质量发展视角》,《商业经济研究》2021 年第 1 期。

276. 赵静、黄敬昌、刘峰:《高铁开通与股价崩盘风险》,《管理世界》2018 年第 1 期。

277. 赵奇伟、熊性美:《中国三大市场分割程度的比较分析:时间走势与区域差异》,《世界经济》2009 年第 6 期。

278. 赵永平、徐盈之:《新型城镇化制度变迁与居民消费增长》,《江西财经大学学报》2015 年第 6 期。

279. 赵玉林、王春珠:《战略性新兴产业发展中创新与需求协同驱动异质性分析》,《中国科技论坛》2017 年第 5 期。

280. 曾繁华、王飞:《技术创新驱动战略性新兴产业跃迁机理与对策——基于全球价值链视角》,《科技进步与对策》2014 年第 23 期。

281. 郑贵华、李呵莉、潘博:《财政补贴和税收优惠对新能源汽车产业 R&D 投入的影响》,《财经理论与实践》2019 年第 4 期。

282. 郑江淮、郑玉:《新兴经济大国中间产品创新驱动全球价值链攀升——基于中国经验的解释》,《中国工业经济》2020 年第 5 期。

283. 郑万吉、叶阿忠:《城乡收入差距、产业结构升级与经济增长——基于半参数空间面板 VAR 模型的研究》,《经济学家》2015 年第 10 期。

284. 钟成林:《城乡居民收入差距对于居民的消费示范效应影响研究——基于 GMM 方法的实证分析》,《上海经济研究》2015 年第 12 期。

285. 周敏、李磊、朱新华:《新型城镇化对产业结构调整的影响及作用路径——基于中介效应的实证分析》,《财贸研究》2020 年第 5 期。

286. 周卫民:《供给侧结构性改革的原因与突破:基于收入势能的考察》,《上海财经大学学报》2016 年第 6 期。

287. 周燕、潘遥:《财政补贴与税收减免——交易费用视角下的新能源汽车产业政策分析》,《管理世界》2019 年第 10 期。

288. 周泽炯、陆苗苗:《战略性新兴产业自主创新能力的驱动因素研究》,《吉首大学学报(社会科学版)》2019 年第 1 期。

289. 周正柱:《长江经济带城镇化质量时空格局演变及未来趋势》,《深圳大学学报(人文社会科学版)》2018 年第 4 期。

290. 朱喜安、魏国栋:《熵值法中无量纲化方法优良标准的探讨》,《统计与决策》2015 年第 2 期。

291. 朱岩、石言:《数字经济的要素分析》,《清华管理评论》2019 第 2 期。

292. 左世全、赵世佳、祝月艳:《国外新能源汽车产业政策动向及对我国的启示》,《经济纵横》2020 年第 1 期。

四、外文文献

1. Acemoglu D, Linn J. 2004, Market size in innovation: theory and evidence from the

pharmaceutical industry.*The Quarterly Journal of Economics*, 119(3).

2. Acemoglu D. 2015, Localised and biased technologies: Atkinson and Stiglitz's new view, induced innovations, and directed technological change. *The Economic Journal*, 125 (583).

3. Addessi W. 2018, Population Age Structure and Consumption Expenditure Composition: Evidence from European Countries.*Economics Letters*, 168(7).

4. Ahlfeldt G.M., Feddersen A.2018, From periphery to core: measuring agglomeration effects using high-speed rail.*Journal of Economic Geography*, 18(2).

5. Armand A., Mend P.2018, Demand drops and innovation investments: evidence from the great recession in Spain.*Research Policy*, 47(7).

6. Arrow K.J.1962, *Economic welfare and the allocation of resources for invention, in the rate and direction of inventive activity: economic and social factors*.Princeton University Press.

7. Baron, R. M., Kenny, D. A. 1986, The moderator—mediator variable distinction in social psychological research: Conceptual, strategic, and statistical considerations. *Journal of Personality and Social Psychology*, 51(6).

8. Beck T., Levine R, Levkov A.2010, Big bad banks? The winners and losers from bank deregulation in the United States.*The Journal of Finance*, 65(5).

9. Beise, M.2004, Lead markets: country-specific drivers of the global diffusion of innovation .*Research Policy* 33(6-7).

10. Berthon P., MacHulbert J., Pitt L. 2005, Consuming technology: Why marketers sometimes get it wrong.*California Management Review*, 48(1).

11. Bofinger P., Scheuermeyer P. 2019, Income Distribution and Aggregate Saving: A Non-Monotonic Relationship.*Review of Income and Wealth*, 65(4): 872-907.

12. Breetz H.L., Salon D.2018, Do electric vehicles need subsidies? ownership costs for conventional, hybrid, and electric vehicles in 14 US cities.*Energy Policy*, 120.

13. Brown J.R., Martinsson G., Petersen B.C.2012, Do Financing Constraints Matter for R&D? *Social Science Electronic Publishing*, 56(8).

14. Brown P.H., Bulte E., Zhang X.2011, Positional Spending and Status Seeking in Rural China .*Journal of Development Economics*, 96(1).

15. Bunyan S., Collins A., 2016, Torrisi G.Analysing household and intra-urban variants in the consumption of financial services: Uncovering "exclusion" in an English city.Journal of Consumer Policy, 39: 199-221.

16. Carroll C., Overland J. Weil D. 2000, Saving and growth with habit formation. *American Economic Review*,90(3).

17. Choi J.H.,Kim J.B.,Qiu A.A.,Zang Y.2012,Geographic Proximity between Auditor and Client:How Does It Impact Audit Quality? *Auditing:A Journal of Practice and Theory*,31(2).

18. Clarysse B.,Wright M.,Mustar P.2009,Behavioural additionality of R&D subsidies: a learning perspective.*Research Policy*,38.

19. Davis D.R., Weinstein D.E.1999, Economic Geography and Regional Production Structure:an Empirical Investigation.*European Economic Review*,43.

20. Edler J.,Fagerberg J.2017,Innovation policy:what,why,and how.*Oxford Review of Economic Policy*,33(1).

21. Edward L.Glaeser,Matthew G.Resseger.2010,The Complement Arityberity Between Cities And Skills.*Journal of Regional Science*,50(1).

22. Falk R.2007,Measuring the effects of public support schemes on firms' innovation activities:survey evidence from Austria.*Austrian Institute of Economic Research(WIFO)*,36.

23. Foellmi R.,Zweimüller J.2008,Structural change,Engel's consumption cycles and Kaldor's facts of economic growth.*Journal of monetary Economics*,55(7).

24. Fontana R.& F.,Malerba.2010,Demand as a source of entry and the survival of new semiconductor firms .*Kites Working Papers*,(5).

25. Forbes N.,Wield D.2002,*From followers to leaders:managing technology and innovation in newly industrialized countries*.London,New York:Routledge.

26. Friedman M.1957,*A Theory of the Consumption Function*.Princeton:National Bureau of Economic Research.

27. Fujita M.,Paul Krugman,Venables A.2000,*The spatial economy*.Cambridge:MIT Press.

28. Gale W.G.1998,The effects of pension on household wealth:A reevaluation of theory and evidence.*The Journal of Political Economy*,106(8).

29. Guan J.C., Chen K.H.2010, Measuring the innovation production process: a cross-region empirical study of China's high-tech innovations.*Technovation*,30.

30. Guang-Yong LI ,Zhang S.Q.,University T,et al.2015,The Empirical Verification on Influence of the Income Gap on the Chinese Residents' Consumption Rate.*Shanghai Journal of Economics*.

31. Hausman R., Hwang J., Rodrik D. 2007, What you export matters. *Journal of Economic Growth*,(1).

32. Heider F.L.,Jun Gqvist A.2015,As certain as debt and taxes:estimating the tax sensitivity of leverage from state tax changes.*Journal of Financial Economics*,118.

33. Hornung E.2015,Railroads and growth in Prussia.*Journal of the European Economic Association*,13(4).

34. Humphrey J.,Schmitz H.2002,How Does Insertion in Global Value Chains Affect Upgrading in Industrial Clusters? *Regional Studies*,36(9).

35. Jiang C.L.,Zhang Y.,et al.2018,The effectiveness of government subsidies on manufacturing innovation:evidence from the new energy vehicle industry in China.*Sustainability*, 10(6).

36. Jie H. 2017, Empirical Study on Effects of Different Types of Urbanization on Consumption Structure of Rural Residents in China.*Asian Agricultural Research*,9(06), 30-34.

37. Josef Zweimüller, Johann K. Brunner. 2005, Innovation and Growth With Rich and Poor Consumers.*Metroeconomica*,56(2).

38. Joshua D.,Edward F.2012,Regional Industrial Structure and Agglomeration Economies:An Analysis of Productivity in Three Manufacturing Industries.*Regional Science and Urban Economics*,42(1-2).

39. Kang K.N.,Park H.2012,Influence of government R&D support and inter-firm collaborations on innovation in Korean Biotechnology SMEs.*Technovation*,32(1).

40. Kara A.,Spillan J.E.,Deshields jr.O.W..2005,The effect of a market orientation on business performance:A study of small-sized service retailers using mark or scale.*Journal of Small Business Management*,(5).

41. Kee H.L.,Tang H.2016,Domestic Value Added in Chinese Exports:Firm-Level Evidence.*American Economic Review*,106(6).

42. Krugman P.1980,Scale economics,product differentiation and the pattern of trade.*American Economic Review*,(5).

43. Krugman Paul-R.1990,*Rethinking international trade*,The MIT Press.

44. Lei-YuWu,Kuan-Yang Chen,Po-Yuan Chen,et al.2014,Perceived value,transaction cost, and repurchase-intention in online shopping: A relational exchange perspective. *Journal of Business Research*,67(67).

45. Lubik S., Lim S., Platts K. 2013, Market - pull and Technology - push in Manufacturing Start-ups in Emerging Industries in Emerging Industries. *Journal of Manufacturing Technology Management*, (1).

46. MacKinnon D.P., Krull, J.L., & Lockwood, C.M.2000, Equivalence of the mediation, confounding, and suppression effect. *Prevention Science*, 1.

47. Malerba F.R., Nelson, L., Orsenigo & S., 2007, Winter. Demand, innovation, and the dynamics of market structure: The role of experimental users and diverse. *Journal of Evolutionary Economics*, (4).

48. Maparu T.S., Mazumder T.N.2017, Transport infrastructure, economic development and urbanization in India (1990-2011): Is there any causal relationship? *Transportation research part A: policy and practice*, 100.

49. Melitz M.J.& G.I.P., Ottaviano.2008, Market size, trade, and productivity. *Review of Economic Studies*, (1).

50. Michael E. Porter. 2000, Location, Competition, and Economic Development: Local Clusters in a Global Economy. *Economic Development Quarterly*, 14(1).

51. Michaels G., Rauch F., Redding S. J. 2012, Urbanization and Structural Transformation. *The Quarterly Journal of Economics*, 127(2).

52. Nguyen G.2018, Consumption behavior of migrant households in Vietnam: Remittances, duration of stay, and the household registration system. *Journal of Asian Economics*, 57: 1-12.

53. Paula-ElenaDiacon, Liviu-George Maha.2015, The Relationship between Income, Consumption and GDP: A Time Series, Cross-Country Analysis. *Procedia Economics and Finance*, (23): 1535-1543.

54. Porter ME.2000, Location, competition, and economic development: Local clusters inaglobal economy, *Economic Development Quarterly*, 14(1).

55. Pradhan R.P., Arvin M.B., Nair M.2021, Urbanization, transportation infrastructure, ICT, and economic growth: A temporal causal analysis. *Cities*, 115.

56. Pyka A.& E.S., Andersen.2013, Long term economic development: demand, finance, organization, policy and innovation in a schumpeterian perspective. *Springer*(4).

57. Scherer F.M.1982, Inter-industrytechnology flows in the United States. *Research policy*, 11(4).

58. Schumpeter J.A.1942, Capitalism, Socialism, and Democracy. *American Economic Re-*

view,3(4).

59. Schmookler J.1966, Invention and Economic Growth. *Economic History Review*, 20 (1).

60. Sobel M.E.1982, Asymptotic confidence intervals for indirect effects in structural equation models. In S.Leinhardt(Ed.), Sociological methodology. Washington DC: *American Sociological Association*, pp.290-312.

61. Tan Y.X., Tian X., Zhang C., et al.2014, Privatization and innovation: evidence from a Quasi-natural experience in China. *Social Science Electronic Publishing*, 33.

62. Tian K.L., Dietzenbacher E.2019, Measuring Industrial Upgrading: Applying Factor Analysis in a Global Value Chain Framework. *Economic Systems Research*, 31(4).

63. Tingting Zhou, Yun Li.2021, Government Subsidies and Innovation Performance in Strategic Emerging Industry Companies Under the Incentive Effect. *Journal of Global Economy, Business and Finance*, 4(5).

64. Wang X., Sun W.2013, Do Relative Income and Income Inequality Affect Consumption? Evidence from the Villages of Rural China. *Journal of Development Studies*, 49(4): 533-546.

65. Wang Z., Wei S.J.2008, What accounts for the rising sophistication of China's exports? *NBER Working Paper*.

66. Waxman A., Liang Y.N., Li S.J., et al.2020, Tightening belts to buy a home: consumption responses to rising housing prices in urban China. *Journal of Urban Economics*, 115.

67. Weder R.2003, Comparative home-market advantage: an empirical analysis of British and American exports. *Review of World Economics*, (2).

68. William J.Baumol.1967, Macroeconomics of Unbalanced Growth: The Anatomy of Urban Crisis. *The American Economic Review*, 57(3).

69. Xu B., Lu J.2009, Foreign direct investment, processing trade, and the sophistication of China's exports. *China Economic Review*(3).

70. Zericho R.Marak, Deepa Pillai.2018, Factors, Outcome, and the Solutions of Supply Chain Finance: Review and the Future Directions. *Journal of Risk and Financial Management*, 12(1).

71. Zhao, Lynch et al.2010, Reconsidering Baron and Kenny: Myths and Truths about Mediation Analysis. *Journal of Consumer Research*, 37.

72. Zhou Y. 2018, The role of green customers under competition: a mixed blessing? Journal of Cleaner Production, 170.

73. Zweimuller J., Brunner J. K. 2005, Innovation and Growth with Rich and Poor Consumers. Metroeconomica, 56(2).

后　记

本书是国家社科基金项目“国内消费升级驱动战略性新兴产业高质量发展研究”(批准号 20BJY001)的最终研究成果。

新一轮科技革命和产业变革正使当今世界经历百年未有之大变局,一个国家的竞争力更多地表现为战略性新兴产业的竞争力。近些年来,以美国为代表的发达国家奉行单边贸易保护主义,使我国战略性新兴产业发展初期“以市场换技术”“两头在外”的发展模式遭遇瓶颈,迫切要求实现国内消费升级驱动战略性新兴产业高质量发展。

本书紧紧围绕国内居民消费升级对我国战略性新兴产业高质量发展的驱动效应及其影响因素展开研究。主要包括以下四个部分:

一是问题的提出(第一章)。基于我国战略性新兴产业发展面临以美国为代表的发达国家奉行单边贸易保护主义,逆全球化趋势加剧,国际市场需求疲软的国际环境,以及超大规模的国内消费市场已经成为名副其实的经济增长第一拉动力,居民消费结构不断升级,从生存型消费逐步转为发展型与享受型消费的现实背景,通过对国内外已有研究成果进行梳理回顾,重点了解从需求角度分析战略性新兴产业发展的研究轨迹与不足,从而明确本书研究消费升级驱动战略性新兴产业发展的现实意义与研究视角。

二是驱动效应分析。首先基于产业高端化的内涵,从总体上分析了消费升级助推战略性新兴产业高质量发展的效应,其中,微观层面考察了消费升级驱动我国战略性新兴产业内企业全要素生产率的提高(第二章),宏观层面考察了消费升级驱动我国战略性新兴产业在全球价值链中位置的提升(第三章)。然后,基于消费升级的内涵,主要从微观角度分项考察了绿色消费、服务消费、数字消费对我国战略性新兴产业高质量发展的影响效应(第四至六章)。

三是影响因素分析。基于经济学的经典理论研究,立足于我国经济发展的阶段性特征,结合国家的重大发展战略,分析探讨了收入分配、新型城镇化、市场一体化、政府补贴、高铁基础设施建设等对消费升级助推我国战略性新兴产业高质量发展的影响(第七至十一章)。

四是研究结论与对策建议。本书在借鉴国内外研究成果与成功经验基础上,结合本书各章节的研究结论,从宏观政府、中观地区行业、微观企业三个层面提出有效可行的,能充分发挥消费升级驱动我国战略性新兴产业进一步高质量发展的政策建议(第十二章)。

参加本书写作研究的除了本人和白俊红教授以外,还有吴金龙博士、彭亮博士以及本人指导的研究生沈佳、汪磊、徐晓凡、卫佳烨、赵蕾、郭晶、谢嘉欢等同学。全书由我和白俊红教授作最后的修订和统稿。在课题的研究过程中,我们参考了许多国内外的研究成果,但是,限于篇幅没有能够一一列出,在此表示由衷的歉意和谢意。

衷心感谢国家哲学社会科学规划办公室对本项目的大力支持,衷心感谢人民出版社鲁静编审,正是他们的支持和帮助,才使本书得以顺利完成。

由于水平有限,本书肯定还存在着许多不尽如人意之处,希望专家学者们不吝赐教,提出宝贵的修改意见。

申俊喜

2024 年 7 月 8 日

于南京师范大学行敏楼

责任编辑:彭代琪格
封面设计:石笑梦
版式设计:胡欣欣

图书在版编目(CIP)数据

国内消费升级驱动战略性新兴产业高质量发展研究/申俊喜,白俊红著. —
北京:人民出版社,2024.7
ISBN 978 - 7 - 01 - 026608 - 4

Ⅰ.①国… Ⅱ.①申…②白… Ⅲ.①居民消费-作用-新兴产业-产业发展-
研究-中国 Ⅳ.①F269.24

中国国家版本馆 CIP 数据核字(2024)第 108097 号

国内消费升级驱动战略性新兴产业高质量发展研究

GUONEI XIAOFEI SHENGJI QUDONG ZHANLÜEXING
XINXING CHANYE GAOZHILIANG FAZHAN YANJIU

申俊喜　白俊红　著

人民出版社 出版发行
(100706　北京市东城区隆福寺街 99 号)

中煤(北京)印务有限公司印刷　新华书店经销

2024 年 7 月第 1 版　2024 年 7 月北京第 1 次印刷
开本:710 毫米×1000 毫米 1/16　印张:22.75
字数:322 千字

ISBN 978 - 7 - 01 - 026608 - 4　定价:80.00 元

邮购地址 100706　北京市东城区隆福寺街 99 号
人民东方图书销售中心　电话 (010)65250042　65289539